VIS MA VIE DE FLIC

34-36, rue La Pérouse
75116 Paris

Ouvrage dirigé par Olivia Debarge et Bertrand Pirel
Couverture et mise en page : Laëtitia Kalafat
Visuel de couverture : © Yupa Watchanakit/Shutterstock

ISBN : 9782755644678
Dépôt légal : janvier 2020
Imprimé en Espagne par Blackprint

VIS MA VIE DE FLIC

JULIETTE ALPHA
avec Mathieu Zagrodzki

Hugo Doc

À tous ces « bleus », mes frères et sœurs d'armes.
À la Police Secours, celle de tous les jours
et de tous les instants.

SOMMAIRE

1er DÉCEMBRE 2018

Samedi matin, je prends mon service très tôt en BAC (Brigade Anti-Criminalité) sur un arrondissement parisien. Au bureau, en train de prendre l'indispensable café, nous débattons avec le groupe dans lequel je suis en stage sur la manifestation du jour.

Très vite, nous pressentons que les tensions vont être grandes et redoutons surtout les débordements. Il faut savoir cependant que de notre côté, nous ne sommes pas prévus dans le dispositif sur les Champs-Élysées. En revanche, le groupe d'après-midi/soirée doit avoir une prise avancée (comprenez qu'ils vont commencer plus tôt leur vacation) en prévision de leur déploiement sur le dispositif (vers 14 heures). Nous pensons donc être «tranquilles» et faire nos patrouilles comme à l'accoutumée.

Sereins mais pas naïfs, on a tout de même embarqué dans le coffre un simulacre de matériel de protection MO (maintien de l'ordre). À savoir des casques administratifs (mais surtout des casques personnels de moto ou vélo, achetés avec nos propres deniers), des protège-tibias, des lunettes de protection (personnelles également), des cache-cou (achetés chez Décathlon), des gants coqués (toujours personnels). Et ce qu'on appelle des AFI (armes de force intermédiaire): tonfa, bâton de défense télescopique, aérosol lacrymogène, GMD (grenade à main de désencerclement), lanceur LBD 40, fournis par l'administration.

Autant dire pas grand-chose: puisqu'il n'y a pas suffisamment de matériel pour la BAC d'après-midi, on a dû répartir.

Dans la bagnole, on écoute les ondes de l'ensemble de Paris. On entend que ça commence déjà à «chauffer» sur le 8e, notamment aux abords de l'Arc de Triomphe. Machinalement, on lance BFM sur nos portables. Et là, on voit que les débordements ont déjà débuté. Néanmoins, la situation semble être contenue et maîtrisée. Rassurés, on poursuit notre patrouille.

10h00 : un premier appel sur les ondes du district qui nous demande d'effectuer une reconnaissance sur un secteur sensible afin de leur transmettre une « physionomie » (comprenez que nous devons décrire ce que nous voyons).

Nous nous rendons sur place en toute discrétion et constatons que le secteur est très calme. RAS (rien à signaler).

10h15 : nouvel appel sur les ondes du district qui nous demande de nous rendre très rapidement à un point de chute pour « débrief » avec d'autres BAC et un officier qui nous supervisera.

« Débrief » effectué, nous sommes tous attendus « VITE » secteur Étoile et Champs. Sur les ondes, des collègues CRS demandent des renforts urgents PARTOUT : on ressent la panique et la peur dans leur voix. On s'y rend en convoi, on se gare, on met pied à terre.

On commence à s'équiper en protection (je rappelle que nous sommes habillés en « civil » avec nos fringues personnelles). Et là, alors que les portes et coffres des caisses sont ouverts et que nous ne sommes pas totalement équipés, un groupe de gilets jaunes débarque de nulle part. Sans que nous en ayons été avisés via les ondes et sans connaître leurs « intentions ». « Putain, on n'est pas prêts ! » On laisse tomber les protections, certains n'ont pas le temps de mettre un casque ou de sortir leur bouclier souple, ou même d'enfiler le deuxième protège-tibia.

J'ai le palpitant à 1000, je me dis « ça y est, on va se faire défoncer la gueule, c'est parti ».

On ferme les caisses, on commence à se placer devant pour tenter de les protéger un minimum, et là, le groupe passe devant nous. Pas un seul geste hostile, pas une parole outrageante ou insultante, à peine un regard en notre direction. De VRAIS gilets jaunes. Certains nous saluent, nous souhaitent « bon courage », nous préviennent que « ça commence à chier », nous informent juste vouloir rentrer dans le périmètre des Champs en trouvant l'accès le moins dangereux.

Les ondes nous appellent quelques rues plus loin, on récupère les voitures et on s'y rend. On les laisse (sans savoir comment on va les retrouver), on nous demande de nous placer dans une perpendiculaire proche de l'Arc de Triomphe afin d'éviter que les casseurs ne s'y rendent.

À peine arrivés, nous sommes une trentaine de « baqueux », on s'exécute au commandement de former des colonnes de chaque côté. On sent immédiatement les gaz lacrymogènes, le nez pique, les yeux brûlent et s'humidifient. Certains collègues commencent à tousser et à cracher au sol.

Ouais… On n'est pas des CRS, le MO on n'en fait pas tous les jours.

Mais très vite, on s'habitue, alors même que nos protections sont spartiates voire inexistantes. On progresse doucement dans la rue, ça hurle, ça crie, on perçoit au bout la place de l'Étoile, toute l'agitation qui y règne sans pour autant savoir ce qu'il s'y passe exactement. Arrivés quasiment à l'angle, des individus déboulent d'un coup, casqués, porteurs de masques à gaz, lunettes de protection, vêtus tout en noir. Il se met à pleuvoir des projectiles de toute sorte sur nous : pavés, boulons, vis de chantier de quinze centimètres de long (têtes de vis d'un diamètre de cinq centimètres), bouteilles en verre, chaises, poteaux métalliques, barres de fer, etc. Certains n'hésitent pas à s'avancer pour venir au contact des collègues porteurs du bouclier, tentent de leur porter des coups avec des battes de baseball, bâtons, barres de fer, etc. Nous sommes le gibier, ce sont les chasseurs… On les repousse avec vigueur, on charge, on court, on crie, on attrape les collègues, on ne se lâche pas. On est tous collègues certes, mais on ne se connaît pas tous personnellement.

Mais là, il règne une cohésion extraordinaire, fraternelle, entre nous tous dès le début. Il doit être à peine 11 heures, on vient seulement d'arriver et on sent que la journée va être longue, très longue. Les casseurs repoussés rebroussent légèrement chemin mais veulent marquer le coup : ils retournent une voiture dix mètres plus loin en deux secondes, y balancent un cocktail Molotov et elle prend feu sous nos yeux, ahuris par la scène. Clairement, on ne s'y attendait pas. Ils nous narguent, hilares et surexcités, assoiffés de sang et de violence.

Ils veulent en découdre, il n'y a aucun doute là-dessous : ils le scandent, ils le miment (effectuant des gestes d'égorgement en notre direction). Je n'ai jamais assisté à pareille violence, aussi concentrée en quelques minutes, face à des individus qui veulent ma mort et celle de mes collègues et qui ne s'en cachent pas. À ce stade, notre tort est seulement d'être identifiés « Police » et de vouloir (du moins essayer) rétablir l'ordre face au déferlement anarchique dont nous sommes témoins.

Notre rôle n'est pas tant d'interpeller mais plutôt de préserver l'intégrité des biens et des personnes.

Arpentant les rues du 8e, propulsés de points stratégiques en points stratégiques, au cœur des casseurs, souvent devant les CRS ou GM (gendarmes mobiles), nous nous regardons tous. Hagards, abasourdis, hallucinant des scènes de guérilla urbaine auxquelles nous sommes confrontés. On n'en revient pas, aucun de nous n'a jamais vu ça, pas même les plus anciens. Des voitures, des magasins, des banques brûlent tout autour de nous, le sol est jonché de verre, de pavés, de projectiles divers, les sirènes hurlent de toutes parts et résonnent dans ma tête, des explosions se font entendre au loin mais parfois se déclenchent à deux mètres de moi. On a chaud alors que nous sommes trempés par la pluie qui s'est invitée, nos visières sont embuées et pleines de gouttes d'eau obstruant notre vue, les casques nous pèsent sur le front et la nuque, nos mains sont crispées sur nos télesco/tonfa, nos yeux effectuent des 360°, on est à l'affût, nos respirations sont fortes et haletantes, le rythme cardiaque à 180 puls'.

Sur le boulevard Haussmann et la rue du Faubourg Saint-Honoré, on a la sensation d'être dans les tranchées. Des bagnoles en feu de part et d'autre, des barricades enflammées en pleine voie, un incendie se déclare dans un préfabriqué de dix mètres de hauteur, avec des manifestants à l'intérieur. La fumée épaisse et noire nous enveloppe plusieurs minutes : on ne voit plus rien. On s'agrippe aux collègues, on se parle : « T'es là ? Je vois rien devant, fais gaffe. » On se serre les coudes, solidaires : « On avance ensemble, à la vie, à la mort les gars, on lâche rien. » Il y a un tel esprit de corps, une telle cohésion, que nous avons la sensation d'être invincibles. Mais ce sentiment ne dure que quelques secondes.

Sur une place donnant sur la rue du Faubourg Saint-Honoré et la rue La Boétie, près d'une église, on sécurise chaque angle. Les BAC d'après-midi nous ont rejoints, on est environ soixante-dix. En moins de cinq minutes, nous nous faisons encercler de toutes parts par environ cinq cents black blocs et casseurs.

Ils dressent des barricades dans notre dos, les projectiles tombent d'un seul coup du ciel, alors que nous pensions avoir un peu de répit. Pas de CRS ou autres unités mobiles aux alentours. On est seuls. Ordre nous est donné de « récupérer le terrain ». On respire un grand coup, « allez les gars, on y va ! » Au fond de moi, je me dis que ça va être un carnage, qu'on court droit au casse-pipe et qu'on devrait refuser. Soixante-dix face à cinq cents. Sauf que les cinq cents ont une volonté de donner la mort, du moins une grande partie. Pas nous. « Et puis merde ! Je vais pas rester là alors que la capitale de mon pays se fait saccager, piller, détruire, incendier ? Je vais pas laisser mes collègues tomber un par un ? Et puis je ne vais pas me laisser faire tout court ! » On y va, la fleur au fusil, ça fait déjà cinq heures qu'on est sous tension, sans manger, sans pause, sans boire. Mais on y arrive, on les repousse, ils se regroupent un peu plus bas, on procède à quelques interpellations des plus virulents.

En attente d'un véhicule pour prendre en charge les interpellés, on nous transmet qu'on va « devoir amener À PIED nos interpellés jusqu'au Bristol où une compagnie de CRS nous réceptionnera ». À PIED ? Avec une dizaine d'interpellés ? Non non, je vous assure, ce n'est pas une blague. Les cinq cents hostiles sont toujours dans les parages et nous voilà descendre la rue du Faubourg Saint-Honoré en courant, à soixante-dix baqueux, avec la dizaine d'interpellés que nous entourons pour les protéger. Évidemment, ce qui devait arriver arriva : on se fait assaillir et canarder. On court, on ne s'arrête pas, on s'encourage, on couvre les interpellés qui hurlent à leurs comparses d'arrêter de nous caillasser parce qu'ils sont là : ça n'a aucun effet. Sans foi ni loi. Sans âme. On voit au loin la compagnie de CRS et leurs véhicules, c'est interminable : mon casque amortit plusieurs projectiles, je suis un peu sonnée, mais je continue d'avancer : je n'ai pas le choix. Je prends un pavé dans le mollet, puis un autre sur la cheville au niveau de la malléole. Je crie de douleur, mais je cours toujours. Un collègue me tire et me dit : « C'est dans la tête, t'as pas mal, c'est dans la tête !!! Avance, continue ! » On arrive au Bristol, les CRS sont surpris et ne s'attendent pas à nous voir. Nos respirations sont coupées, j'ai les poumons en feu, ma poitrine explose de peur, de stress, d'adrénaline. J'ai vraiment cru qu'on allait se faire lyncher. On leur explique, ils nous répondent : « Mais bordel, nous on est là, c'est super calme, on aurait pu vous aider putain ! Pourquoi on nous a rien dit ? Pourquoi on vous laisse à soixante-dix, presque sans équipement, sur les points les plus sensibles alors que nous on se fait chier devant le Bristol à protéger les alentours de Beauvau "au cas où" ? »

Ils nous filent de l'eau, des clopes, nous font nous asseoir quelques minutes dans les camions, nous renflouent en munitions pour les LBD, en grenades GMD, en lacrymogènes... On est déjà à sec. Il doit être 16 ou 17 heures.

Je reprends mon souffle, je frotte mes hématomes naissants, j'ai le regard dans le vide : je n'en reviens pas. On se regarde encore une fois tous, soulagés d'être tous en vie et sans blessé grave. On leur remet les interpellés sains et saufs ; et on repart en petite foulée direction les grands magasins qui sont menacés d'être vandalisés, pillés et attaqués. Même schéma, même guerre civile. Puis Saint-Lazare. La nuit est tombée. La fatigue commence à se faire ressentir, les muscles sont endoloris, les douleurs vives des coups et projectiles reçus se réveillent lorsque les tensions retombent quelques instants.

La faim, la soif, l'envie de pisser. Saint-Lazare est prise d'assaut, on sécurise les arrières d'une CSI (Compagnie de Sécurisation et d'Intervention, dont la mission première est la lutte anti-criminalité, et non pas le maintien de l'ordre) en unité constituée, en ligne, prête à bondir. Ils chargent, des bombes artisanales leur sont lancées et explosent. Une dizaine de détonations, des flammes qui jaillissent, une odeur d'essence et la fumée opaque qui nous sépare désormais d'eux. Dans ma tête, je me dis que lorsqu'elle va se dissiper, on va retrouver un collègue au sol, brûlé vif, en pleine agonie. Miracle, pas de blessé. Oui, cela relève du miracle et du professionnalisme de tous mes collègues.

Vers 20 heures, des locaux de police sont pris d'assaut, attaqués, par une horde déchaînée. On s'y rend tous en catastrophe. Cela fait presque quatorze heures que j'ai pris mon service. Durant le trajet, vers le boulevard de Courcelles, le convoi est bloqué par des individus barrant la route. Nous sommes donc à l'arrêt. Nos véhicules sont alors pris pour cible, une centaine d'individus nous caillassent, brisent des pare-brise, des vitres, nous balancent pavés de 2 kg, chaises, barres de fer, boulons, vis de chantier. Les projectiles passent parfois à quelques centimètres de nos têtes et atterrissent sur les banquettes arrière ou à nos pieds. Certains collègues sont couverts de verre, hésitent à sortir des véhicules pour affronter ces auteurs de tentatives d'homicide. Mais très vite, on se ravise : nos collègues nous attendent, eux aussi sont attaqués et risquent leur vie. Encore une fois, cela tient du miracle que nous n'ayons eu aucun blessé face à ce que nous venons de subir.

Finissant par être libérée, je rentre chez moi, entière mais choquée. Mon corps a subi des attaques durant des heures, sans répit. Il a dû se défendre pour préserver son intégrité. Je n'ai jamais ressenti pareilles douleurs physiques, d'épuisement, d'effort et de tension. Impossible de m'endormir rapidement, l'adrénaline était encore trop présente, les sirènes de secours ne parviennent pas à quitter ma tête, je les entends en bruit de fond, incessantes, accompagnées des bruits d'explosion. J'ai l'impression d'avoir vécu un film de guerre, je n'ai pas la sensation que c'était la réalité, comme si la vie s'était coupée ce matin à 10 heures et commençait petit à petit à reprendre son cours. Je suis épuisée, physiquement et mentalement. Je finis par trouver le sommeil vers 1 heure du matin, mais le réveil va sonner à 6 heures : eh oui, je bosse dimanche.

J'ai publié ce texte sur mon compte Twitter (@JulietteAlpha17) non pas pour rechercher la pitié ou la compréhension, mais pour partager cette réalité de terrain difficile à percevoir pour les non initiés. Il est impossible de retranscrire parfaitement l'atmosphère de ce samedi, impossible de reproduire les sons, les odeurs, les émotions, les craintes et les images. Sachez juste que les images que vous pouvez voir dans les médias ne sont le reflet que d'un dixième de la réalité. Nous ne cherchons pas la gloire ou la reconnaissance, nous voulons juste faire notre métier dans les conditions les plus normales.

Alors ici, je tiens à rendre hommage à tous mes frères et sœurs d'armes, CRS, GM, CI, BIVP, BAC, CSI, GSQ, VTT, BRI... Vous tous qui étiez là, vous tous qui savez. Je vous aime et vous remercie. Ce que vous avez fait, c'est GRAND. La France s'en souviendra, demain et dans cinquante ans.

Récit publié le 3 décembre 2018
sur le compte Twitter @JulietteAlpha17

INTRODUCTION

1er décembre 2018. Le livre que vous tenez entre les mains naît ce jour-là, mais je ne le sais pas encore.

Lorsque j'ai publié ce texte, je l'ai fait pour moi. Sans arrière-pensée, ni attente particulière. Je l'ai écrit comme un exutoire à ce que je venais de vivre et de voir. Je me suis laissé la soirée et la nuit. Et la journée suivante. J'avais besoin de digérer, d'analyser, de comprendre ce qu'il venait de se passer. Besoin que la pression et l'adrénaline redescendent, et surtout d'être lucide.

Avouer, parfois à demi-mot, que l'on a ressenti une forme de peur, pour un policier, c'est généralement perçu comme de la faiblesse. Et j'avais tout simplement du mal à l'exprimer verbalement ou bien à en parler à quelqu'un. Les heures qui ont suivi ce 1er décembre 2018, j'étais dans une forme de déni, à ne pas oser m'avouer, à moi-même, que j'avais eu peur.

Et puis, ce lundi 3 décembre 2018, j'ai pensé à mon amie, Maggy Biskupski, qui nous avait quittés trois semaines plus tôt, tragiquement. Et à ce discours qu'elle avait tenu en septembre 2018 au micro de Jean-Jacques Bourdin : *« Je pense que dire ses peurs n'est pas une faiblesse mais une force. Dans notre profession, il est important d'avoir peur. Si vous n'avez plus peur, vous êtes un danger. La peur fait partie de notre métier, nous l'avons intégrée. La peur vous fait réfléchir. »*

Elle avait raison. Comme souvent. Depuis le samedi soir, je réfléchissais. Encore et encore. Qu'avais-je vécu, vu, subi pendant toutes ces heures, avec mes collègues ? Pourquoi ? Est-ce que cela aurait pu être différent ?

Poussée par ces questions, l'envie de me libérer de cette peur et aussi parce que Maggy aurait été tellement fière que je le fasse, j'ai écrit. J'ai écrit pour livrer un témoignage brut d'un flic de terrain, qui y était ; pour que les lecteurs se mettent dans mes rangers et comprennent ce qu'ont vécu tous ces uniformes présents sur le terrain dès 6 heures du matin pour certains, jusqu'à minuit pour d'autres. Qui de mieux placé que moi pour raconter ma journée ? Personne.

Alors je me suis lancée, ce lundi 3 décembre 2018 en fin d'après-midi. Et j'ai cliqué sur « Publier » sans jamais penser une seule seconde que ce texte susciterait autant de réactions.

J'ai reçu des insultes, des menaces de mort, de violence, de viol, des moqueries, des commentaires sexistes, misogynes, rétrogrades, humiliants, voire dégradants. D'autres attestaient pouvoir me retrouver, me tuer après moult actes de torture et de barbarie sur moi-même et mes proches, ou bien mettre le feu à ma voiture ou ma maison.

Mais je ne retiendrai que les autres : ceux de mes collègues anonymes de la toile me remerciant d'avoir su trouver les mots, qui s'y sont retrouvés et ont décidé de me contacter pour soulager leur âme ; ceux de citoyens lambda qui n'avaient pas idée du théâtre de violences que nous avions vécu et qui remerciaient par la même occasion toutes les forces de l'ordre engagées ; ceux d'habitants et de commerçants du quartier de l'Étoile et des Champs-Élysées qui pour certains avaient beaucoup perdu et ne se remettaient toujours pas des scènes dont ils avaient été témoins. Je préfère me concentrer sur eux.

Parmi ce flot de commentaires, quelques « *Juliette, tu devrais écrire un livre* ». La graine était plantée, dans un coin de ma tête. Un peu comme un rêve de gosse inatteignable, saupoudré de « *Je n'en suis pas capable* » et agrémenté de « *Ce n'est pas du tout mon métier* ».

Ma vie de flic a repris son cours, sans que personne – ou presque – au sein de mon entourage tant professionnel que personnel ne soit au courant de ma « cyber-sortie littéraire ». Jusqu'à ce qu'un jour – surprise ! – je sois contactée par une maison d'édition, Hugo Publishing. Je n'en crois pas mes yeux, je lis le mail au moins quinze fois, je pose mon téléphone, je le reprends, je relis à nouveau le mail, je fais les cent pas, je m'allume une clope, je re-relis le mail. Non, ce n'est pas possible. Sceptique, je mets un certain temps à répondre et, la méfiance faisant partie de mon ADN, je demande des précisions. Et non, ce n'est pas une blague. Rendez-vous est donc pris quelques semaines plus tard. Je gamberge : *« Mais qu'est-ce que je vais bien pouvoir leur dire à ces gens, moi ? Que veux-tu que je raconte dans un bouquin ? »*

Le jour J arrive et je me rends dans leurs bureaux, brute de décoffrage : jeans, sweat, baskets. Sans chichis et sans atours. Hors de question de leur montrer une facette biaisée de moi-même et de commencer à faire des ronds de jambe. Le but est qu'ils comprennent d'entrée de jeu qui je suis, ce que je fais, pourquoi et comment, afin qu'ils ne se fassent pas une fausse image ni de faux espoirs.

Nous avons discuté plusieurs heures, autour d'une grande table en bois massif, magistrale, et d'un café. N'étant pas d'une nature à m'épancher sur moi-même et à faire de moi le centre de l'attention, l'exercice était parfois difficile puisqu'ils cherchaient vraiment à creuser pour comprendre qui j'étais et ce que j'avais à dire. Petit à petit, me sentant en confiance et entourée de bienveillance, je me suis livrée et j'ai raconté mon quotidien souvent si abstrait et inconnu du grand public. J'ai tout de suite perçu en eux une oreille attentive et un intérêt réel pour le sujet. À la fin du rendez-vous, ils m'ont confirmé leur souhait de travailler avec moi. Wahou ! Je n'ai pas su quoi leur répondre tellement je ne m'y attendais pas et tellement je ne me sentais pas de taille à l'exercice.

Entre-temps, d'autres maisons d'édition m'avaient contactée ; je me laissais donc le temps de la réflexion. Des tas de questions se bousculaient dans ma tête, mais aussi des doutes et des appréhensions. *« Je le fais, je le fais pas ? Je le fais, mais pour dire* *quoi ? Je ne sais pas quoi dire moi là-dedans ! Est-ce que j'en suis capable ? Est-ce que je suis légitime ? Est-ce que j'ai le droit de le faire ? Bah non, j'ai un devoir de réserve, j'aime mon métier et je ne compte pas le perdre. Mais en même temps, qu'est-ce que je fais de mal ? Si je le fais, c'est pour montrer à tous que c'est un métier merveilleux. Mais est-ce que l'administration et l'IGPN* seront de cet avis ? Vais-je être convoquée ? Sanctionnée ? Révoquée ?* »

Bref.

Après plusieurs semaines de fouillis cérébral, j'ai réussi à mettre de l'ordre dans ma tête et décidé de voir si j'avais quelque chose à raconter. J'ai ouvert mon ordinateur portable, lancé Word, et la barre du curseur s'est mise à clignoter sur une page blanche. Une poignée de secondes seulement.

En quelques heures, j'avais recensé des thématiques, des idées pour les organiser sous forme de plan en définissant un fil conducteur à suivre tout au long de l'ouvrage. Finalement, j'en avais des choses à dire !

J'ai contacté de nouveau Hugo Publishing afin de fixer un deuxième rendez-vous pour leur présenter ce projet. Je m'y suis rendue avec mon collègue de brigade et meilleur ami, William. Je voulais qu'il m'accompagne pour avoir son ressenti sur cette aventure et son avis sur le fond. J'ai alors rencontré mon co-auteur, Mathieu Zagrodzki, que j'avais pu apercevoir sur des plateaux télé s'exprimer sur des questions de police et sécurité intérieure. L'éditeur lui avait proposé de m'accompagner sur ce projet, ce qu'il a accepté. Je l'avais toujours trouvé pertinent, juste et mesuré dans ses propos, qualités qui me sont chères. Même si, je dois bien l'avouer, je ne partageais pas son avis tout le temps.

Nous avons longuement échangé, mettant en avant chacun nos envies et exigences pour ce livre. Et il était flagrant que nous étions sur la même longueur d'onde. Nos approches allaient être différentes, mais complémentaires. La machine était en marche.

Au fil des pages, nous allons tenter de vous montrer ce que c'est que d'être policier de terrain en 2019, à travers des récits de mon quotidien mais aussi les analyses sociétales qui en découlent. Par-dessus tout, j'ai à cœur, nous avons à cœur, de mettre en avant la police de la base : Police Secours. Cette grande oubliée, méconnue du grand public car peu mise en avant par les médias et le divertissement de masse, mais fondamentalement nécessaire et passionnante. Elle est au fond la police du quotidien, celle qui répond aux appels de la population quand elle a besoin d'une assistance d'urgence, mais elle est aussi paradoxalement celle que nos concitoyens connaissent le moins bien. Le travail et les contraintes de cette catégorie de policiers seront au cœur de cet ouvrage, à travers des situations parfois banales, parfois insolites, parfois drôles, parfois tragiques, qui ponctuent le quotidien de ce qui constitue le gros des troupes de la police nationale, loin des histoires de tueurs en série, d'espions ou de groupes d'intervention qui fascinent tant le public et les médias. Ces petites histoires feront la grande : mon espoir est qu'au moment de refermer ce livre, le lecteur comprenne mieux le quotidien d'une profession beaucoup plus diverse que ce que l'on imagine de l'extérieur, et se fasse sa propre opinion à son sujet. Si le *bashing* et les représentations injustes dont fait parfois l'objet la police dans certains médias me heurtent profondément, le but n'est pas de basculer dans l'excès inverse en vous faisant pleurer ou en glorifiant ma profession, mais simplement de vous livrer un témoignage authentique, loin du traitement superficiel et sensationnaliste que nous subissons trop souvent. Tout le monde a son avis sur la police, j'entends tous les jours des gens me dire ce que je devrais faire ou ne pas faire (*« et puis ce sont mes impôts qui vous paient »*), mais personne ne sait vraiment à quoi ressemble mon quotidien : au moins, ceux qui auront lu ce livre pourront me critiquer de manière argumentée !

1

COMMENT J'AI EU ENVIE DE DEVENIR FONCTIONNAIRE DE POLICE

« UN JOUR, JE SERAI POLICIÈRE »

Mes parents vous le diront, j'ai commencé à parler « police » dès que j'ai compris la signification de ce mot. Pourtant, je ne suis absolument pas issue d'une famille du milieu, il n'y a aucun policier dans mon entourage. Mais aussi loin que je m'en souvienne, j'ai toujours voulu faire ce métier.

Quand on me demande pourquoi, j'ai beaucoup de difficultés à mettre des mots sur ce qui m'a motivée, sur ce que je ressentais au plus profond de mes tripes. Alors je pourrais très bien vous donner la réponse bateau qui émeut et plaît à tout le monde : « pour aider les autres », « sauver des vies », « attraper les méchants ». Et ce seront autant de réponses justes, mais pas totalement exactes. Il y a des vocations comme policier, gendarme, militaire, pompier, médecin, qui ne s'expliquent pas toujours. On l'a en nous. Et moi, la « police », je l'ai dans la peau.

Je m'appelle Juliette, j'ai 30 ans et je suis flic. Fille unique d'une mère assistante sociale et d'un père cadre commercial, j'ai grandi dans un environnement heureux et sain, dans un petit village de trois mille habitants du nord de la France. Mes parents m'ont dispensé une éducation plutôt stricte, en veillant à ne pas reproduire le cliché de l'enfant unique - enfant-roi pourri gâté. Ils se sont toujours efforcés de me transmettre les principes qui leur ont été enseignés durant leur propre enfance : la valeur du travail, l'importance du travail bien fait et ce credo consistant à dire que « le travail c'est la santé » ; la notion de l'argent : « un sou est un sou et chaque sou se mérite » et « tout travail mérite son dû » ; le respect des règles, des autres et particulièrement de « l'ancien » et de ses sages paroles ; l'amour de la France, de son histoire et de ses uniformes ; et tellement d'autres choses.

À bien y repenser, cette transmission n'est certainement pas étrangère au fait que j'exerce ce métier aujourd'hui. Ce sont des valeurs qui me sont chères désormais, que je défends bec et ongles, parfois envers et contre tous, avec une conviction et une ténacité qui peuvent être excessives. Mais après tout, elles m'ont amenée jusque-là et je cracherais dans la soupe si je disais que je regrettais une seule de mes décisions m'ayant conduite là où je suis maintenant.

Si je fais un bond dans le passé, mes premiers souvenirs de cette envie de devenir « policière » remontent à mes 7-8 ans, âge auquel mes parents commençaient à m'autoriser à regarder la télévision après le dîner, à leurs côtés. Ils étaient plutôt adeptes du « *no T.V., no video games* ». Exception était faite pour le « rituel du jeudi soir », que je ne voulais rater sous aucun prétexte. Installée à même le sol, en tailleur sur une peau de mouton recouvrant le carrelage froid du salon, la tête levée en arrière et les yeux rivés sur l'écran de télévision, je ne loupais pas une miette de *Julie Lescaut* et *Navarro*. Eh oui ! Ne rigolez pas ! Ce sont mes idoles d'enfance, mes super-héros à moi. Ça peut paraître kitsch ou ringard, mais ces deux patrons de commissariats parisiens et de banlieue me faisaient rêver tant ils excellaient à résoudre des enquêtes judiciaires aussi difficiles soient-elles (je vous rappelle que j'avais moins de 10 ans). Julie Lescaut avait cette image de femme forte, intelligente, dirigeant des hommes d'une poigne de fer et élevant seule ses deux filles après un divorce. Navarro, la figure du patriarche avec sa voix grave et sa carrure imposante, était à la fois rassurant et intransigeant. J'étais absorbée, captivée, je m'imaginais à leur place. Je me rappelle dire à mes parents, à la fin des épisodes, *« moi aussi je serai policière, comme Julie »*.

Cette passion pour le divertissement policier s'est étendue par la suite grâce à la lecture. Dès l'âge de 10 ans, j'engloutissais les Agatha Christie, les Sherlock Holmes et les Mary Higgins Clark, mettant un point d'honneur à résoudre l'énigme avant la révélation finale. J'aimais ce sentiment de casse-tête, de suspense, parfois un peu effrayant pour mon jeune âge. Je ne pouvais pas m'empêcher de me tordre le cerveau à essayer de découvrir le tueur, à élaborer des théories ; poursuivant ma lecture jusque tard dans la nuit, la couette sur la tête – en chapiteau – avec pour seule lumière celle de ma lampe de poche, pour ne pas me faire surprendre par mes parents alors que je devais dormir depuis des heures ! C'était plus fort que moi, lorsque j'étais prise dans ma lecture, j'en devenais obsédée et l'expression « dévorer un livre » prenait tout son sens, puisque je ne pouvais m'arrêter avant de l'avoir refermé et démasqué l'assassin.

Le problème quand j'aime, c'est que j'aime vraiment ; voire trop. Et qu'il m'est très difficile de me restreindre et de me fixer des limites. Il en est de même pour ce que je déteste. Dès mon plus jeune âge, je ne supportais aucune forme d'injustice, au point de piquer parfois des colères noires. Mes parents s'en souviennent encore, mais je mets ma main à couper que mes maîtresses et professeurs également ! Certains diront que je me faisais l'avocate de tout le monde. Mais pour moi, ce n'était pas cela. Je croyais déjà profondément en la justice et il m'apparaissait juste normal qu'elle soit appliquée partout et pour tous. En revanche, face à quelqu'un qui ne respectait pas les règles, j'étais intransigeante car j'estimais que cela portait préjudice à l'ensemble du groupe. En sport par exemple, il y avait toujours un petit rigolo qui cherchait à tricher, et cela pouvait me mettre dans des états pas possibles de stress, d'agacement, de gêne. Lorsque le fautif était dans mon équipe, je me sentais complice, voire coupable, ou tout simplement écœurée par son attitude, à en vomir parfois. Alors qu'avec du recul, ce n'était absolument pas grave ! Et puis, je n'y étais pour rien. Mais que voulez-vous, j'étais comme ça, entière et droite. Déjà.

Encore aujourd'hui, je ressens une forme d'incompréhension face à quelqu'un qui se comporte de manière injuste ou qui ne respecte pas les règles. Tout simplement parce que ce n'est pas naturel pour moi et que je suis profondément attachée à ce cadre. Vous vous dites que j'ai probablement un esprit idéaliste ? Rassurez-vous, je l'ai entendu toute ma vie. Certains se demandent même comment je fais, du coup, pour exercer mon métier. Je pense au contraire que c'est cette naïveté qui fait que je ne perds pas la vocation et cette envie de toujours remettre dans le droit chemin ce qui en a dévié.

ENFANT MODÈLE, ENFIN PRESQUE

Avant d'en arriver là, j'ai suivi le parcours classique d'une petite fille des années 90 en caleçon et baskets à scratch avec un « palmier sur la tête ». Mes parents travaillant tous les deux, j'ai été en nourrice très tôt, puis scolarisée en maternelle à l'âge de 2 ans et demi. Je faisais partie de ces enfants très indépendants et sociables, probablement parce que je me suis rapidement retrouvée, alors que je n'avais que quelques mois, au contact d'autres enfants, mais aussi de nombreux adultes. Armée de son ton théâtral, ma mère pourrait vous raconter mon premier jour d'école, comme elle le fait pratiquement à chaque fois que je lui présente quelqu'un : « *Je me rappelle son premier jour comme si c'était hier. Je la tenais par la main, nous étions devant la porte d'entrée de l'école. Je voyais les autres enfants, en larmes, refusant de lâcher leurs mamans. Juliette, elle, a desserré ma main, fait quelques pas en avant, s'est retournée et m'a dit : "Allez, à tout à l'heure maman !" puis elle est entrée dans l'école, déterminée. Je suis restée bouche bée, ne sachant quoi lui répondre face à tant de spontanéité et d'indépendance du haut de ses presque 3 ans. Je n'étais pas loin d'être jalouse des autres mamans dont les enfants ne voulaient pas les quitter. À l'époque, je ne l'avais pas encore compris, mais cet épisode a été le reflet de toute son enfance, de son adolescence et de sa personnalité d'aujourd'hui. Juliette n'avait et n'a besoin de personne pour avancer.* »

Et effectivement, ce premier jour a marqué le début d'un réel épanouissement scolaire. J'aimais l'école et m'y sentais à ma place. J'étais bonne élève, voire studieuse. Les années maternelle, primaire et collège ont défilé sans accroc, j'avais de réelles facilités que j'avais à cœur d'exploiter. Et puis, la préadolescence et la crise qui l'accompagne ont commencé à pointer le bout de leur nez, et autant vous dire qu'elle et moi avons été inséparables pendant quelques années !

Aussi étonnant que cela puisse paraître, dès l'âge de 13 ans, j'ai développé un sérieux rejet de l'autorité, notamment parentale et en particulier maternelle. Je continuais à accepter l'autorité émanant de mes professeurs, si tant est que je l'estimais justifiée. J'avais un profond sentiment d'être maternée par ma mère et j'ai ressenti très tôt le besoin de m'affranchir du cocon familial. Forcément, je ne pouvais pas encore voler de mes propres ailes et mes parents se faisaient une joie de me le rappeler, à raison. J'avais beau partager les valeurs qu'ils m'avaient inculquées, tout se mélangeait dans ma tête et les conflits avec eux se multipliaient. Je voulais devenir adulte trop tôt, sans être armée pour et sans en avoir les capacités ni les ressources. Heureusement, mes parents n'ont jamais baissé les bras, ont fait face et sont parvenus à me canaliser jusqu'à ce que je puisse prendre mon envol, sereinement.

Mes années lycée ont été un peu moins studieuses mais riches en apprentissage et en culture. J'avais choisi la filière ES (économique et sociale), options science politique, musique et sport, le tout accompagné d'une classe européenne permettant d'obtenir un diplôme d'anglais reconnu à l'échelle internationale. J'en suis ressortie bachelière avec mention, mais surtout avec de fortes convictions du haut de mes 18 ans. La police toujours dans un coin de ma tête, mais portée par une forme d'allégresse propre à la jeunesse qui découvre la vie, je me voyais tout révolutionner et changer le monde.

J'étais donc un peu perdue. Vous me direz, c'est l'âge qui voulait ça, j'avais envie de tout faire et surtout de choisir un boulot lié à une de mes passions du moment. J'aimais écrire et raconter ce dont j'étais témoin. C'est pourquoi j'ai hésité un certain temps à me diriger vers une école de journalisme. J'adorais la musique et je me voyais bien continuer dans ce domaine pour devenir prof de piano, ou composer des musiques de films. Par ailleurs, j'avais le contact facile avec les autres, mon père vous dirait que j'ai *« du bagout »* et que je serais capable de *« vous faire acheter n'importe quoi »*.

Dès l'âge de 16 ans, j'ai commencé à travailler dans le milieu de la restauration, dans lequel évoluaient plusieurs membres de ma famille. J'avais décidé au printemps 2006 que je passerais l'été à Deauville, dans le restaurant d'un cousin, en tant que saisonnière. Je me rappelle être à table avec mes parents, un soir de mai, et leur avoir annoncé de but en blanc : *« Cet été, je ne partirai pas avec vous, je vais aller travailler au restaurant d'Arthur. »* Silence. Mon père, bien que surpris, était fier, je le voyais dans son regard. Fier que j'aie assimilé cette valeur du travail qui lui tenait tant à cœur. Ma mère, quant à elle, beaucoup plus sur la réserve, n'acceptait pas que je prenne cette décision toute seule. Dans le fond, elle était surtout inquiète que je parte deux mois sans eux et que je sois *« trop fatiguée pour la rentrée en première alors qu'il y a le bac français ! »* Mais c'était trop tard, j'avais décidé que je le ferais et je l'ai fait.

Ce fut mon premier job officiel et déclaré. Payée 80 % du SMIC, j'étais la plus heureuse du monde avec mes 900 € par mois alors que je trimais six jours sur sept. Je faisais des crêpes, des gaufres, des glaces… J'ai découvert ce monde atypique de la restauration, j'aimais le speed, l'adrénaline du rush du service, le travail d'équipe et le contact avec la clientèle. Avoir pu entrapercevoir ce que sont la vie d'adulte et le monde du travail m'a permis de gagner en maturité du jour au lendemain. Revers de la médaille, cette expérience n'a fait que renforcer ma confusion sur ma future orientation professionnelle. À force d'avoir envie de tout faire, je ne savais plus ce que je voulais faire !

Mes parents, eux, étaient soucieux que je poursuive des études supérieures après mon baccalauréat. Alors je me suis inscrite en faculté de droit, à Lille. Dans ma tête, le droit était une matière complète, qui touchait un peu à tout et qui ne pourrait que m'être bénéfique. Et puis, j'étais persuadée qu'en étudiant les lois de mon pays, j'allais retrouver ce côté « policier » que j'aimais tant. Dans tous les cas, c'était un choix de raison qui me permettrait de me décider et qui me plairait à coup sûr. Du moins, c'est ce que je pensais.

DROIT PRIVÉ ET SCIENCES CRIMINELLES

Mon baccalauréat en poche, j'ai pris la direction de Lille, après avoir passé une nouvelle fois l'été à travailler à Deauville. Enfin majeure, j'avais changé de poste : j'étais devenue barmaid, un job qui me plaisait encore plus. Alors rien de bien compliqué, nous sommes d'accord, mais je prenais plaisir à confectionner des cocktails en tout genre, apprendre à servir les différents alcools, réussir des cappuccinos avec mousse de lait ou tout simplement « tirer une bière » ! Encore une corde à mon arc, rassasiant un petit peu ma soif d'apprendre et de découvrir des nouvelles choses. Mine de rien, ce boulot m'a appris à gérer des stocks, préparer des commandes, tenir une caisse et continuer de développer mon relationnel. N'étant plus mineure, j'étais mieux payée, enfin autant que la restauration le permet, bien sûr. Sur le papier, je faisais 39 heures par semaine. La réalité était toute autre puisque j'avoisinais facilement, les semaines de grande affluence, les 90 heures ! Je n'exagère pas ! Mais cela me plaisait tellement que je ne les comptais pas... et je n'ai pas pensé une seconde que j'allais être naze à la rentrée, ne m'étant pas du tout reposée !

Pendant que je travaillais en juillet et en août, mes parents s'étaient rendus à Lille afin de me trouver un petit studio. Eh oui ! C'était le moment de quitter le cocon familial et de vivre seule. Ils habitaient à plus de 200 kilomètres de la faculté, donc je ne pouvais pas faire autrement. Et cela m'arrangeait, puisque, si vous avez bien suivi, je n'attendais qu'une chose : prendre mon envol.

Ne connaissant pas Lille, je n'avais aucun critère d'emplacement, à condition de ne pas me retrouver trop loin de l'université de Lille 2. Mes parents découvraient la ville eux aussi, la preuve : leur choix s'est porté sur un studio à 200 mètres de la fameuse « rue de la soif » ! Les Lillois comprendront que je fais référence à la rue Masséna et à la rue Solférino. Ils ne savaient donc absolument pas ce qu'il s'y tramait le soir, ayant visité en pleine journée. Je l'ai découvert dès ma première semaine, puisque je suis arrivée à Lille en pleine braderie... Les gens faisaient la fête dans la rue, gobelet en plastique à la main rempli de bière, dansaient à même le bitume au milieu d'un tas de bric-à-brac en vente sur le trottoir, jusque tard dans la nuit. Ou plutôt, tôt le matin.

Me voilà donc bel et bien en terres nordistes ! Je ne le savais pas encore, mais j'allais y passer six belles années, et surtout j'allais y devenir une femme.

Pour la première fois de ma vie, je me retrouvais seule chez moi. Les premiers soirs étaient à la fois euphorisants et déprimants. J'avais 18 ans, mes parents étaient à deux cents bornes et je ne connaissais personne en ville. Dans quelques jours, j'allais mettre les pieds à la fac, encore l'inconnu. Fidèle à moi-même, je me suis adaptée. Faire ses courses, son ménage, ranger son appartement, se déplacer en transports en commun alors que je venais de la campagne, se préparer à manger, tant de choses simples de prime abord mais que l'on découvre brutalement et un peu malgré nous lorsque l'on débarque dans une nouvelle ville, deux mois après l'obtention du bac. On passe d'un état d'enfant chouchouté chez nos parents, où l'on se laisse porter et où l'on se repose sur eux, à un état d'étudiant semi-adulte qui doit se débrouiller seul au quotidien. Et tout ça, en l'espace d'un été. Je pense pouvoir affirmer que le système scolaire et le lycée ne nous y préparent absolument pas.

Premier jour de fac. Je me rappelle être arrivée sur le parvis de la place Déliot, métro Porte de Douai, et m'être arrêtée devant les marches précédant l'imposante entrée de Lille 2. *« On y est ! »* Je découvre l'emblème de mon université : une balance blanche sur un fond rouge, entourée par « Faculté des sciences juridiques, politiques et sociales ». Après avoir pénétré dans le hall, mon regard est immédiatement attiré, au niveau d'une rambarde protégeant une coursive, par une inscription en grosses lettres dorées : « Que la justice soit forte, que la force soit juste », la devise de l'université Lille 2, tirée des *Pensées* de Blaise Pascal. J'ai immédiatement compris que j'étais à ma place. Je saisirai par la suite la signification profonde et juridique de cette phrase : la possibilité pour la justice de s'appliquer *de facto* ne peut se faire qu'avec la notion de force, donc de sanction. La justice sans la force ne peut être rendue puisque la loi ne peut s'imposer naturellement à tous. D'un autre côté, la force doit être juste, mesurée, nécessaire et donc légitime. Cette phrase verbalise à elle seule les deux symboles de la justice : la balance et le glaive. La balance comme représentation de l'équilibre et de la mesure ; le glaive comme image de la puissance et de la force.

Au final, cette citation, je l'ai chevillée au corps. Elle fait partie de moi, aujourd'hui encore, et reflète parfaitement mon quotidien de flic où je dois jongler avec l'analyse, le discernement et la force légitime. Rien n'arrive par hasard. J'aurais pu atterrir dans une toute autre université, ne même pas m'orienter vers le droit, et cette phrase n'aurait jamais croisé ma route.

Après avoir traversé le hall d'entrée, particulièrement solennel, je rejoins l'amphithéâtre où se tient la réunion d'accueil des « L1 » (licence première année). La salle est bondée, un brouhaha incessant plane, le stress et les questionnements sont au rendez-vous, tout le monde cherche du réconfort dans la parole de son voisin de strapontin et des réponses pour affronter l'inconnu. Je trouve une place un peu en retrait, dans le haut de l'amphi, et j'observe. Très vite, les places assises disparaissent, et les retardataires se retrouvent sur les marches, ou debout dans l'entrée. Je peine à croire qu'il s'agit uniquement de L1. On doit être, à vue d'œil, plus de mille.

Au bout de quelques minutes, une file indienne d'une dizaine de personnes fait son entrée et se positionne sur l'estrade, devant le tableau noir de quatre mètres sur deux. Un homme prend la parole au micro, et l'amphithéâtre se fait silence. Il se présente comme étant le doyen de la faculté et nous souhaite la bienvenue, avant de nous présenter le corps enseignant. Il transmet rapidement le relais à un autre homme, en costume trois pièces, cheveux mi-longs coiffés en arrière, petites lunettes rondes, barbichette taillée en pointe à la Richelieu et canne noire laquée dont le bouton semble, de loin, orné de nacre. Sacré personnage ! Il en impose, et visiblement je ne suis pas la seule à qui il fait un tel effet puisque l'on entend littéralement les mouches voler. Nous sommes tous pendus à ses lèvres. Il se présente : c'est le responsable pédagogique des L1. Autrement dit, celui qui a le droit de vie ou de mort sur nous. C'est également un professeur d'histoire du droit. Il explique le déroulé de notre année, qui va se composer de deux semestres. Les rattrapages n'existent pas à Lille 2, donc pas d'autre choix que de valider son année : soit en obtenant la moyenne à chaque semestre, soit en compensant un semestre avec l'autre de façon à atteindre la moyenne sur l'année. Il ne le cache pas, ça va être dur, on va en baver, on va devoir bosser. Je regarde les autres autour de moi, ils semblent confiants et prendre son discours plutôt à la légère.

Vient le moment où il décide de faire un sondage : *« Qui dans la salle veut devenir magistrat ? »* La moitié de l'amphi lève la main. *« Qui veut devenir avocat ? »* 40 % de ceux qui restent lèvent à leur tour la main. *« Bon, je suppose que les autres veulent être notaires, huissiers ou juristes. À moins qu'il n'y ait autre chose ? »* Je lève la main. *« Ah ! Nous avons donc une originale ! Mademoiselle ? »* Il tend son bras dans ma direction, ouvre la main, en signe d'autorisation à prendre la parole. *« Moi, je veux être fonctionnaire de police. »* Sa main ouverte se fige, se referme, puis marque un temps d'arrêt avant que son bras ne rejoigne le long de son corps. Il s'exclame alors en riant : *« Voyons donc ! »* puis adopte un ton grave et ferme : *« Alors vous vous êtes trompée d'études. »* Évidemment, toutes les têtes de l'amphi sont tournées dans ma direction et guettent ma réaction. Réaction qui ne viendra pas puisqu'en guise de réponse, je n'ai pu lui délivrer qu'un haussement d'épaules… Il reprend le fil et conclut : *« Alors je vais être clair tout de suite et vous mettre en condition. Dans cet amphithéâtre, vous êtes environ mille. Sur la totalité, trois deviendront magistrats, une vingtaine seront avocats, une poignée parviendra à être notaires, quelques-uns seront huissiers ou juristes. Les autres, vous abandonnerez. La majorité dans les six mois à venir, les autres de découragement après avoir passé plusieurs fois le concours dont vous rêvez. Je vous invite donc, pour les plus indécis et les moins courageux, à abdiquer dès aujourd'hui : vous gagnerez du temps et peut-être que vous pourrez encore vous inscrire quelque part pour ne pas perdre une année ; et nous gagnerons du temps nous aussi. »*

J'étais dans le bain direct, c'est le moins que l'on puisse dire. Mais animée par cet esprit de contradiction qui m'a toujours caractérisée, j'allais montrer que j'avais ma place.

Il n'avait pas menti, la première année fut rude, chargée, fastidieuse. Le premier semestre est essentiellement composé d'histoire du droit, de l'Antiquité au Moyen Âge, puis du Moyen Âge à nos jours, d'histoire des institutions et d'introduction au droit civil. Des matières particulièrement assommantes et rébarbatives, mais fondamentales, car elles permettent de comprendre comment le droit français est devenu ce qu'il est aujourd'hui et le lien intime qu'il entretient avec notre histoire. Mais à 18 ans, je n'étais pas dotée du recul et de la sagesse nécessaires pour le concevoir. J'ai redoublé ma L1 : d'une part parce que je n'aimais pas spécialement ce que je faisais, faute d'en avoir saisi la teneur ; d'autre part parce que je sortais énormément. Eh oui ! J'ai goûté à la vie étudiante et surtout à la vie d'étudiante lilloise vivant à deux pas de la « rue de la soif » ! J'ai fait la fête, j'ai profité de cette première année de liberté et de jeunesse extrêmes. Pour être précise, j'ai redoublé car il me manquait... 0,004 points pour décrocher la moyenne. Quatre centièmes de point. Dans la majorité des autres facs, j'aurais été aux rattrapages et j'aurais validé mon année. Mais qu'à cela ne tienne ! Cela me permettrait d'avoir des bases solides plutôt que de passer ric-rac en deuxième année.

Je ne m'étalerai pas sur l'ambiance qui régnait dans ma fac à l'époque où j'y étais. Pour résumer, c'était majoritairement du « chacun pour soi », à quelques exceptions près. En redoublant ma première année, j'ai abordé les matières d'un œil totalement neuf et j'y ai trouvé un réel intérêt. Je me suis fait également deux grandes amies qui m'ont suivie durant toutes mes études supérieures, et au-delà.

Les années se sont succédé sans accroc, j'ai validé chaque semestre assez confortablement et je me suis peu à peu spécialisée en droit pénal. Une matière que j'avais découverte en deuxième année seulement, de façon assez superficielle (c'est ce que l'on appelle le droit pénal général). Puis, petit à petit, j'ai pu l'approfondir avec des cours de procédure pénale, de droit pénal spécial, de droit pénal des affaires, de criminologie, etc. Cela me passionnait et j'avais la chance d'avoir des professeurs et des chargés de TD captivants.

Le système universitaire français, basé majoritairement sur la théorie, ne me correspondait pas et n'était pas adapté à ma personnalité en quête de concret et de pratique. Malheureusement, c'était l'unique moyen d'étudier le droit, puisque aucun enseignement en alternance n'existait. J'éprouvais de manière assez récurrente une forme de dégoût et de lassitude, l'impression de « bachoter » tout le temps, de remplir mon cerveau de pages et de pages qui ne me serviraient à rien, que je « stabilotais » à grand renfort de surligneurs de toutes les couleurs ; des kilomètres de fiches en bristol pour n'être interrogée au final, tous les quatre mois, que sur une petite partie, à l'occasion d'examens qui ne reflétaient pas forcément la réalité de mon apprentissage... Bref, je ressentais le besoin d'intégrer la vie active rapidement.

Au cours de ces années, j'ai effectué des stages dans à peu près tous les domaines juridiques : dans un tribunal de grande instance, auprès du greffe d'un juge d'application des peines et d'un juge des libertés et de la détention ; dans une étude notariale ; dans un cabinet d'avocats ; dans une agence immobilière qui faisait également syndic de copropriété ; puis, enfin, dans un commissariat de police. J'ai donc découvert pour la première fois la police en 2011. Je ne vous cache pas que j'avais bataillé sec pour obtenir ce stage découverte d'une dizaine de jours. Encore une fois, le destin avait bien fait les choses. N'ayant aucune connaissance dans la police, ce stage m'a paru pendant des années impossible à décrocher. Ma mère est assistante sociale en banlieue parisienne et travaille notamment dans le domaine de la réparation du préjudice corporel avec des collaborateurs tels que des avocats spécialisés, des experts, des assureurs, des consultants, etc. Un jour, au gré de ses dossiers, sa route a croisé celle d'un commandant de police à la retraite, qui avait exercé à la fameuse Brigade Criminelle du 36, quai des Orfèvres. Mon rêve de gosse, celui qui me met des paillettes dans les yeux. Ma mère le savait, elle savait aussi que j'aurais tout donné pour le rencontrer. Elle lui a donc parlé de moi et il a proposé que l'on se rencontre pour discuter. J'étais aux anges. Si ça, ce n'était pas un signe... Le jour venu, je me suis retrouvée face à cet homme qui m'intimidait énormément. Très vite, il avait détendu l'atmosphère et m'avait résumé son parcours. Dans le milieu, tout le monde le connaissait comme « le Z ». Il avait bossé sur des affaires mythiques, comme celle de Guy Georges, avait connu les attentats des années 80 et 90, notamment celui de Saint-Michel à deux pas de son bureau... Bref, c'était un « vrai ». J'étais captivée dès qu'il ouvrait la bouche. Ce jour-là, il avait organisé une visite du célèbre « 36 ». Je n'étais pas flic, mais j'avais pu pénétrer dans ces étages mythiques, rencontrer le directeur de la Police Judiciaire de l'époque avec qui j'avais échangé quelques mots et qui m'avait dédicacé un livre, parler avec des « procéduriers » (enquêteurs) des Stups', de la Crim', m'imprégner de ce lieu chargé d'histoire et d'âmes, grimper jusque sur les toits pour admirer cette vue imprenable sur Paris et fouler ce sol que tant de super flics avaient foulé. Quelle journée ! C'était ça que je voulais faire, j'en étais convaincue. « Le Z » m'a alors confié avoir un ami qui était patron d'un commissariat, ajoutant qu'il allait lui passer un coup de fil pour lui parler de moi et de mon envie d'intégrer les rangs de la police, mais que le reste, c'était à moi de le faire. Je ne sais combien de fois je l'ai remercié et j'ai mis un point d'honneur à ne pas le décevoir. J'ai appelé quotidiennement le secrétariat du commissaire de cette circonscription de banlieue parisienne. Quand j'y repense aujourd'hui, à la place de la secrétaire et du patron, je n'aurais pas eu leur patience ! Je voulais tellement faire ce stage que j'en étais arrivée à les harceler. Heureusement, ma demande a été acceptée avant que je n'atteigne l'étape du supplice. Dix jours à arpenter les services d'investigation de cette DDSP*[1] de banlieue. J'avais même pu faire quelques heures en patrouille, en véhicule, avec un pare-balles. Quelle époque ! Je me sentais dans mon élément, je débordais de questions pour les enquêteurs, à tel point que je ne voulais pas prendre mes deux heures de pause du midi : je préférais rester avec eux, qui n'en prenaient quasiment pas.

Quand je leur expliquais que j'étais étudiante en fac de droit, en dernière année de licence, ils me répondaient à chaque fois que vu mon niveau d'études, je devrais m'orienter vers autre chose que la police. Ou bien préparer le concours d'officier ou de commissaire de police. La plupart me confiaient être à peine titulaires du baccalauréat, que ce serait donc *« du gâchis d'être simple gardien de la paix alors que tu peux être bien plus »*. Je ne comprenais pas leur discours, que je trouvais dévalorisant à la fois pour eux et pour le métier de gardien de la paix. *A contrario*, ils décrivaient leur entrée dans la police comme une ascension sociale. Certains, issus de milieux très modestes, voyaient la police comme *« une chance de s'en sortir »* et d'aspirer à un niveau de vie plus élevé que leurs parents. Ils éprouvaient une forme de reconnaissance envers l'institution qui *« leur avait tout donné »*. En contrepartie, ils ne se sentaient pas spécialement fondés à se plaindre et à contredire ou même questionner la hiérarchie. Alors entre nous, ils me disaient que plein de choses n'allaient pas, sans entrer dans le détail, mais qu'après tout *« on n'est pas les plus malheureux »*.

---

1 Les mots ou les sigles suivis d'un astérisque lorsqu'ils apparaissent pour la première fois dans le livre sont définis dans le glossaire en fin d'ouvrage.

J'avais un pied dedans et le « virus police » m'avait contaminée. Avoir fait plusieurs immersions dans les différents métiers du droit m'a permis de réaliser qu'aucun d'eux ne me conviendrait. Seule la police était faite pour moi, j'en étais convaincue. Parallèlement, j'avais un job étudiant en tant qu'hôtesse de caisse, puis roller dans une enseigne très connue de la grande distribution. Ça me permettait d'arrondir les fins de mois et d'avoir un pied dans la vie active. Après l'obtention de mon Master 1 en droit privé et sciences criminelles, je suis arrivée à saturation des études et j'ai estimé qu'il n'était pas nécessaire de poursuivre plus loin. Cette année-là, j'avais découvert une nouvelle matière, la criminologie, pour laquelle j'avais développé un réel attrait.

Pour citer ma professeure de l'époque, le docteur Catherine Adins, *« la criminologie est une science de carrefour, d'interdisciplinarité qui a longtemps été à la recherche de sa spécificité, car elle transcende par son objet de nombreuses disciplines. Un psychiatre belge, Seelig, l'appelait "la science du crime". La criminologie est reliée au droit pénal, à la sociologie, à la psychologie, à l'anthropologie, à l'ethnologie, à la médecine légale, à la psychiatrie... La criminologie est un savoir-faire mis à la disposition de la justice pour essayer de comprendre, de prévenir et de réduire le fait criminel. C'est une science qui a longtemps été entourée de méfiance. C'est une science qui a eu des difficultés à émerger. Les juges craignaient de voir leur autorité et leur pouvoir se réduire. Les avocats ont peur que le criminologue s'intercale entre son client et lui-même. La crainte envers cette matière est que des criminels bénéficient d'un non-lieu et ne soient pas jugés (rare). La criminologie inclut l'homme criminel et son acte en interaction avec l'environnement. L'environnement interagit voire détermine le crime. La criminologie intègre aussi des mécanismes de sanctions sociales, de stigmatisation, à la fois sur le plan de la peine et sur le plan de la défense sociale. »* Passionnant, n'est-ce pas ? Personnellement, je trouve cette matière fascinante.

L'université de Lille 2 héberge, entre autres, l'Institut de criminologie, qui dispense des cours tels que la psychiatrie criminelle, la médecine légale, la protection judiciaire de l'enfance, la pénologie et sciences pénitentiaires, etc., regroupés dans un certificat d'études pénales et criminelles. C'est un diplôme d'État, en dehors du cursus LMD (Licence, Master, Doctorat). À la suite de mon Master 1, j'ai décidé de m'y inscrire pour apprendre enfin ce qui me plaisait vraiment. Aller en cours est immédiatement devenu un réel plaisir et non plus une corvée. J'y ai découvert un tout autre aspect du juridique, axé sur des aspects plus psychologiques. J'y ai entrevu les diverses pathologies auxquelles l'homme peut être confronté : la schizophrénie, la bipolarité, la mythomanie, la paranoïa, la cleptomanie, les états limite ou *borderline*, les épisodes maniaques, les divers syndromes (Diogène, Stockholm, Lima, dissociatif, délirant, Peter Pan, Stendhal, Jérusalem, du voyageur, etc.), les troubles psychopathiques, sociopathiques, histrioniques, narcissiques, et tout cela m'a offert une toute autre vision du pénal au sens large du terme. On peut dire aussi que l'étude théorique de toutes ces matières a alimenté cette passion pour le genre qui me dévorait depuis l'enfance.

Lorsque j'analyse ces années, je me rends compte que le droit m'a conditionnée. J'y ai acquis de la rigueur, une minutie dans le choix des mots employés (en droit, on dit souvent que chaque mot a un sens qui lui est propre et qu'il n'existe pas de synonyme), une hiérarchisation des idées et un sens de l'argumentation face à la contradiction. Je n'aborde même pas la culture et les connaissances que ces années m'ont apportées, c'est une évidence. J'y ai appris à m'affirmer encore plus, à défendre mes idées, à écrire, à formuler, à reformuler, à me battre, à m'exprimer oralement, à prendre la parole en public, à apprendre et emmagasiner des connaissances vite, très vite, à m'organiser, à ne pas me décourager face à l'impossible et à me dire que je suis capable de tout. Finalement, ce n'était pas si mal, ces six années. Sans elles, je ne serais pas la personne que je suis aujourd'hui et je n'aurais pas développé la même force de caractère.

Un jour, j'ai pris le temps de me poser et de faire le bilan. Tout est alors devenu très clair. Et je me suis enfin décidée.

21 JUIN 2013

Ce jour-là, sans rien dire à personne, sans m'être renseignée nulle part auparavant, je me suis connectée sur le site internet de la police nationale. Déterminée, je me suis rendue sur l'onglet « Recrutement » et je me suis aperçue que les inscriptions pour le concours de gardien de la paix étaient ouvertes mais se terminaient le soir même. Convaincue qu'il s'agissait de la voie que je voulais emprunter, je me suis inscrite, naturellement, sans réfléchir.

Je vivais cette inscription comme une forme de soulagement : enfin j'avais franchi le pas, enfin j'assumais ce que je voulais faire sans me soucier de l'avis des autres ! L'aventure commençait à partir de ce clic sur « valider l'inscription ». J'avais fait le plus dur, il me restait maintenant à savoir en quoi consistait le concours ! (Oui, j'avais tout fait à l'envers.)

Les épreuves écrites comportaient plusieurs parties : un QCM de culture générale d'une centaine de questions, un QCM de fondamentaux scolaires (français et mathématiques) de la même longueur, des tests psychotechniques et enfin une étude de texte. Cette phase était communément appelée « phase d'admissibilité ». Si je validais cette étape, j'accédais aux épreuves de sport, de langue et à l'entretien oral avec le jury. Le sport se composait d'un parcours d'habilité motrice (PHM), qui consiste à franchir une succession d'obstacles le plus rapidement possible, et du « Luc Léger », un test d'endurance cardio-respiratoire visant à accomplir des allers-retours sur une distance de vingt mètres, à une vitesse progressivement accélérée, réglée par une bande sonore émettant des « bips » que nous devons suivre. L'épreuve de langue consiste en un entretien oral d'une vingtaine de minutes, lors duquel l'examinateur nous pose des questions plus ou moins personnelles et évalue notre capacité de réponse dans la langue visée. Enfin, l'entretien avec le jury est l'épreuve déterminante qui peut tout faire basculer. Tu auras beau valider toutes les autres, même haut la main, le jury peut décider de t'éliminer s'il le désire. Ce jury est composé de quatre personnes dont trois policiers issus des différents corps (gardiens de la paix/gradés, officiers, commissaires) et d'un(e) psychologue. L'entretien dure une trentaine de minutes. Le candidat se présente, puis l'ensemble du jury lui pose les questions qu'il souhaite, personnelles comme professionnelles, pouvant aller jusqu'à des mises en situation. À l'issue de cette phase dite « d'admission » se déroulent la visite médicale, afin de vérifier si tu es apte physiquement, et l'enquête de moralité, diligentée par un service de renseignement territorial de la police nationale. Le but est de fouiller dans ta vie et ton passé pour s'assurer que tu es digne de la fonction, de confiance et que tu n'as pas de proches rendant incompatible ton entrée dans la police (délinquant, criminel, fiché…).

Je me souviens avoir lu le déroulé du concours et m'être dit : *« Ça va être chaud cocotte, t'as intérêt à te sortir les doigts pour l'avoir, ça va pas te tomber tout cuit ! »* Dans mon appartement lillois, assise devant mon écran sur ma chaise de bureau avec une tasse de thé à la menthe, je relisais encore et encore, m'imprégnant des épreuves et réalisant petit à petit l'ampleur du travail qui m'attendait. Tout se bousculait dans ma tête, au point de me demander si j'avais bien fait de m'inscrire sans même savoir en quoi consistait le concours !

J'ai fini par atterrir sur des forums où des candidats des années précédentes relataient leur expérience des épreuves. Et c'était loin d'être rassurant.

Je n'en avais encore parlé à personne et j'appréhendais notamment la réaction de mes parents, qui souhaitaient tout sauf la police pour leur fille. Mais après tout, c'était mon choix et ils le comprendraient. Au fond de moi, je savais que c'était le bon. La police a toujours été une évidence pour moi. Tout, depuis l'enfance, m'a amenée à elle. Quoi que je fasse. J'ai eu beau multiplier les petits boulots à droite à gauche, me permettant de faire des rencontres dans différents milieux, les stages dans le domaine juridique, avec des propositions d'emploi à l'issue de mes études parfois très attractives, rien n'a réussi à m'en détourner. Au contraire. Chaque épisode de ma vie n'a fait que m'en rapprocher, chaque fois un peu plus près. Et pourtant.

Peu de temps après mon inscription, mon père a eu un grave problème de santé, au point qu'il a été à quelques minutes de nous quitter définitivement. Le choc. Je ne suis pas démonstrative, mais ce jour-là, le ciel m'est tombé sur la tête : mon « Padre » (comme je le surnomme) avait bien failli passer l'arme à gauche, comme ça, sans prévenir. Je n'ai pas pu aller le voir les premiers jours de sa convalescence, le corps médical n'autorisant la visite que d'une seule personne de la famille, ma mère. Et du fait de mon boulot d'hôtesse de caisse, que j'exerçais désormais à temps plein en attendant de passer le concours, je pouvais difficilement me libérer. Ce fut une période très difficile à vivre pour moi moralement. Je me sentais impuissante et terriblement loin de mon père, malgré les quelques visites que j'ai pu lui rendre. Évidemment cet événement a fortement compromis les révisions que je m'étais programmées durant l'été 2013 pour les écrits de septembre. Je n'avais clairement pas la tête à ça et pour être honnête, je me suis rendue à l'épreuve en « touriste », presque les mains dans les poches, sans aucune conviction, dépitée.

Je suis partie perdante d'avance, persuadée que je ne validerais pas les tests et que ce n'était pas bien grave. La veille, j'étais même décidée à abandonner. Je reviendrais l'année prochaine, tant pis.

Un adage dit que « la nuit porte conseil » et effectivement, ce matin du 24 septembre 2013, je me suis réveillée prête à en découdre avec ces écrits. Le concours se déroulait à Douai, dans un hangar immense. Je m'y étais rendue en train et j'avais marché de la gare jusqu'au hangar, qui se situait en contrebas et que je me souviens avoir aperçu au loin, avec une marée humaine à son entrée. *« Mon dieu ! On est tant que ça ! »* Impossible, à cet instant, de déterminer avec exactitude le nombre de candidats présents. J'apprendrai par la suite que nous étions presque trois mille postulants pour la partie nord de la France et quinze mille pour tout le pays. Pour environ mille reçus. Les places étaient donc très chères. J'avais peine à croire qu'autant de jeunes voulaient devenir policiers, cette profession si souvent critiquée, notamment par notre génération.

Des groupes s'étaient formés, beaucoup se connaissaient visiblement déjà, contrairement à moi qui me retrouvais en zone totalement inconnue. Je finis par discuter avec quelques personnes, certaines avaient fait des études supérieures, d'autres non ; certaines étaient enfants de flic, d'autres non. Il y avait vraiment tous les horizons, tous les niveaux scolaires et tous les milieux. Certaines jeunes filles gloussaient devant l'entrée en mini-jupe, talons et décolleté jusqu'au nombril ; je me demandais ce qu'elles étaient venues faire ici, mais après tout, pourquoi pas. *A contrario*, on voyait des mecs arborer fièrement des t-shirts à l'effigie du LAPD, la police de Los Angeles, d'autres des treillis militaires avec rangers : un peu *too much* ! Mais la majorité étaient en jeans, baskets et t-shirts basiques, soyez rassurés !

Une fois rentrés, on nous a dirigés vers une salle gigantesque, où des tables et des chaises d'écoliers étaient positionnées les unes derrière les autres, à perte de vue. La perspective était impressionnante tant les espaces et les alignements étaient respectés. Tirés au cordeau. J'ai pris immédiatement la mesure de l'enjeu. Certes, la vision de la foule à l'entrée avait été particulièrement choquante, mais celle de cette salle vide jusqu'à l'horizon, qui s'apprêtait à être remplie, était d'autant plus parlante. Nous avons été appelés un par un, par ordre alphabétique, et orientés vers la table qui nous était réservée. Nous avons pris place chacun à notre tour et attendu patiemment plusieurs minutes que tout le monde se soit installé. Le déroulé de la journée nous fut alors détaillé. Les intervenants nous ont expliqué être tous des policiers et policières volontaires pour surveiller nos épreuves et nous ont prévenus : ils voyaient tout, donc mieux valait ne rien tenter de stupide. Ok, le ton était donné.

Les quatre épreuves écrites se sont déroulées sur l'ensemble de la journée, interrompues par une pause déjeuner pour laquelle il fallait prévoir un casse-croûte. De mémoire, j'avais commencé le matin par les deux QCM et par les tests psychotechniques. J'avais été assez étonnée de la difficulté de certaines questions, d'autant plus qu'il fallait répondre aux deux questionnaires en 1 h 30 maximum. Une bonne partie relevait du droit constitutionnel français et je m'étais demandé comment les jeunes qui sortent du baccalauréat pouvaient répondre à des questions telles que *« En cas d'empêchement, qui remplace le président de la République ? »* ou *« Qu'appelle-t-on la navette législative ? »* Personnellement, je l'avais appris en fac de droit. Une autre question m'avait particulièrement marquée, tant elle était insolite : *« Quel est le seul lieu français où l'on produit du gaz naturel ? »* Et ainsi de suite pendant des dizaines d'autres questions d'actualité, d'histoire, de géographie, de cinéma, de littérature française, de musique, etc. J'ai découvert bien après que des annales étaient mises à notre disposition. Si j'avais eu le temps (et le moral surtout) et si je l'avais su, je m'y serais probablement entraînée. Même si j'ai plutôt tendance à estimer que la culture générale ne se révise pas, ni ne s'apprend. Elle s'entretient au quotidien, s'alimente régulièrement, notamment par la curiosité qui est en chacun de nous.

Je terminais le premier QCM plutôt confiante, assurée d'avoir la réponse correcte à une grande majorité des questions posées. Nous avons enchaîné avec le QCM de français et de mathématiques. En toute logique, je devais m'en sortir sur la partie français. Lorsque j'étais en sixième, ma mère avait remarqué que j'avais quelques lacunes, notamment en conjugaison et en grammaire ; j'étais un peu fâchée avec les accords. Elle avait donc pris la merveilleuse décision de me faire faire des dictées tous les soirs quand elle rentrait du travail. Oui, TOUS LES SOIRS. Vacances ou pas. Pendant UN AN. Je vous laisse imaginer à quel point je rechignais au bout de plusieurs jours, contrainte et forcée. Mais avec le recul, je dois avouer qu'elle avait opté pour la bonne méthode. Si aujourd'hui je fais très peu de fautes, c'est grâce à elle. Les professeurs n'ont pas le temps de s'attarder sur les difficultés de chaque élève.

Les mathématiques, en revanche, n'avaient clairement jamais été mon fort. Et surtout, je n'en avais pas fait depuis cinq ans ! Calcul, géométrie, problèmes... Heureusement qu'il ne s'agissait que d'une minorité de questions ! Je ne m'en étais pas trop mal tirée malgré tout, du moins c'était mon impression. Quant aux tests psychotechniques, je les découvrais pour la première fois, n'ayant pas pris le temps d'ouvrir un seul des bouquins que je m'étais achetée pour la préparation au concours. (Oui, c'est mal. Pour les futurs postulants, ne faites surtout pas comme moi !) C'était un enchaînement de questions de logique (numérique, visuelle, verbale), d'analogie, de rapidité, puis de questions de personnalité qui avaient pour objectif de dresser un profil psychologique. Cette épreuve ne faisait pas l'objet d'une note mais servait de base de travail, notamment pour l'entretien oral. Je n'ai éprouvé aucune difficulté à répondre à l'ensemble des questions.

L'après-midi était consacrée à l'étude de texte. Cette année-là, notre sujet était « le journalisme citoyen ». Il y en avait des choses à dire ! En bonne juriste que j'étais, j'ai élaboré un plan en deux parties et deux sous-parties, avec introduction en entonnoir et problématique, sans conclusion mais avec ouverture. Au moment de poser mon point final, je me rappelle m'être dit que ce n'était probablement pas ce que les correcteurs attendaient d'un candidat au concours de gardien de la paix, mais c'était trop tard. Mes années de droit m'avaient définitivement formatée. Était-ce un mal ou un bien ? Je ne le sais toujours pas.

La journée touchait à sa fin et elle avait été rude. J'étais épuisée, comme vidée, le cerveau à l'état liquide. Je n'arrivais pas à me prononcer sur ma réussite ou non, mais j'avais gardé les sujets des QCM pour pouvoir vérifier les réponses une fois rentrée chez moi, aux côtés de ma cousine Océane[2], qui habitait désormais le même immeuble.

Océane était arrivée quelques années après moi à Lille et avait intégré la même université que moi après son bac. Ses parents lui avaient loué un petit studio dans le centre puis, lorsqu'un T1 s'était libéré dans ma résidence l'année suivante, elle avait déménagé pour se rapprocher de moi. À mon plus grand bonheur. J'avais à cœur de la guider et de l'aider autant que je le pouvais durant ses années d'études, afin qu'elle ne soit pas perdue comme j'avais pu l'être. J'aurais aimé avoir cette chance lorsque je suis arrivée à Lille, quelqu'un sur qui je peux compter, passé par là avant moi. Je voulais être cette épaule pour elle. Dans le fond, je l'ai toujours considérée comme ma petite sœur, et le fait qu'elle marche dans mes pas me touchait et me rendait très fière. Elle croyait beaucoup en moi et m'avait soutenue immédiatement lorsque je lui avais annoncé que je m'étais inscrite au concours. Alors, lorsque nous avions vérifié les réponses aux questions et

2 À l'exception de celles dont le nom est cité *in extenso*, les prénoms de toutes les personnes évoquées dans le livre ont été modifiés afin de préserver leur anonymat.

constaté que j'en avais une majorité de correctes, la tension était redescendue d'un cran.

Environ deux mois plus tard, j'ai reçu un courrier qui m'apprenait que j'étais admissible au concours ! J'étais soulagée. On avançait, doucement mais sûrement. Rien n'était gagné, mais j'étais en bonne voie. J'étais convoquée aux épreuves de sport, langue et entretien oral début février. J'avais environ trois mois pour m'y préparer. Étant une ancienne sportive, j'allais me remettre dans le bain facilement, j'avais des restes ! Sauf que je déteste courir et que là, il fallait que je m'entraîne à la course, et notamment au fractionné. Pour celles et ceux qui découvrent ce mot, l'entraînement fractionné, contrairement à une course à allure régulière, consiste à alterner les phases de course rapide et les phases de récupération. Cela permet d'améliorer ses capacités physiologiques (musculaires, pulmonaires, cardiaques...) et mentales. Tu cours plus vite qu'à l'accoutumée, donc tu améliores ta foulée. C'est l'entraînement idéal pour travailler la fameuse et tant redoutée épreuve du « Luc Léger ». Me voilà donc de retour à la salle de sport, bien décidée à passer outre mon aversion pour la course... et à m'efforcer d'oublier mon asthme.

Le mois de février est arrivé vite, très vite même. Un matin très tôt, je me suis retrouvée au milieu de la place d'armes de l'École nationale de police de Roubaix, que je traversai pour rejoindre le gymnase où se déroulait l'épreuve sportive. Il devait être à peine sept heures, je croisais des élèves en uniforme qui se déplaçaient en groupes en formant un carré du plus grand au plus petit et marchaient bizarrement, tandis que l'un d'eux hurlait *« GAUCHE ! GAUCHE ! GAUCHE ! »* Une fois au gymnase, on nous a donné pour consigne d'aller nous changer en tenue de sport. Je me suis exécutée, vestiaires féminins collectifs, pas de place pour la pudeur, on se dénudait toutes face à des inconnues. Nous avons ensuite été réunis dans la salle principale où je découvrais le parcours d'habilité motrice : des haies, une poutre, des cerceaux, une chaise pour les appuis alternés, deux chevaux d'arçons d'un mètre vingt, une échelle horizontale, un tunnel de ramping, et des plots formant un slalom. Je l'avais seulement vu sur papier, jamais en vrai. À première vue, ça avait l'air plutôt simple. Pas le temps de tergiverser, les quatre moniteurs présents ont pris la parole et se sont qualifiés de formateurs « APP* » (activités physiques et professionnelles) ; l'un d'entre eux me semblait particulièrement exigeant. Ils nous ont expliqué le déroulé de la matinée : nous allions commencer par le PHM et enchaîner avec le « Luc Léger » après une vingtaine de minutes de récupération. L'après-midi, nous commencerions par l'épreuve de langue pour terminer avec l'entretien avec le jury. Encore une longue journée qui m'attendait.

Il était huit heures du mat' et je faisais des tours de salle pour m'échauffer. *« Putain, je déteste courir dès le matin comme ça ! »* On nous avait autorisés à tester le parcours et les agrès. Je me suis ruée sur l'échelle horizontale afin de m'assurer que je réussissais à la passer sans que mes mains ne glissent ou que mes bras ne tétanisent. Soulagement, ça passait nickel.

Allez, les hommes étaient les premiers à se lancer. Nous étions cinq nanas et patientions en les regardant effectuer leur parcours. Certains, impressionnants, étaient de vraies gazelles et franchissaient les obstacles comme s'il s'agissait d'une marche d'escalier, bouclant le parcours en à peine cinquante secondes. D'autres avaient un peu plus de mal, rataient des obstacles, touchaient une barre au ramping (entraînant une pénalité), tombaient à la poutre, et terminaient avec des temps moyens. Lorsque mon tour arriva, je stressais. L'épreuve commençait par un porté de sac lesté de vingt-cinq kilos à bras-le-corps, sur une distance de vingt mètres. *« Ok, ça passe sans problème. »* Ensuite, je devais faire trois pompes avant de pouvoir commencer le parcours... mais ça n'avait rien à voir avec les pompes que je faisais à la maison. Le moniteur plaçait sa main ouverte sur le flanc, au sol, et je devais la toucher avec ma poitrine pour valider la pompe. Il fut un temps où je savais enchaîner les pompes sans problème, mais ça se perd vite, très vite ! Je n'étais pas rassurée, mais il fallait y aller.

« GO ! UN ! DEUX ! TROIS ! OK C'EST VALIDÉ ! ALLEZ, ON ENCHAÎNE ! » C'est le moniteur qui me faisait peur qui me suivait, agrès par agrès, afin de vérifier que je les passais correctement, sans pénalité. Il m'encourageait : *« ALLEZ, ALLEZ ! ON LÂCHE PAS ! ALLEZ VAS-Y, ENCHAÎNE ! ALLEZ, TU T'ARRACHES MAINTENANT ! »* Les haies, la poutre, les cerceaux, les appuis alternés, nickel, pas un faux pas, j'avais un bon rythme. J'ai passé le premier cheval d'arçons. *« Putain il est haut ce con ! »* Même pas deux mètres le séparaient du second, je n'arrivais pas à prendre de l'élan, je me suis écrasée dessus comme un moustique sur un pare-brise ! Je me suis agrippée, je me suis hissée en haut, je criais de souffrance tellement je galérais, mais je ne voulais pas lâcher, jamais. Je l'ai passé mais j'ai perdu du temps. Je suis arrivée à l'échelle, pas le temps de minauder et de réfléchir, hop j'ai attrapé le premier barreau et j'ai enchaîné : *« TAC ! TAC ! TAC ! »* hurlait l'APP à côté de moi sans jamais me quitter du regard. BAM ! J'ai mis pied à terre, échelle validée ; sprint pour rejoindre le tunnel de ramping, je me suis jetée au sol, bras en avant, cul rentré et contracté, jambes tendues, j'ai glissé sur plusieurs dizaines de centimètres, j'ai rentré la tête pour ne pas toucher la barre avec ma queue de cheval, j'ai replié mes bras et j'ai avancé. *« C'est bon ! Pas de pénalité ! »*

« ALLEZ, C'EST LA DERNIÈRE LIGNE DROITE ! TU T'ARRACHES ! TU DONNES TOUT ! » Je voyais flou, j'avais la tête qui tournait, je sentais mes pulsations taper dans mes oreilles, je cherchais l'air, j'étouffais, je n'avais plus de force, je distinguais à peine les cinq plots. *« Allez, c'est la fin, je peux le faire. »* J'ai accéléré, tant bien que mal, mes cuisses me faisaient un mal de chien. Premier slalom. Deuxième slalom. *« Ok je vais tomber dans les pommes là. Non !*

Je ne peux pas, pas maintenant, allez ! » Une force venue de nulle part m'a propulsée jusqu'au troisième slalom, puis le quatrième, puis le dernier. La ligne d'arrivée franchie, j'ai fini la tête entre les jambes, pliée en deux, à deux doigts de gerber. Le moniteur m'a tapé dans le dos et m'a dit : « *1 minute 08 ! Allez, va boire un coup !* » Je ne connaissais pas le barème, je ne savais pas à quelle note mon temps correspondait, mais je me suis écroulée au sol à la recherche de mon souffle (j'étais encore fumeuse à l'époque, même si j'avais réussi à arrêter les mois précédant l'épreuve de sport, j'avais repris la veille !). « *La vache ! Qu'est-ce que c'est dur !* »

À peine dix minutes plus tard, je me retrouvais sur la ligne de départ du « Luc Léger », adieu les vingt minutes de récup' ! Je ne sentais toujours pas mes jambes et mon souffle n'était pas totalement revenu. « *Ça va pas être simple.* » On nous a demandé d'enfiler des dossards numérotés. J'étais le numéro 9. Les moniteurs ont lancé la bande-son.

« *ATTENTION ! BIP !* »

Ce premier « bip » sonnait le début de deux minutes d'échauffement en effectuant des allers-retours tous les vingt mètres. Tu pars d'un point A au premier « bip » et tu dois atteindre le point B, situé vingt mètres plus loin, en même temps que le second « bip » retentit. Puis faire demi-tour, te rendre au point A et l'atteindre au « bip », et ainsi de suite. Ça a l'air simple sur le papier, sauf que l'espacement des « bips » se réduit progressivement, obligeant le coureur à accélérer sa foulée pour être toujours dans le tempo. Ces allers-retours incessants sont assez traumatisants pour les articulations (genou, cheville), qui souffrent énormément. Très vite, j'ai ressenti une vive douleur dans ma cheville droite, que je m'étais fracturée plus jeune. Et cela m'a fortement handicapée. Ça, plus les jambes qui ne suivaient pas, le souffle coupé, cette épreuve a été particulièrement difficile. Je savais que pour avoir la moyenne, il fallait que je tienne jusqu'au palier 5/45 (cinq minutes et quarante-cinq secondes), j'ai poussé de toutes mes forces jusqu'au palier 6/30, ce qui m'a valu la note de 10,5. Trois des autres femmes ont abandonné prématurément et ont donc été éliminées. La dernière a fait une super perf' à mes yeux puisqu'elle a poussé jusqu'au palier 7/45 (pour une note de 12,5). La plupart des mecs faisaient palier 8 ou 9, et même 11, 12 voire 13 pour les meilleurs, de vraies machines de guerre. Pour obtenir 20 sur 20, un homme devait faire palier 14, contre palier 11 pour une femme. Il faut être honnête, c'est une sacrée différence. Je ne saurais dire si les barèmes ont changé depuis mon passage. Mais si ça ne tenait qu'à moi, c'est l'épreuve elle-même qu'il faudrait supprimer ! Bon, ok, je ne suis pas objective...

Les APP se sont retirés et sont revenus quelques minutes plus tard. On était une trentaine, autour d'eux, à attendre les résultats. Le « moniteur pas si méchant que ça au final » a pris la parole et a annoncé nos notes au parcours d'habilité motrice. *«Alpha ? »* J'ai levé la main. Son regard s'est posé sur moi. *« 15 sur 20. Mais tu t'es traînée, t'aurais pu faire largement mieux que ça avec les capacités que tu as. Tu t'es préservée ! »* Euh... Premièrement, j'étais choquée du 15 et super contente. Deuxièmement, je n'avais pas compris sa remarque, étant donné que j'étais à deux doigts du malaise et que j'avais eu du mal à terminer. Mais soit. J'avais eu 15 et je m'en foutais ! Direction les vestiaires et la collation avant d'attaquer le reste de la journée.

Douche et changement de tenue. J'avais prévu un tailleur pantalon noir, avec chemisier blanc et talons noirs. Classique mais efficace. Sans doute « sur-habillée » aux yeux d'une partie des autres, dont certains étaient en jeans ou en baskets. Personnellement, je n'aurais pas osé me présenter ainsi devant un jury pour un entretien. Mais pourquoi pas, si t'es irréprochable sur le reste... Nous avons été placés dans une salle de classe où l'on est venus nous chercher les uns après les autres, d'abord pour l'épreuve de langue.

« Good afternoon, miss! First of all, could you introduce yourself properly? »

Je me suis donc présentée à l'examinateur, sans hésitation ni temps mort. Il a acquiescé vigoureusement de la tête, paraissant approuver mes paroles. *« Ça va, j'ai encore des restes d'anglais ! La classe euro ne m'a pas servi à rien ! »* Il a enchaîné en me demandant si j'avais déjà été en voyage dans des pays anglo-saxons. *« Of course, sir! I've been to London many times, among other things... »* Les minutes ont défilé. Nous avons discuté comme de vieux potes. Il a fini par me dire que c'était terminé et que je pouvais regagner la salle de classe.

Le temps passait et je voyais chaque candidat être appelé pour l'entretien avec le jury et revenir avec des têtes de six pieds de long. Certains, les larmes aux yeux, quittaient précipitamment la pièce sans même répondre à nos questions. Je me demandais bien à quelle sauce j'allais être mangée, ça avait l'air d'être terrible. Une minorité revenait avec le sourire en déclarant que cela s'était bien passé et qu'il ou elle le sentait bien. Bon. Deux heures se sont écoulées, je n'étais toujours pas passée. J'étais toute seule dans la salle quand vint enfin mon tour. J'étais donc la dernière. J'avais pu me faire bon nombre de films dans ma tête et prendre le temps de bien stresser.

On m'a conduite devant la porte. Derrière, ils étaient quatre. Ils m'attendaient. Ils allaient me toiser et épier le moindre de mes gestes, de mes expressions, de mes clignements de paupières. J'ai pris une grande inspiration, j'ai frappé, j'ai attendu que l'on m'autorise à entrer (si vous passez le concours, cette étape est OBLIGATOIRE) et j'ai actionné la poignée. J'ai pénétré dans la salle, les ai regardés dans les yeux, ai refermé la porte et me suis placée devant la chaise, debout, face à eux, en prenant soin de les regarder un par un dans les yeux, encore une fois. J'ai attendu qu'ils me disent de m'asseoir (OBLIGATOIRE aussi) et je me suis exécutée. Jambes croisées, en prenant soin de ne pas balancer mon pied dans le vide, mains posées à plat sur les cuisses, buste droit et tête haute, le regard franc. Trois hommes et une femme. Je me demandais qui était qui. Qui était la/le psychologue, la/le commissaire, la/le gradé et l'officier ? Les quatre restaient de marbre, certains en uniforme, sans grade, d'autres en civil. Je me suis présentée mais eux ne m'ont pas imitée, évidemment, ils préféraient laisser planer le doute. Ils m'ont posé tour à tour des questions, sauf la femme. Je jouais du piano, mais étais-je plutôt classique ou moderne ? Et quelle était la pièce que je préférais jouer ? « *Chopin ? Comment ça, Chopin ?* Les Nocturnes *en plus ! Mais non, vous ne pouvez pas dire cela, vous m'auriez dit Bach, j'aurais compris, mais pas Chopin !* » Évidemment, il n'y avait pas de bonne ou de mauvaise réponse, ce qu'ils attendaient c'est que l'on argumente et surtout que l'on ne change pas d'avis s'ils se montraient insistants : changer trop facilement d'avis, c'est être manipulable. Les questions se multipliaient et je gardais le cap.

Je m'attendais à une question en particulier, et bien sûr, ça n'a pas loupé : « *Pourquoi gardien de la paix et pas officier ou commissaire, vu votre niveau d'études ? N'avez-vous pas l'impression d'être surdiplômée par rapport aux autres ?* » Les mots du « Z » ont immédiatement résonné en moi, comme une évidence et comme s'il savait, dès cette époque, qu'ils me serviraient un jour. « *Je ne vous cache pas que sur le long terme, c'est une perspective que j'envisage, mais un commandant de police, un grand flic, m'a dit un jour : "Tu sais Juliette, pour commander des hommes et des femmes, il faut déjà savoir recevoir des ordres." Et à l'heure actuelle, je ne me sens aucunement légitime pour commander des policiers alors que je ne sais rien du métier. Je veux être reconnue de mes pairs, savoir de quoi je parle avant d'avoir la responsabilité de dizaines d'hommes et de femmes entre mes mains. Je pense que ce serait de la folie et de l'égoïsme que de sauter cette étape et de vouloir aller plus vite que la musique. J'ai 23 ans, je ne suis pas prête. J'espère l'être un jour, et ce jour arrivera lorsque mes collègues me le feront comprendre.* »

Il n'y a aucune honte à dire que l'on ne se sent pas prêt. Et aucune honte à passer le concours de gardien de la paix alors que l'on est diplômé. Bien au contraire. Nous avons la chance d'avoir le choix entre plusieurs concours. La question est de savoir ce que l'on veut faire. Moi, je voulais être flic. Je savais que pour l'être, il fallait que je commence par être gardien de la paix. Mes connaissances ne seraient qu'un plus que j'allais mettre à profit au quotidien dans mon boulot, du moins c'est comme ça que je le concevais. Comme un outil supplémentaire à ajouter à la mallette. Certains sont champions de boxe, d'autres tireurs sportifs, moi j'avais fait quelques années d'études. Cette façon de voir les choses avait l'air d'avoir convaincu le jury et nous étions passés à autre chose. On m'avait prévenue qu'ils pouvaient poser énormément de questions et également faire des mises en situation, mais plutôt aux ADS (adjoints de sécurité) qui avaient déjà eu une expérience police. N'ayant pas été ADS, je me pensais à l'abri. Erreur.

Première mise en situation : « *Vous êtes gardien de la paix. Vous êtes implantée en contrôle routier avec votre équipage, mais également votre officier de voie publique. Une voiture franchit le feu tricolore au rouge fixe. Vous la contrôlez avec vos collègues. La verbalisez-vous ?* »

Deuxième mise en situation : « *Vous êtes toujours gardien de la paix. Vous êtes toujours implantée en contrôle routier avec votre équipage, et toujours avec votre officier de voie publique. Une voiture franchit de nouveau le feu tricolore au rouge fixe. Vous la contrôlez avec vos collègues. Il s'agit de vos parents. Les verbalisez-vous ?* »

Je me rappelle avoir répondu, avec naïveté, que je verbalisais tout le monde car « *nul n'est censé ignorer la loi* » et que vu l'éducation que j'avais reçue de mes parents et les connaissant, ils n'auraient jamais franchi le feu au rouge. Mais que, si tel avait été le cas, ils auraient accepté la contravention.

« Très bien. Que répondez-vous à votre père qui, lors du repas de Noël, aura placé la contravention dans votre assiette ?

– Je ne lui réponds rien, car cela n'arrivera jamais. On préfère le foie gras dans l'assiette ! »

Troisième mise en situation : *« Vous êtes gardien de la paix. Vous êtes le chef de bord de votre équipage. Vous patrouillez en véhicule à l'intérieur d'une cité lorsque, tout à coup, vous recevez des projectiles sur votre véhicule et vous entendez de nombreuses insultes. Que faites-vous ?*

– J'essaye de repérer les auteurs de jets de projectiles pour les retrouver plus tard dans la journée ou les identifier ultérieurement.

– Ah ! Mais vous êtes en flagrant délit là ! Les mecs caillassent votre voiture et vous traitent de "salope", mais vous n'allez pas les interpeller ?

– Tout dépend de la cité, s'il y a du monde ou pas. Si nous ne sommes qu'un seul équipage, je ne prendrai pas le risque de rester pour qu'un de mes collègues soit blessé.

– Ok. Du coup, comment qualifieriez-vous les infractions commises par ces individus ? »

Panique. J'ai fait du droit, mais je n'ai jamais été flic. Je ne connais que la théorie et les principaux crimes et délits, le meurtre, le viol, le vol, etc.

« Alors je dirais que nous pouvons retenir l'outrage à agent (à l'époque, je ne savais pas que cela s'appelait l'outrage à personne dépositaire de l'autorité publique) *et... les dégradations de biens publics pour le véhicule. »*

Ça avait l'air de leur convenir. J'ai été libérée à l'issue de cette dernière question. Je suis ressortie de cet oral en sueur, éreintée de cette journée riche en émotions et usante psychologiquement. Je ne pouvais absolument pas me prononcer sur le verdict du jury. Aucune idée. Je n'avais plus qu'à attendre les résultats pour être fixée. D'ici là, la vie reprenait son cours et le lendemain, j'étais de retour derrière ma caisse de supermarché. Où le seul « bip » que j'entendais, c'était celui des articles que je passais.

Quelques mois s'écoulèrent, puis le courrier tant attendu atterrit dans ma boîte aux lettres. Ni une, ni deux, j'arrachai le papier de l'enveloppe et dépliai la lettre. L'attente avait été trop longue pour faire durer plus longtemps le suspense. À ce moment-là, je ne savais pas ce que j'allais devenir l'année suivante. J'avais décidé de mettre un terme à mes études, je n'avais aucun plan de secours, il fallait absolument que je réussisse. Dans le hall de mon immeuble à moitié éclairé, le palpitant dans tous ses états et la respiration coupée, mes yeux parcouraient en diagonale les phrases imprimées, à la recherche de la délivrance… et… ADMISE ! Oui ! J'allais le faire ! J'allais être gardien de la paix ! Ne restait plus qu'à passer par la visite médicale et l'enquête de moralité, mais ça allait être du gâteau. Le plus dur était derrière moi, validé. Je trépignais d'impatience et n'avais qu'une hâte, entériner rapidement l'obtention du concours, une bonne fois pour toutes.

En mai et juin, j'effectuais les deux dernières étapes me séparant du Saint Graal. Dans le même temps, je continuais de faire mes trente-cinq heures derrière ma caisse ou sur des rollers, pour aller vérifier les prix dans les rayons, quand mi-juillet je reçus enfin ma convocation d'incorporation en école nationale de police. J'étais affectée à celle d'Oissel, près de Rouen, et je devais m'y rendre pour le 1er septembre 2014, à 8 heures. Il me restait donc un mois et demi pour préparer ma nouvelle vie.

2

COMMENT JE SUIS DEVENUE GARDIEN DE LA PAIX

LE PREMIER JOUR DU RESTE DE MA VIE

Que ce mois d'août fut long ! Je trépignais d'impatience comme un gosse attendant le matin de Noël. J'avais hâte de commencer cette nouvelle vie et en même temps, beaucoup d'appréhension : encore une fois, j'étais en route vers l'inconnu. Mais bon, je commençais à y être habituée et au final, je réussissais toujours à m'adapter. Alors pourquoi cette fois-ci serait-elle différente ?

Quelques jours avant le grand départ, on s'était donné rendez-vous avec d'autres futurs élèves de l'École nationale de police d'Oissel, eux aussi originaires du Nord. Cela ne vous étonnera pas, nous avons été boire une bonne bière de chez nous et chacun a relaté son parcours. Les angoisses, les attentes et les suppositions allaient bon train. *« Vous croyez que l'école est comment ? On va être dans la même classe ? Est-ce que je vais réussir à tirer avec une arme ? Le sport n'est pas trop dur ? On aura le droit de fumer ? On pourra prendre nos téléphones avec nous ou il faudra les laisser dans la chambre toute la journée ? »* Autant de questions qui nous trottaient dans la tête et dont la plupart restaient sans réponses. Certains étaient adjoints de sécurité, encore en poste pour la plupart, et m'ont vite rassurée : ce n'était pas le bagne, on aurait droit à une certaine liberté. J'avoue que j'avais peur de me retrouver à nouveau dans un système trop scolaire, en classe, avec des horaires stricts, des règles à respecter, une communauté avec qui tu partages ta vie 24 heures sur 24. Certes, j'avais terminé la fac depuis peu, mais en six ans à Lille j'avais développé une forme d'indépendance. Je vivais seule dans mon appartement, j'organisais mon temps comme je le souhaitais, assistais aux cours que je voulais, pas de figure d'autorité au-dessus de moi, je choisissais plus ou moins mes horaires de travail, donc le retour à « l'école » allait être compliqué. Nous avons décidé de tous nous donner rendez-vous le dimanche en début d'après-midi afin de faire la route nous séparant d'Oissel tous ensemble, en co-voiturage. N'ayant pas de véhicule à ma disposition, je trouvais cette idée fabuleuse.

Entre-temps, j'étais passée par la case obligatoire Décathlon pour l'achat de plusieurs tenues de sport plus ou moins chaudes, baskets de course et de trail neuves, t-shirts basiques à porter en dessous de l'uniforme, chaussettes hautes noires pour aller dans les rangers, un sac de sport neuf. Idem dans d'autres enseignes pour faire le plein de pyjamas « pilou-pilou » pour le réconfort, de sweats et de joggings pour le soir (j'imaginais le climat assez humide), de compléments alimentaires pour être toujours en forme, d'un nécessaire à pharmacie pour les petits bobos en tout genre, d'une couette une personne avec une parure sympa, d'une belle trousse avec des stylos tout neufs, des blocs et des carnets... Bref, tout ce qu'il fallait pour m'installer convenablement.

Le jour J arriva et je retrouvai les futurs collègues en convoi sur un parking, avec ma valise aussi lourde que moi. Les mecs m'ont aidée à la mettre dans le coffre d'Emma, qui allait être mon chauffeur de l'après-midi. Emma était un petit bout de femme de même pas 1,60 m, taillée comme une arbalète (mince mais puissante), aux traits fins mais au visage strict, les cheveux tirés en arrière pour former un chignon d'hôtesse de l'air. De prime abord, elle n'avait pas l'air commode, mais je n'allais certainement pas m'arrêter sur cette impression alors qu'on me reprochait souvent d'être froide lorsqu'on ne me connaissait pas. Et j'ai bien fait. Car en fin de compte, nous avons discuté tout le long du trajet, nous nous sommes découvert des traits de caractère similaires, des points communs dans notre passé ; bref, on déconnait bien. Emma avait été adjointe de sécurité en CRS* autoroutière dans le Nord. Son bureau, c'était l'A1. Son travail consistait à sécuriser sa portion d'autoroute et à effectuer des contrôles routiers. C'était du moins ce que j'avais compris sur le moment. Elle regrettait un peu de ne pas avoir été placée dans un commissariat car, au final, elle ne connaissait rien au travail de « flic de terrain », qui intervient sur des missions dites de Police Secours. Je ne saisissais pas bien la nuance mais elle avait forcément raison, vu qu'elle connaissait la police mieux que moi. Elle me confiait que ses collègues lui manquaient déjà et qu'elle espérait que la formation passe rapidement. Pour être ADS, elle avait postulé dans un commissariat, passé un entretien, puis avait été sélectionnée pour aller en école de police pendant trois mois. Ça lui avait suffi pour trouver le temps long. L'école, ce n'était pas fait pour elle. Lorsque tu es ADS, tu n'as pas besoin d'avoir de diplôme, c'est comme un entretien d'embauche, tu es en CDD mais tu as un pied dans la police. Elle avait passé son concours de gardien de la paix en interne, nous n'avions pas eu tout à fait les mêmes épreuves. Cette voie d'accès lui avait permis d'évoluer et de passer un concours de catégorie B alors qu'elle n'était pas titulaire du baccalauréat. Je trouvais ça génial. À mon tour, je lui ai exposé mon parcours, sans insister sur mes études : pour moi, on était pareilles, on était au même niveau et on avait tout à apprendre. Je trouvais justement que ces différences de parcours et d'horizons feraient notre richesse car nous profiterions des points forts des autres. Le trajet passa à vitesse grand V.

Arrivées à Oissel, le GPS buguait et ne trouvait pas le chemin de l'école. On s'est perdues dans le bourg avant de tomber sur un rond-point où j'ai aperçu un panneau indiquant « SGAMI ENP ». « ENP », je me suis dit que ça devait correspondre à École nationale de police. Nous avons suivi en pleine forêt une route qui paraissait interminable. Rien que des arbres, et encore des arbres, sur des dizaines d'hectares. Quand tout à coup, sur la droite, s'est dressé un muret en béton supportant l'inscription : « ÉCOLE NATIONALE DE POLICE DE OISSEL ». C'était donc là. Ce chemin menait à ce qui serait, pour un an, ma nouvelle maison. Des voitures étaient déjà stationnées sur un grand parking situé sur la droite, avant l'entrée principale, et l'on voyait des élèves en décharger les coffres pleins à ras bord avant de se diriger vers un bâtiment au niveau de l'entrée. Nous avons donc fait de même et nous sommes placées dans la file d'attente qui menait à ce bâtiment, dans lequel des policiers effectuaient ce qui semblait être une fouille de nos valises. *« Ah ça ! Je ne m'y attendais pas ! Mais ils comptent trouver quoi, en fait ? Il y a vraiment des gens assez cons pour venir en école de police avec quelque chose d'interdit ? »* Lorsque ce fut mon tour, je compris qu'ils ne cherchaient ni arme, ni drogue. Non. Ils cherchaient de l'alcool (bon ça, ça se comprend) mais faisaient aussi la guerre à nos appareils électriques ! Tondeuse, rasoir, lisseur, cafetière, bouilloire, épilateur, etc. L'installation électrique de l'école ne pouvait pas supporter trop d'appareils branchés en même temps, au risque de faire sauter tous les plombs, donc ces appareils étaient interdits. Le sèche-cheveux était autorisé pour les filles, les ordinateurs et tablettes également, mais c'était tout. J'ai dû laisser mon lisseur en consigne jusqu'au week-end suivant. Une fois la fouille effectuée, on nous a remis une feuille sur laquelle étaient inscrits notre numéro de bâtiment et de chambre, ainsi que notre numéro de promotion et de section, avec les consignes pour le lendemain matin. J'étais donc dans le bâtiment A, chambre 114, promotion 184, section 12[3]. Avec Emma, nous étions dans la même section, ce qui voulait dire que nous allions être dans la même classe. Elle était dans la chambre à côté de la mienne, encore une fois le destin faisait bien les choses. Chargées comme des mulets, nous avons dépassé le bâtiment nous séparant de la vie normale et de la vie en école et nous avons découvert la place d'armes, gigantesque, matérialisée par un mât blanc de plusieurs mètres de hauteur, supportant le drapeau tricolore qui flottait dans les airs. C'est probablement

3 Les informations ont été volontairement modifiées afin de préserver l'anonymat des intéressés.

ce qui m'a le plus frappée ce jour-là, mon premier à Oissel. Ce drapeau. Tout un symbole. Je me souviens l'avoir contemplé et m'être dit : *« Ça y est, tu y es ! »*

Plusieurs minutes de marche séparaient l'entrée de l'école de notre bâtiment dit « de vie ». Qu'est-ce que ça paraissait grand ! L'école était un ensemble de bâtiments en béton gris, plutôt vieillots et austères, sur une étendue de 66 hectares de forêt. J'appris par la suite que c'était une ancienne caserne militaire et je compris pourquoi j'avais cette sensation de « bunker » en voyant les bâtiments pour la première fois. Fallait que je m'y fasse, j'y avais élu domicile pour quelque temps. Le bâtiment A se dressait devant moi, un tas de béton avec des fenêtres asymétriques tout le long, un hall d'entrée en portes vitrées et des escaliers basiques qui desservaient les étages ; il me faisait penser à un hôpital, en plus sale ! On m'avait remis une clé de chambre que je ne devais perdre sous aucun prétexte, j'étais la première. Cinq noms étaient inscrits sur la porte et je reconnus immédiatement le mien : « ALPHA ». La chambre devait faire environ 20 m^2 : un coin « beauté » qui se résumait à trois lavabos et trois miroirs le long d'un petit couloir sur la gauche, un petit placard sur la droite qui s'est avéré être la douche, et la pièce principale séparée en cinq compartiments identiques composés d'un lit, d'un bureau avec sa chaise et d'une armoire. Au fond de la pièce rectangulaire, deux fenêtres ouvraient sur l'extérieur. Le mobilier était en bois façon années 90. Le moins que l'on puisse dire, c'est que c'était sommaire, on n'allait pas être déconcentré par la déco ! Première arrivée, première servie, j'ai choisi mon coin et j'ai commencé à m'installer. Peu de temps après, j'ai été rejointe par mes coloc' de chambre, Leïla, Louane, Isabelle et Aurélie. Je savais que le feeling passerait plus avec certaines qu'avec d'autres, mais il allait falloir composer pendant un an, je n'avais pas le choix. Nous partagions donc cette chambre toutes les cinq, avec une douche et trois lavabos. Sur le palier, des toilettes et des douches collectives.

Toilettes collectives, ça allait être quelque chose ! Je ne m'attendais pas à ça, mais après tout, c'était la vie en communauté.

Nous avons partagé notre premier repas ensemble le soir même, au self de l'école. Ce n'était pas excellent, mais pas non plus infect. L'occasion de faire plus ample connaissance.

Leïla avait 28 ans, brune, les cheveux plaqués et attachés en queue-de-cheval dans le creux de la nuque, avec un joli visage et un magnifique sourire. D'origine maghrébine, elle avait grandi dans le 93, un peu garçon manqué vestimentairement parlant (ça fait cliché, mais c'était la réalité), elle était passionnée par le théâtre et la comédie et avait rejoint les rangs de la police en tant qu'ADS quelques années plus tôt. Elle travaillait dans les services de la préfecture, dans « les bureaux » comme elle disait, avant d'avoir son concours. Elle était hyper joyeuse comme nana et avait un rire incroyablement communicatif.

Louane, c'était le bébé de la chambrée, elle avait à peine 20 ans, grande, brune, bien foutue, le regard profond, elle portait des fringues moulantes (et elle avait raison), était fille et sœur de flic et ADS au commissariat de Cherbourg en brigade de Police Secours depuis sa majorité. Pur produit normand, elle était heureuse d'être à Oissel afin de pouvoir rentrer chez elle tous les week-ends. Elle avait baigné dans la police depuis son plus jeune âge, donc elle ne se voyait absolument pas faire autre chose. Son jeune âge lui donnait un côté femme-enfant qui m'a immédiatement attendrie.

Isabelle avait 25 ans, un physique de sportive, blonde, les cheveux coupés au-dessus des épaules et attachés en queue-de-cheval, zéro maquillage ou bijou, le regard bleu océan mais le visage assez fermé. Elle n'avait pas l'air d'être là pour rigoler ! C'était une ancienne gendarme adjointe volontaire qui avait profité de la passerelle police-gendarmerie. Elle était assez réservée et ne s'étalait pas énormément. Son rêve était d'intégrer une brigade cynophile.

Aurélie avait mon âge, un visage enfantin, elle paraissait dix ans de moins. Elle n'était pas bien grande, les cheveux bruns, coupés à la garçonne, vêtue d'un survêtement de la tête aux pieds avec une paire de Nike. Là non plus, on n'était pas sur de la *make-up artist* mais plutôt sur une adepte du « nature peinture », nature plus plus plus ! Elle avait réussi son concours de gardien de la paix alors qu'elle terminait à peine sa scolarité d'ADS. Elle n'avait donc pas eu le temps de prendre son poste, elle avait intégré directement Oissel. Elle était titulaire d'un bac+5 en biologie et avait tout plaqué pour la police. Comme Isabelle, elle ne parlait pas beaucoup. Elle semblait très timide.

Cinq caractères et personnalités bien différents, et autant d'habitudes de vie qu'il allait falloir concilier. Nous allions devoir cohabiter et penser collectif. Je savais déjà que ce serait difficile pour certaines, même pour moi qui étais habituée à vivre seule depuis des années. Chacune devrait faire des efforts et en apparence, nous avions l'air d'avoir toutes cet état d'esprit.

Première nuit à Oissel dans mon lit d'une personne. Lorsque le réveil a sonné à 6 heures, je n'avais pas beaucoup dormi tant l'excitation et l'appréhension étaient grandes. Je me suis levée d'un bond, dès les premières notes. Cinq filles qui doivent se préparer en même temps, ça équivaut à un mini ouragan qui passe ! Même si nous nous étions organisées la veille et que certaines avaient pris leur douche avant de se coucher, on s'est vite retrouvées avec des embouteillages au lavabo. Après avoir englouti notre petit déj', rendez-vous était donné pour 7h45 à la place d'armes en section. Nous savions que les filles de la chambre d'à côté étaient de la même section que nous, mais où étaient les garçons qui en faisaient partie eux aussi ? À peine arrivées sur la place d'armes, nous nous sommes donc lancées à la recherche du reste de notre section. Des petits groupes criaient chacun dans leur coin *« SECTION 3 ? »*, *« SECTION 8 ? »*, *« SECTION 12 ? »* Une fois la section 12 réunie, les anciens ADS ont pris les choses en main et nous ont dit de nous ranger en colonne pour former un carré. C'est ce qu'on appelle un « paquet ». C'était donc ça que j'avais pu voir à l'école de Roubaix quand j'avais passé mon épreuve ! Si ce n'est que ce matin du 1er septembre 2014, nous n'étions pas rangés par taille, ça ne ressemblait pas à grand-chose, mais on formait au moins un carré ! On se regardait tous, on se retournait les uns vers les autres pour se découvrir et assimiler les têtes qui allaient partager notre année, on échangeait quelques mots, nos prénoms, certains faisaient déjà rire la galerie à coup de blagues pour détendre l'atmosphère, d'autres trop stressés ne faisaient que regarder leurs baskets et esquissaient à peine un début de sourire lorsque nos regards se croisaient. On savait déjà qui allait mettre l'ambiance dans cette section et qui on n'entendrait jamais !

Un groupe de policiers en uniforme est alors arrivé sur la place d'armes, d'un pas décidé, et s'est placé en ligne devant les sections constituées avant que l'un d'eux ne lance un « GARDE-À-VOUS ! » sonore. Les anciens ADS ont rectifié leur position dans la seconde, pieds ramenés l'un contre l'autre, torse bombé, tête haute et bras le long du corps, mains tendues et pouces légèrement repliés sur eux-mêmes. Quant à moi, je me suis contentée de les imiter du mieux que je pouvais ! Je n'étais pas prête à entendre ça dès le matin, ça m'a surtout fait sursauter... Il s'agissait en fait de nos formateurs, ou nos professeurs pour être plus claire. Chaque section disposait d'un formateur généraliste, qui allait nous apprendre la théorie, et d'un formateur APP, comme ceux qui m'avaient fait passer l'épreuve de sport au concours, et qui lui allait nous enseigner le tir, l'armement, les techniques de défense et le sport. Chaque binôme a appelé à son tour une section et deux formateurs se sont ensuite placés devant nous, un homme et une femme. La femme s'est présentée comme étant le brigadier-chef Florence Lejeune[4], notre formatrice

4 Les informations ont été volontairement modifiées afin de préserver l'anonymat des intéressés.

généraliste. Elle était grande, les cheveux bruns coupés au carré avec un balayage doré, le regard pétillant et un sourire qui en disait long sur sa personnalité. Même si j'avais la sensation qu'il ne fallait pas la « faire chier » et qu'on avait intérêt à filer droit ! Notre APP, lui, était donc cet homme de taille moyenne, la quarantaine, trapu mais vif sur ses appuis, les cheveux courts coiffés en arrière, des petits yeux gris en forme de fente, et une vraie gueule que tu n'avais pas envie d'emmerder ! Il prit la parole avec un accent de banlieue assez marqué, mélangé avec un faux accent du Sud :

« Bonjour à tous et à toutes ! Je suis le brigadier-chef Olivier Rontard[5]*, votre formateur APP. Bienvenue en enfer ! »*

Carrément ! Ça avait le mérite d'être clair ! *« Où est-ce que je suis tombée ? Qu'est-ce que je fous là ? »* À cet instant, je me suis demandé si j'avais fait le bon choix et si j'avais ma place ici. Ces présentations se terminèrent avec un nouveau *« GARDE-À-VOUS »* et un *« ROMPEZ LES RANGS ! »*, décidément je n'aimais pas spécialement tout ce cérémonial. Nos deux formateurs nous ont demandé de les suivre vers le bâtiment des cours. Nous avons découvert notre salle de classe : tout ce qu'il y a de plus banale, comme au lycée. Chacun a pris place et nos formateurs ont entamé une présentation plus approfondie.

Le B/C Lejeune avait rejoint la formation l'année précédente, nous étions sa deuxième section de gardiens de la paix. Auparavant, elle avait exercé plusieurs années en brigade de roulement (Police Secours) en banlieue parisienne, à Sartrouville, avant de rejoindre un service judiciaire où elle avait passé son examen d'OPJ*. Animée par une envie de renouveau et de transmission, elle avait décidé de se tourner vers la formation afin d'apprendre le métier aux petits jeunes. Elle transpirait la bienveillance, mais aussi la rigueur. Je sentais qu'on allait bosser avec elle. Je l'aimais déjà !

5 Idem.

Le B/C Rontard venait à peine d'arriver, nous étions sa toute première section. Fort d'une expérience de voie publique, il avait enchaîné les services durant les vingt dernières années : il avait commencé dans le 93, du côté de Saint-Denis, en brigade, avait vite intégré ce qui était les débuts de la BAC* où il était resté de longues années avant d'aller en brigade cynophile pour finir par, je cite, *« se mettre au vert à la formation »*. J'en avais déduit qu'il devait avoir quelques casseroles au cul. Mais comme on dit, « il n'y a que ceux qui ne font rien à qui il n'arrive rien » ! Le mec avait l'air super pro et expérimenté. Cependant, en ce premier jour, il me faisait un peu flipper. Je me disais qu'avec lui, on allait en chier et qu'on allait ramasser sévère.

Ce fut à notre tour de passer l'un après l'autre au tableau pour nous présenter à l'ensemble de la section et à nos formateurs. Il y avait vraiment de tout. Nous étions dix filles pour vingt garçons. Un tiers de filles, donc. Ma cheffe avait dit que c'était représentatif de la police nationale d'aujourd'hui, composée à 30 % environ de femmes. La moitié étaient d'anciens ADS issus de plein de services différents : bureaux de préfecture, brigade, CRS autoroutière, garde-barrière au ministère de l'Intérieur, à l'Élysée, service matériel d'un commissariat, etc. Beaucoup n'avaient jamais exercé en Police Secours. L'autre moitié étaient donc totalement externes à la police et venaient d'horizons divers. Certains avaient plus de 30 ans, étaient déjà parents et en reconversion professionnelle. Dans ma tête, je les admirais : quel courage de tout plaquer pour enfin vivre sa passion et réaliser son rêve ! D'autres étaient à peine titulaires du bac et avaient l'âge qui allait avec. D'autres encore, plus rares, avaient enchaîné les petits boulots avant de découvrir que la police nationale offrait une stabilité professionnelle et était à leur portée. Et enfin, quelques-uns, comme moi, avaient fait plusieurs années d'études (en général deux ou trois ans) avant le concours.

C'était à mon tour de prendre la parole devant ces trente et un inconnus. J'avais évoqué mes études, mes petits boulots, mes passions, les sports que j'avais pratiqués et ce que je voulais faire dans la police si je pouvais choisir. Le B/C Rontard avait alors rétorqué, brut de décoffrage : *« Mais qu'est-ce que tu fous là ? Avec tes diplômes, t'as rien à faire ici ! C'est officier ou patron que t'aurais dû faire, pas gardien ! »*

Me voilà une fois de plus obligée d'expliquer que ce que je voulais, c'était être flic, études ou pas, et qu'il verrait au cours de l'année que j'étais faite pour ça. Il n'était pas convaincu du tout, c'était flagrant. Et pour un premier échange, on ne pouvait pas dire qu'il s'était spécialement bien passé. Je sentais que nous allions souvent être en désaccord et que j'aurais du mal avec sa façon d'être et de faire. Mais je devais faire avec et surtout éviter de me faire remarquer. Visiblement, c'était raté.

Le reste de la journée fut consacré à de la paperasse en tout genre, comme une grande partie de la première semaine en fait. Des dizaines de formulaires administratifs à remplir pour la paye, la mutuelle, le self, la sécu. Des papiers à fournir : JAPD, diplômes, carte d'identité, permis de conduire... Une nouvelle visite médicale plus approfondie, et encore un questionnaire. Et pourtant, les prémices de cette scolarité étaient prometteurs, les jours se suivaient et je devenais l'élève gardien de la paix Alpha Juliette.

« ÉLÈVE GARDIEN DE LA PAIX ALPHA JULIETTE, MATRICULE 123456, PROMOTION 184, SECTION 12, À VOS ORDRES CHEF ! »

Redevenir élève d'une classe de trente personnes à 24 ans n'a rien de naturel ni de facile. D'autant plus que ce n'est pas dans n'importe quelle école. La rigueur. Les règles. Obéir aux ordres. La politesse. La ponctualité. La tenue. Le respect. Voilà comment je me remémore mes premiers pas en école de police. La plupart sont des concepts déjà acquis, parfois un peu mis de côté. D'autres sont tout nouveaux et difficiles à assimiler pour de jeunes adultes.

Dès les premiers instants, nous avons été conditionnés à nos futures fonctions. Au cours de cette première semaine, notre matricule nous a été communiqué. Notre matricule, c'est notre identité police. Le mien, 123456[6], va me suivre toute ma carrière, jusqu'à la retraite, ou du moins mon départ de l'institution. Alors oui, c'est perturbant de n'être « qu'un numéro ». Mais très vite, j'ai compris que c'était une manière d'effacer notre identité personnelle, d'origine, pour laisser place à notre identité police, afin de nous apprendre à jongler entre les deux et à ne pas les mélanger. Nous ne sommes pas réduits uniquement à ce numéro mais l'existence de celui-ci nous protège et nous procure une seconde identité.

L'étape suivante a été de nous apprendre à nous présenter. Quand on est en école de police et qu'on s'adresse à quelqu'un qui appartient au corps enseignant, à l'unité de sécurité intérieure (dont le rôle est de veiller au respect du règlement intérieur de l'école mais

6 Le matricule a été modifié afin de préserver l'anonymat de l'auteur.

aussi de la sécuriser jour et nuit) ou à la hiérarchie, on a pour obligation de respecter un certain protocole, du moins sur le papier. Nous devions nous placer en position du « garde-à-vous », couverts de notre casquette, effectuer un salut de la main, main ouverte, paume apparente, pouce rentré, l'index et le majeur se collant à la tempe, avant de redescendre le long de la cuisse et de nous exprimer à haute et intelligible voix, en nous adressant, en général, à notre formatrice ou formateur : *« Élève gardien de la paix Alpha Juliette, matricule 123456, promotion 184, section 12, à vos ordres chef ! »* Le ou la chef nous répondait alors de nous mettre au « repos » (position d'attente, les jambes écartées à distance d'épaules, les bras relâchés et placés dans le dos, mains rejointes). Les premières tentatives furent comiques, nous nous embrouillions entre les mots, plaçant le matricule avant le nom, oubliant le *« à vos ordres »*, bafouillant, alors que nos chefs, l'un comme l'autre, restaient impassibles face à nos cafouillis, nous déstabilisant d'autant plus. Il fallut plusieurs jours, voire plusieurs semaines avant que cela ne soit carré.

L'autre grand changement a été que tous les matins, nos journées commençaient par la « levée des couleurs », c'est-à-dire la levée du drapeau, sur la place d'armes. Ne pas s'y rendre était passible d'une forte sanction disciplinaire. Les premières semaines, l'heure de rendez-vous avait été fixée à 6h30, alors que le premier cours débutait à 8 heures. Après de nombreux retards et le constat que dans les autres écoles, le « rasso » était plus tardif, il a rapidement été décidé de le décaler à 7h45, pour enchaîner directement avec le cours. Parce que oui, le principe du rasso est d'arriver en section, en paquet sur la place d'armes. Cela implique que tout le monde soit à l'heure et présent. S'il manquait l'un de nous, et que l'USI* ou notre formateur effectuait le décompte, ça pouvait barder sévère ! Avec ma section, nous nous étions vite mis d'accord. Nous nous réunissions à 7h35 devant le bâtiment A (celui des filles) et à 7h40 nous marchions en direction de la place d'armes. Et c'était comme cela tous les matins. Nous devions, en plus, être uniformes. Mais on en parlera par la suite. Toutes les sections étaient donc rassemblées, alignées, en rang, face au drapeau, à une place définie. Nous y étions rejoints par notre formateur (généraliste ou TSI* selon le cours qui suivait) qui se plaçait à gauche de la première ligne du paquet, à côté de « l'élève de semaine » (chaque semaine, l'un de nous était désigné et avait la responsabilité de la section, de la guider lorsqu'elle se déplaçait en paquet, de la rassembler, de la présenter, etc.). Étaient également présents le gradé de l'USI (un major qui me faisait penser physiquement au général de Gaulle) qui menait la cérémonie, la haute hiérarchie de l'école, du personnel encadrant et deux élèves désignés chaque jour pour tenir et élever le drapeau. À 7h45, le major se plaçait au centre de la place d'armes, devant le drapeau, face à nous et lançait *« POUR L'ENSEMBLE, À MON COMMANDEMENT, GARDE-À-VOUS ! »* Et nous, « l'ensemble », nous nous mettions au garde-à-vous. Le directeur faisait son apparition, se dirigeait vers le major qui le saluait, tous deux en position rectifiée, et lui annonçait que « l'ensemble » était correctement rassemblé. Le directeur effectuait un demi-tour afin de se placer face au drapeau et dos à nous. Les élèves en charge du drapeau étaient alors commandés par le major : *« ATTENTION POUR LES COULEURS ! »* Celui qui avait la responsabilité de faire monter le drapeau jusqu'au sommet répondait : *« PRÊT MAJOR ! »* et celui-ci commandait : *« ENVOYEZ ! »* Le drapeau était hissé sur son mât, tandis que la hiérarchie et nos chefs le saluaient lentement et que nous étions toujours au garde-à-vous, la tête haute, le contemplant flotter au-dessus de nous. Il nous surplombait de toute sa hauteur, magistral, presque souverain, il veillait sur nous, nous protégeait et nous rappelait notre engagement pour la France. Traditionnellement, la levée du drapeau pouvait être suivie par une *Marseillaise*, chantée à l'unisson par toutes les sections, les encadrants et la hiérarchie. Mais ce n'était pas la coutume à Oissel. Le major finissait par annoncer

« POUR L'ENSEMBLE, REPOS ! » aussitôt suivi de *« GARDE-À-VOUS ! À DISPOSITION DES CHEFS DE SECTION ! »* Les couleurs étaient terminées et nous nous dirigions vers le bâtiment pédagogique.

Que de nouveautés ! Après le matricule, la présentation, la levée des couleurs, pour compléter notre transition de la vie civile à la vie d'élève gardien de la paix, il fallait passer par la phase « relooking ». Chacun notre tour, nous avons été pris en charge par le personnel de l'école responsable du matériel et de nos tenues. Nous nous trouvions dans un hangar gigantesque abritant des dizaines de mètres de rayons remplis de penderies et de cartons, dans lesquels se trouvaient des pièces de notre uniforme, homme et femme, de toutes les tailles. Ça représentait un sacré stock. Taille, pointure, tour de poitrine, essayages multiples, nous sommes repartis les bras chargés, chacun avec notre carton XXL contenant notre « paquetage » : une paire de rangers, deux treillis polyvalents (réservés à l'école et non destinés à être portés sur la voie publique), deux ou trois chemises (à l'époque, il n'y avait pas encore le polo), un pull, une veste polyvalente (d'exercice, utilisée notamment pour le tir, réservée à l'école), un k-way, un manteau d'hiver, une casquette, un ceinturon en cuir, un étui pour l'arme de service, un porte-chargeur, une veste et un pantalon de survêtement, et un gilet pare-balles nominatif (il porte un numéro d'identification qui nous correspond). Aussitôt fournis, nous avons dû aller nous changer et nous transformer en policiers. En cinq minutes chrono évidemment, sachant que la distance qui séparait le « magasin » de nos bâtiments de vie était de plusieurs centaines de mètres... Cinq minutes plus tard, donc, nous nous découvrions tous et toutes en policiers. C'était très étrange. Pour les anciens ADS, rien de nouveau, l'uniforme ils le connaissaient déjà. Pour moi comme pour l'ensemble des externes, c'était une première ! J'avais l'impression d'être déguisée, de porter quelque chose que je n'avais pas le droit de porter, de me faire passer pour quelqu'un, d'être un peu une imposture alors que je venais à peine d'arriver ! Il fallait que je m'habitue. D'un autre côté, j'étais très fière de porter cet uniforme qui représentait tant de choses : le pays, l'État, la loi. Tant de choses qui m'avaient été inculquées depuis l'enfance et qui avaient une réelle signification profonde pour moi. Je me souviens de m'être regardée dans le miroir collé derrière notre porte de chambre et avoir pris pleinement conscience que ce n'était pas une fiction, que j'étais bel et bien en train de devenir gardien de la paix. C'était quelque chose ! Je voulais le partager avec la terre entière, mais cet instant était finalement resté très intime. Ça s'était passé entre moi et... moi. La dure réalité de l'éloignement et du confinement !

Une fois uniformisés, notre cheffe, le B/C Lejeune, tenait à ce que l'on se déplace correctement, comme une section. C'était le moment de nous apprendre l'ordre serré au pas cadencé, plus communément appelé la marche au pas. Historiquement, l'ordre serré est une manière de rassembler des soldats et de se déplacer en unités constituées, notamment utilisée dans l'infanterie. Il s'est ensuite propagé à la formation des différents corps (militaires, gendarmes, pompiers, policiers). Il demande rigueur et attention : vous pouvez vous en rendre compte chaque année, le jour du défilé du 14 juillet sur les Champs-Élysées ! La première étape a été de désigner notre « homme de base » (effectif le plus grand de la section) : Gaëtan faisait 2,02 m, il n'avait pas grande concurrence ! Sa place était donc sur la première rangée, à gauche quand vous êtes au sein du paquet, à droite si vous le regardez. Les trois autres plus grands se plaçaient à ses côtés, pour former la première rangée et quatre colonnes. Et ainsi de suite, jusqu'à la dernière élève, Aurélie. Le paquet était donc constitué ! Je me trouvais en plein milieu, du haut de mon mètre soixante-dix, cinquième rangée, troisième colonne. La cheffe nous avait ensuite mis au garde-à-vous et une série d'injonctions avait suivi, dont l'ordre est immuable :

– *« AU COUDE À COUDE, ALIGNEMENT ! »* : la première rangée plie son coude gauche, poing refermé dans le creux de la hanche, prend la distance d'une coudée tout en s'alignant sur l'homme de base et en tournant la tête vers la gauche.

– *« EN COLONNE, COUVREZ ! »* : dans le même temps, les effectifs de la colonne de gauche tendent le bras gauche, prennent la distance de ce bras par rapport à celui qui est devant, toujours en suivant le repère de l'homme de base ; les effectifs à l'intérieur du paquet s'alignent par rapport à la première rangée et la première colonne.

– *« FIXE ! »* : la section se remet au garde-à-vous en faisant claquer le bras gauche qui servait d'alignement.

– *« POUR UNE MARCHE EN DIRECTION DE LA PLACE D'ARMES, SECTION EN AVANT… MARCHE ! »* : l'ensemble de la section lève le pied gauche et débute le pas cadencé au son des *« GAUCHE, GAUCHE, GAUCHE »*. Lorsque le chef de section prononce *« GAUCHE »*, notre talon gauche doit frapper le sol, en synchronisation. Le pas gauche doit être plus marqué et « s'entendre », au sens propre.

– *« À GAUCHE… GAUCHE ! », « À DROITE… DROITE ! »* : chaque changement de direction est prononcé deux fois : la première pour être annoncé et la seconde lorsqu'il est ordonné. Pour que cela reste harmonieux, lorsque nous tournons à droite, la colonne de gauche, celle de l'homme de base, élargit le pas alors que la colonne de droite fait quasiment du surplace ; et inversement si nous devons tourner à gauche.

– *« SECTION ! MARQUEZ LE PAS… MARCHE ! »* : nous devons d'abord raccourcir le pas, puis faire du surplace, tout cela en conservant la cadence du *« GAUCHE, GAUCHE »*.

– *« SECTION… HALTE ! »* : l'ordre de s'arrêter est prononcé sur le pied droit. La section doit effectuer encore un pas, puis ramener le pied droit le long du pied gauche, en prenant soin de bien faire claquer le talon au sol, à l'unisson.

– *« SECTION ! DANS L'ORDRE DES COLONNES, DÉBOÎTEZ EN DIRECTION DE LA SALLE DE COURS ! »* : l'homme de base quitte sa position, suivi par sa colonne, en direction du lieu ordonné. Le dernier de la colonne, lorsqu'il arrive au niveau du premier de la colonne suivante, doit s'annoncer en disant *« FIN DE COLONNE »*. Le premier de la colonne suivante lui emboîte alors le pas, etc.

Nous venions donc d'apprendre les rudiments de l'ordre serré. Et quand je dis rudiments, je n'exagère pas. L'ordre serré militaire est bien plus strict, complet et « carré » que celui que l'on apprend en école de police. Nous marchons au son du *« GAUCHE, GAUCHE »* alors que les militaires suivent le *« UN, DEUX, UN, DEUX »*. Mais tout de même ! C'était bien plus difficile que je ne le pensais et surtout, avant d'arriver en école, j'étais à des années-lumière de me dire que j'allais devoir marcher au pas ! Notre formatrice, la cheffe Lejeune, en a bavé pour nous l'apprendre. Notre homme de base n'avait pas forcément le rythme dans la peau, c'était difficile de le suivre et de le garder comme repère alors qu'il accélérait ou ralentissait le pas sans s'en rendre compte, tapant le talon droit au lieu du gauche... Après plusieurs heures d'entraînement, nous ressemblions enfin à quelque chose selon elle et *« certains pourraient prétendre aux pré-sélections pour le 14 juillet ! »* Eh oui, chaque année la police nationale est représentée sur les Champs-Élysées par une section de cadets de la République, une de l'École des officiers, une de l'École des commissaires mais aussi une d'élèves gardiens de la paix. Et cette année, les heureux élus proviendraient de la promotion 184 de l'école d'Oissel ! Quel honneur ! Défiler sur les Champs ! Bon, on n'y était clairement pas, pour l'instant on ressemblait plutôt à un pirate défilant avec une jambe de bois... Mais c'était un début. Partout dans l'école, dès 7h30 le matin et jusque 17h30, heure de fin des cours, résonnaient des *« GAUCHE, GAUCHE, GAUCHE »*, certains plus énergiques et puissants que d'autres, selon l'élève de semaine de la section. Malheur à la section qui ne respectait pas les règles de l'ordre serré ou à celle qui n'écoutait pas les injonctions de son élève de semaine : à la clé, des allers-retours sur les grandes avenues bitumées de l'école, en ordre serré, avec le chef de section qui les avait surpris.

Parce que oui, si un seul désobéissait ou faisait le mariole, toute la section trinquait. C'était la règle. En toutes circonstances d'ailleurs. C'était le prix de la cohésion, pour le meilleur et pour le pire. L'année d'école a pour but de développer ce sens de la solidarité avec nos pairs qui deviendront bientôt nos frères et nos sœurs d'armes. Très vite, on nous avait expliqué qu'on pourrait être amenés à mourir l'un pour l'autre, à mettre notre vie en jeu pour sauver l'un de nous. Les sections, l'ordre serré, les punitions collectives, tout avait pour seul et unique objectif de nous apprendre à nous serrer les coudes, à ne faire qu'un, à bosser ensemble, à nous entraider. Parce que, comme avait pour habitude de nous le répéter le B/C Rontard, *« Tout seul on va plus vite, ensemble on va plus loin ! »* De son côté, le B/C Lejeune avait à cœur de nous faire comprendre que ce n'était pas parce que l'on n'aimait pas quelqu'un, que l'on ne s'entendait pas avec lui ou avec elle, que cette personne-là ne nous sauverait pas la peau un jour. Clairement, on était en plein conditionnement pour être mis « en service ». Chaque jour, chaque semaine, chaque mois de cette année de formation, la cohésion serait au cœur de notre apprentissage. À l'aune d'une époque individualiste, c'était un concept assez abstrait pour certain(e)s, qui avaient parfois du mal à s'oublier. Je n'ai pas eu ce problème, j'ai toujours été attirée par le collectif et mes différents boulots, où le travail en équipe était le maître mot, ainsi que les sports que j'avais pratiqués, notamment le handball et le badminton en double, m'avaient très vite mise dans le bain. J'aimais l'esprit de groupe malgré mon côté solitaire, j'aimais me mettre au service des autres, les aider, les soulager, et parfois en baver avec eux : on en chiait, mais on en chiait ensemble. C'est tout de suite plus facile.

Parce que oui, l'année d'école est loin de n'être qu'une partie de plaisir, même si aujourd'hui je déclare fièrement qu'il s'agit de la meilleure année de ma vie ! Il allait falloir se plier à toutes ces règles inhérentes à l'établissement : le couvre-feu à minuit (plus personne en dehors des bâtiments de vie, donc tout le monde au lit !), la permission de sortie de 23 heures avec interdiction de revenir avec ne serait-ce qu'un gramme d'alcool dans le sang (des contrôles à l'éthylotest étaient menés aléatoirement par l'USI), l'interdiction de traîner dans le bâtiment de vie du sexe opposé, l'obligation d'aller au self pour le petit-déjeuner (pour prévenir les malaises vagaux et l'hypoglycémie), l'obligation du port de la casquette lorsque nous étions en uniforme en extérieur et celle de saluer tout personnel que nous croisions par le fameux « coup de raquette » (le salut de la main déjà expliqué), l'interdiction du téléphone en dehors des heures de pause, l'interdiction des marques d'affection entre élèves, l'interdiction de sortir de l'enceinte de l'école durant les heures de cours sauf autorisation hiérarchique, l'interdiction de faire entrer quelqu'un d'extérieur dans l'école, l'obligation de vouvoyer et d'appeler par son grade tout personnel, l'interdiction de la barbe, du vernis à ongles, des cheveux détachés pour les filles et trop longs pour les garçons, du maquillage (hormis s'il reste très discret), des bijoux, de personnaliser son uniforme, l'obligation d'être toujours uniformes avec le reste de sa section (si l'un était en chemise, soit toute la section était en chemise, soit il mettait sa veste), etc. Si l'une de ces règles n'était pas respectée, nous tombions sous le coup du « rapport administratif », qui consiste à s'expliquer, sous couvert de la voie hiérarchique, sur une situation pouvant notamment avoir des conséquences disciplinaires, et est versé à notre dossier administratif. Le rapport administratif peut aussi viser à rapporter un fait ou à effectuer une demande.

Quand on frôle les 35 ans, comme c'était le cas pour certains d'entre nous, cet ensemble de règles peut être mal vécu. N'importe qui serait contrarié d'être immergé du jour au lendemain dans un système aussi réglementé, notamment lorsque l'on a connu le monde du travail et l'indépendance qu'offre la vie d'adultes. Les premiers temps, il est parfois difficile de se mettre dans le bain et de « courber l'échine ». Mais les fortes têtes se heurtaient à des murs en béton armé : nos formateurs ne lâchaient pas un millimètre de terrain pour asseoir leur autorité et nous faire comprendre que nous n'avions pas d'autre choix que de *« plier ou partir »*, la porte étant, je cite, *« grande ouverte pour ceux qui ne veulent pas rentrer dans le moule »*. Je ne vais pas mentir, sur le coup, je ravalais ma fierté avec amertume et j'avais beaucoup de mal à rester à ma place de simple élève. Mais je m'y suis faite petit à petit et je comprends désormais que l'objectif était de nous préparer au service, où l'on nous demande d'exécuter sans réfléchir. Comme ils disaient, *« réfléchir, c'est commencer à désobéir »*. Je n'avais d'autre choix que de rentrer dans le rang pour poursuivre ma scolarité sereinement.

À l'époque où j'étais en école de police, la scolarité se découpait en trois séquences : la séquence A de sept mois de formation initiale et théorique, la séquence B correspondant au stage en service pendant environ deux mois, et la séquence C, de 2 mois également, permettant d'approfondir et de mixer les aspects théoriques et pratiques déjà étudiés. Au-delà de la formation initiale d'un gardien de la paix, l'année est ponctuée de différents épreuves et examens, permettant d'établir un classement final et se déroulant au cours de la séquence A, donc durant les sept premiers mois. De ce classement final dépend l'affectation professionnelle de chaque élève. Mieux nous étions classés, plus grand était le choix des postes. En résumé, l'objectif était d'être le meilleur pour choisir au mieux son futur service. Le discours de nos formateurs avait été clair dès les premiers jours, l'année allait être dure et il faudrait s'accrocher pour espérer un bon classement. Nos journées commençaient très tôt, réveil à 6 heures environ, levée des couleurs à 7h45, cours de 8 heures à midi puis de 13h30 à 17h30. L'enseignement s'articulait autour de cours théoriques, de sport, de tir, et d'une partie pratique basée sur ce que l'on appelle des « simulations ».

Presque chaque journée était agrémentée de deux heures de sport, visant à préparer nos futures épreuves :

– le « Luc Léger », encore et toujours, avec deux évaluations au cours de l'année, de façon à suivre notre évolution ;

– une épreuve de « sprint pro » : placés au niveau du siège passager d'un véhicule sérigraphié « police », nous devions effectuer une sortie rapide au top de l'examinateur et courir le plus vite possible sur plusieurs dizaines de mètres ;

– une épreuve de « technique de défense et d'intervention » (TDI) : en binôme, deux rounds de trois minutes chacun alliant combat en pieds/poings et sol, en utilisant des techniques enseignées par notre formateur APP/TSI conformément au cahier des charges élaboré par la DCRFPN (Direction centrale du recrutement et de la formation de la police nationale) et provenant de boxe, krav maga, ju-jitsu, MMA...

– une épreuve de « parcours pro », assez proche du PHM, mais composée d'obstacles en plein air et axée « intervention et opérationnel », ou encore du « parcours du combattant », même si les agrès sont pour la plupart différents. La partie sprint slalom est beaucoup plus longue qu'au concours, il y a des murs à franchir, un trou d'homme sous un muret, une girafe de plusieurs mètres de hauteur, une longue poutre, le tout sur un terrain souvent boueux et accidenté ; le but étant évidemment de le boucler le plus vite possible ;

– une épreuve combinant le parcours pro en binôme, le TDI et une simulation d'interpellation, l'objectif étant de faire preuve de cohésion sur le parcours en s'aidant à franchir les différents obstacles, en attendant et soutenant l'autre, avant de se mettre sur la gueule sur le tatami pour ensuite devenir partenaires de travail pour procéder à une interpellation !

Course à pied sur des sorties de fond, fractionné pyramidal, self défense, entraînements sur le parcours pro... : nous préparions ces épreuves sportives en effectuant une activité physique presque quotidienne. Parallèlement, nous nous formions aux techniques d'intervention : palpation de sécurité, fouille, interpellation, menottage, individu armé... Le but étant d'alterner à chaque fois entre le rôle du « policier » et celui de « l'individu », en étant ce que l'on appelle « plastron ». Nous avons ainsi pris la mesure de ce que cela faisait d'être palpé, fouillé, menotté, interpellé sans incident ou violemment. C'est une manière de développer une des qualités majeures du policier : le discernement. Plus encore qu'une qualité, il s'agit d'un devoir que nous avons et devons respecter, inscrit dans notre code de déontologie. Nous apprenons donc, en école, à tenir *« compte en toutes circonstances de la nature des risques et menaces de chaque situation à laquelle [nous sommes confrontés] et des délais que [nous avons] pour agir, pour choisir la meilleure réponse légale à lui apporter »*. Le fait d'être plastron permet de mettre en perspective les résultats de notre manière d'intervenir et d'apprendre à mesurer, dans notre rôle de policier, l'usage de la force, de la contrainte et de la privation de libertés. Nous savons que se faire passer les menottes n'est pas agréable et peut faire mal, qu'être sous l'emprise d'une clé de bras peut faire souffrir, que se faire contrôler prive de libertés d'aller et venir, que se faire palper par un inconnu touche à l'intime et peut être gênant. Le savoir, l'avoir expérimenté, l'avoir subi, en avoir été l'acteur permet de se mettre « à la place de », et incite à se demander, avant de mettre en pratique telle ou telle méthode, si elle est justifiée ou non.

J'avais beau être sportive, ce rythme soutenu était difficile à suivre. En hiver, la fatigue se fit ressentir ; la récupération était compliquée. Le climat à Oissel était humide, ce qui n'arrangeait rien. Pour éviter les blessures, mes meilleurs alliés étaient les compléments alimentaires et les vitamines, naturels cela va de soi ! Tous les jours, j'avalais magnésium marin, acérola, gelée royale, harpagophytum, alors que je voyais autour de moi se multiplier les claquages, les élongations, les tendinites, les chevilles ou les genoux qui lâchaient, jusqu'à s'en péter la jambe pour certains ! La route s'annonçait longue, il était essentiel de ménager son corps et d'apprendre à l'écouter. Ça ne servait à rien de forcer et de se surentraîner, il fallait savoir accorder du repos à nos muscles, même si c'était difficile quand on connaissait les enjeux. Mais une blessure pouvait avoir de graves conséquences, allant jusqu'au report de scolarité si la convalescence était supérieure à un mois. Cela signifiait que nous étions priés de quitter l'école de police et de revenir à la prochaine rentrée, lorsque la blessure serait totalement guérie. Il était donc primordial de ne pas se blesser !

Moi qui détestais courir, j'ai été servie durant cette année, entre les longues sorties trail en forêt, les courses de fond sur piste et le fractionné... Mais j'ai continué de détester. Et aujourd'hui, je fais tout mon possible pour éviter de courir ! J'étais totalement novice en sport de combat et self défense, j'ai dû tout apprendre, mais ça me plaisait. Dès les premiers jours, on nous avait proposé d'acheter un pack comprenant une paire de gants de boxe, une paire de gants ouverts type MMA et des protège- tibias, le tout à un prix intéressant grâce au partenariat entre les APP/TSI et un fournisseur. De mon côté, j'avais fait l'achat d'un protège-dents. Je me souviens de la première fois où je l'avais porté, j'étais à deux doigts de vomir tant la sensation est désagréable !

J'ai donc pris mes premiers coups sur les tatamis des dojos d'Oissel, et pas seulement des petits : certains me sonnaient à en voir des étoiles. J'ai surtout appris à en recevoir, à ne pas tourner le dos, à apprendre à encaisser, à faire front pour ensuite riposter.

Car oui, quand tu es flic, tu ne donnes pas le premier coup. En école, tu apprends donc à te défendre et à répondre à l'attaque. Tu ne deviens pas Rocky ou Mohamed Ali, mais on t'enseigne à ne pas avoir peur, à être plus combatif que combattant, à résister et à savoir t'en sortir. En interpellation, face à un individu récalcitrant et virulent, on t'apprend comment le contraindre par la force, et non pas à le frapper. Cela consiste à effectuer des points de compression (mâchoire, arrière de la cuisse), des gestes déstabilisants et désorientants où l'on vise des points stratégiques mais sans frapper (arête nasale, yeux, plis du genou, du coude...), des clés (bras, coude, poignet, cheville, mollet, cou...), le tout permettant d'immobiliser l'individu afin de le menotter. Encore une fois, les coups, nous les prenions pleine face, on ne faisait pas semblant entre nous, bien qu'évidemment on ne mettait pas la même force que si notre vie en dépendait. Le but n'était pas de se ménager de peur de se faire mal, car dans quelques mois, l'individu violent que nous aurions à interpeller ne ferait pas dans la dentelle et n'hésiterait pas, femme ou homme. Nous devions donc être prêts. C'étaient les mots du B/C Rontard. Très bon combattant, il ne faisait pas de différence entre les sexes, mélangeant les binômes afin qu'ils soient mixtes car *« dans la rue, que tu sois une nana n'empêchera pas le salopard de te coller un coup pleine tête »*. Et il avait raison. S'il y a bien une phrase qui revient tout au long de notre carrière, c'est qu'il *« n'y a pas de sexe dans la police. Il n'y a que des policiers. »* Autrement dit, dès l'école, que tu sois une nana ou un mec, aucune distinction n'est faite. La formation est la même. Les coups sont les mêmes. Le travail est le même. Seul le barème d'évaluation est différent. J'étais couverte d'hématomes de la tête aux pieds, mais ça faisait partie du jeu, *« il n'y a que comme ça que ça rentre »*. L'arnica était devenu mon meilleur ami. Et ce n'était rien comparé aux semaines d'habilitation au port et à l'utilisation des « bâtons police », à savoir le tonfa et le bâton télescopique. Nous nous entraînions presque tous les jours à les manier et à nous en servir, parfois avec des « bâtons mousse », souvent avec les vrais. Autant vous dire qu'un coup de tonfa ou de télesco, ça pique ! Je sais de quoi je parle, j'ai fini l'habilitation avec un énorme « coco » sur le coude gauche, à tel point que je ne pouvais plus déplier entièrement mon bras. L'obtention de l'habilitation se soldait par une mise en situation, où nous nous retrouvions seul avec la télesco, puis le tonfa, à nous faire assaillir de toutes parts par nos petits camarades qui jouaient les délinquants. Cela durait environ dix minutes. Dix minutes intenses où les attaques s'enchaînaient et où plusieurs APP/TSI t'observaient te défendre et riposter et jugeaient si tu adoptais les meilleures solutions et techniques (toujours cette histoire de discernement).

Le sport occupait donc une place importante dans notre formation. En douze mois, malgré mon passé de sportive, j'avais vu la différence. J'avais pris 8 kilos, mais 8 kilos de muscles, passant d'un petit 50 kilos à 58, pour mon presque mètre soixante-dix. J'avais une morphologie très longiligne et avais toujours été très fine, malgré mon appétit d'ogre. Mon métabolisme ne stockait pas les graisses et avait plutôt tendance à (trop) les éliminer. Pratiquant de nouvelles activités physiques à l'école, j'avais pu développer d'autres muscles et l'entraînement intensif m'avait permis de prendre en masse musculaire, que j'ai plus ou moins réussi à conserver depuis. En apparence, le changement n'était pas du tout flagrant, mais je sentais qu'intérieurement, j'étais beaucoup plus forte, plus solide, plus résistante physiquement. C'était un réel bénéfice que j'allais pouvoir mettre à profit au quotidien. J'avais la chance d'avoir dans ma section des personnes qui s'y connaissaient en sports de combat, d'autres en crossfit ou en tir, et c'était un privilège de pouvoir partager et échanger avec eux. Ils m'aidaient à m'améliorer sur le plan physique et de mon côté, je les aidais sur les aspects théoriques.

Le tir, justement. Grosse étape dans la scolarité d'un gardien de la paix que son premier tir ! Je suis issue d'une famille de chasseurs (campagne oblige), j'avais donc pu, plus jeune, goûter aux sensations d'un tir à la carabine et au fusil de chasse ; mais jamais à l'arme de poing (revolver ou pistolet semi-automatique). Le jour de notre première séance de tir, j'avais une boule au ventre aussi grosse qu'un ballon de foot. Il ne fallait pas que je me loupe. *« Et si j'étais nulle ? Et si j'avais peur ? Et si je mettais tout à côté ? Et si je ne voyais rien ? »* Le B/C Rontard était chargé de nous former au tir, au maniement des armes auxquelles nous allions être habilités ainsi qu'à l'enseignement théorique de l'armement. Son côté « rentre-dedans » ne me rassurait certainement pas et augmentait au contraire ma dose de stress. Ça n'enlevait rien au fait qu'il était très pro et connaissait parfaitement son domaine. Je découvrais pour la première fois à quoi ressemblait un stand de tir police. Car oui, ils sont différents des stands de tir civils ou sportifs. Les pas de tir sont ouverts, il n'y a pas de box ou de barrière, puisqu'en tir police nous avons le droit de nous déplacer dans le couloir de tir, contrairement aux tireurs hors force de l'ordre qui, sauf exception, ne peuvent faire que du tir « statique », derrière leur pas de tir, sans effectuer de déplacement ni de progression dans leur couloir. En police, nous sommes formés au tir opérationnel, donc en mouvement. Et c'est là toute la différence. Le stand était immense : six pas de tir, étendus sur 25 mètres de profondeur, et ces fameuses « cibles police » représentant une tête sur buste noir, tenant une arme de poing dans les mains, visant droit devant, sur un fond blanc. Le B/C Rontard nous avait déjà présenté notre arme de service en cours d'armement, le Sig Sauer SP 2022, nous expliquant sa nomenclature et son fonctionnement. L'heure était venue de passer à la pratique. La première heure fut consacrée à la manipulation de l'arme et à l'assimilation des « RGS » (règles générales de sécurité) :

– toujours considérer une arme comme étant chargée ;

– toujours orienter le canon de son arme vers une zone neutre pouvant absorber un départ de coup de feu accidentel ;

– toujours placer son index le long du pontet (ou de la carcasse) sauf si l'on envisage de faire une action de tir.

Il fallait retenir ces règles toute notre vie. Je les connais toujours et j'entends la voix du B/C Rontard qui nous les récitait à longueur de temps. Idem pour les étapes de manipulation du Sig, de la mise en service à la mise en sécurité :

– Je commence ma journée : je me rends à l'armurerie de mon commissariat et je perçois mon arme de service, tout en vérifiant le nombre de cartouches, trente dans chacun de mes deux chargeurs. Je me dirige vers la zone neutre et oriente le canon de mon arme dans le PUMA (Puits d'Utilisation et Manipulation d'Arme). Mise en service de l'arme : j'incline mon arme sur la droite, vérification visuelle et tactile du puits de chargeur, je pivote à 180 degrés à l'horizontale, attrape la culasse avec ma main faible, pousse vers l'avant, deux coups de sécurité, vérification visuelle de la vacuité de la chambre, mon arme est vide. J'attrape mon chargeur, index sur l'ogive au niveau de la balle afin de guider l'introduction du chargeur dans le puits et ce, de jour comme de nuit, j'introduis le chargeur, je vérifie son accroche, je saisis de nouveau la culasse avec ma main faible et pousse vivement vers l'avant en relâchant la culasse. Je rabats le marteau et je vérifie le chargement de mon arme visuellement et tactilement à l'aide de l'indicateur. Arme à l'étui.

– Ma vacation* est terminée : je me rends à l'armurerie et procède à la mise en sécurité de mon arme. J'actionne le bouton-poussoir libérant le chargeur de mon arme, je saisis le chargeur et le range. Je pivote mes appuis sur la droite, je coiffe la culasse de mon arme en veillant à ne pas effectuer de passage de segment (passage du bras ou de la main ou d'un autre membre devant le canon), je la saisis de ma main faible, et à l'aide du pouce de ma main forte j'actionne vers le haut la clé arrêtoir de culasse, tout en la poussant vers l'arrière de ma main faible. Cette action combinée entraîne son accroche. Ma main faible est positionnée de telle sorte qu'elle couvre la fenêtre d'éjection de ma chambre, retrait de la cartouche chambrée avec la main faible. Nouvelle action du pouce sur la clé arrêtoir de culasse, vers le bas, afin de ramener la culasse vers l'avant. Je saisis de nouveau avec ma main faible la culasse, deux coups de sécurité, vérification de la vacuité visuelle de la chambre, je bloque de nouveau ma culasse à l'arrière et j'y place mon T.C.V. (témoin de chambre vide : petit objet en plastique orange fluo que l'on place dans notre chambre, signifiant et démontrant qu'aucune cartouche n'est engagée), je ramène la culasse manuellement vers l'avant, je rabats le marteau et je réintègre mon arme à l'armurier avec ses deux chargeurs.

Oui, je connais ces manipulations par cœur. Le B/C Rontard nous les a rabâchées *non stop* pendant toute notre formation. Mais elles sont garantes de notre sécurité et de celle des autres.

Une fois les manipulations maîtrisées, nous avons pu tirer nos premières cartouches.

– *« LUNETTES ET CASQUE ! TIREUR 1, AVANCEZ SUR VOTRE PAS DE TIR JUSQU'À 5 MÈTRES. »* Je m'avance. Je ne vois pas grand-chose dans les lunettes de protection tellement elles sont rayées, elles ont dû en voir du passage ! Sans compter que ma respiration les embue totalement.

– *« TIREUR 1, METTEZ VOTRE ARME EN SERVICE ! »* Je m'exécute. Le B/C Rontard inspecte tous mes gestes, veillant à ce que je manipule en respectant les RGS.

– *« POUR UN TIR DE 5 CARTOUCHES SANS NOTION DE TEMPS À 5 MÈTRES, TIREUR, ÊTES-VOUS PRÊT ? »*

– *« TIREUR 1 PRÊT ! »*

– PFFFFIIIIIIITTTTTTT (sifflet qui retentit)

– PAN ! Première cartouche de toute ma vie. Quelle sensation ! Quelle puissance ! PAN ! PAN ! PAN ! PAN !

– PFFFFIIIIIIITTTTTTT (sifflet qui retentit à nouveau)

– *« FIN DU TIR. TIREUR 1, METTEZ VOTRE ARME EN SÉCURITÉ ! »*

WAHOU ! Impressionnant. J'étais sans voix tant la sensation était indescriptible. Le son, l'odeur, le recul, la force physique que cela requiert, la concentration extrême, le stress et la montée d'adrénaline que cela procure. Quel cocktail ! Pour d'autres de mes camarades, le sentiment n'était pas forcément aussi positif. Dès la prise en main de l'arme, certains tremblaient d'appréhension, redoutant cette première cartouche et leurs réactions. Ils avaient les mains moites, oubliaient les manipulations à effectuer, cherchaient du regard notre instructeur qui avait plutôt tendance à leur rentrer dedans au lieu de les rassurer, et finissaient par perdre leurs moyens. Si certains déclaraient ne pas du tout aimer la sensation procurée par le tir ou même ne pas du tout aimer tenir une arme, d'autres étaient surexcités et n'avaient qu'une hâte : recommencer. Pour quelques-uns, cela ne leur faisait ni chaud ni froid, soit parce que c'étaient déjà des tireurs aguerris ou sportifs, soit parce que ça les laissait totalement indifférents. Mon premier résultat ne fut pas extraordinaire, les cinq cartouches étaient en cible, mais loin d'être groupées (impacts proches les uns des autres). J'ai eu une année pour me familiariser avec cette arme qui allait bientôt être la mienne tous les jours, celle que la plupart des collègues appellent leur « meilleure amie », celle sur qui je pourrais compter et qui sauverait peut-être la vie de quelqu'un un jour, ou même la mienne. Mais le B/C Rontard le répétait : *« Un flic satisfait à la retraite est un flic qui n'a jamais eu besoin d'utiliser son arme. »* Au fil des mois et des cours de notre APP, même ceux qui redoutaient les séances de tir, voire paniquaient, ont réussi à s'y accoutumer, jusqu'à devenir de très bon tireurs pour certain(e)s.

Durant toute notre formation, nous avons été conditionnés à n'utiliser notre arme qu'en dernier recours, en état de légitime défense uniquement. En revanche, nous avons également été formés à la sortir pour diverses situations et interventions le nécessitant, afin que cela devienne un réflexe : progression sur un individu potentiellement armé ou un cambriolage en cours, lors d'un contrôle routier à la suite d'un refus d'obtempérer ou en présence d'un véhicule volé avec des occupants à bord, sur les lieux d'une alarme pour intrusion ou d'un susceptible vol à main armée, sur un appel pour violences conjugales au domicile alors que nous entendons des cris de l'autre côté de la porte ou des aboiements signifiant la présence d'un chien, etc. La sortir ne signifiait aucunement s'en servir. La différence était immense et il est important qu'elle soit également comprise du public. Dès la première séance de tir, j'ai pris totalement conscience de la lourde responsabilité que cela impliquait d'être porteuse d'une arme à feu quotidiennement dans mon travail. Je savais pertinemment que ce que j'allais avoir à la ceinture était létal et que l'utiliser serait une question de vie ou de mort. Mais je la visualisais également comme un outil de ma mallette de policier, au même titre que mes menottes, ma télesco, mon stylo et mon sifflet. Elle faisait partie du « package » police, donc je l'ai très vite assimilée comme faisant aussi partie de moi.

Après plusieurs séances d'entraînement, nous avons passé notre habilitation au port et à l'emploi du Sig Sauer SP 2022. Ne pas l'obtenir équivalait à quitter les rangs de l'institution. Elle était obligatoire pour terminer sa scolarité et devenir gardien de la paix. Quelle pression ! Hors de question de se louper. Fort heureusement, je l'ai obtenue sans difficulté. Le reste de la scolarité permettait de perfectionner son niveau ainsi que de passer une autre habilitation, celle du pistolet-mitrailleur. Lors de ma formation, nous étions encore équipés du PM* Beretta 9mm, un pistolet-mitrailleur en ferraille qui semblait tout droit sorti des tranchées mais qui était très efficace et simple d'emploi. Aujourd'hui, nous sommes dotés du HK UMP9, plus moderne, plus compact, plus léger, mais tout aussi précis.

Aussi importants soient-ils, le tir et le sport n'accaparaient pas tout notre temps, et la dimension théorique était elle aussi essentielle.

Une grosse partie de notre formation reposait sur des pages et des pages de cours. Lorsque nous avions découvert notre salle de classe, des piles de polycopiés nous attendaient, posées sur plusieurs tables accolées les unes aux autres. Ces « mémo-fiches », comme les appelait le B/C Lejeune, représentaient l'intégralité des cours que nous allions devoir ingurgiter. Chacun avait donc récupéré un tas de quelques centaines de pages, et avait filé s'acheter des classeurs ! En gros, les cours théoriques consistaient à apprendre les fondamentaux de la procédure pénale et du droit pénal français, les différentes infractions auxquelles nous allions être confrontés, le code de déontologie, l'organisation de la police nationale et son fonctionnement, la rédaction des procès-verbaux, quelques bases de psychologie liées à nos interventions probables, l'armement (les catégories, la nomenclature des armes que nous allions être amenés à utiliser et leurs mécanismes de fonctionnement), etc. Ces cours donnant lieu à des épreuves écrites tout au long de l'année, il fallait tout retenir. Ça ressemblait à du bachotage, mais notre formatrice, le B/C Lejeune, s'efforçait aussi de nous en faciliter la compréhension. Et de rendre tout ça un peu plus « fun » ! Elle s'appuyait sur les « mémo-fiches », qui répondaient au cahier des charges de la DCRFPN, mais elle y apportait sa touche personnelle, son expérience, son vécu sur le terrain, et ça faisait toute la différence. Elle y mettait une telle passion qu'elle en devenait communicative, et les heures défilaient comme des minutes. Nous avions goût à apprendre avec elle, et de son côté, notre réussite lui tenait vraiment à cœur, ça se voyait. Lorsque l'un de nous avait des difficultés, ou se manquait sur un test blanc, elle était tout aussi peinée que lui. Les premiers temps, les relations avec elle étaient cordiales, respectueuses et très professionnelles. C'était une bosseuse, elle ne comptait pas ses heures mais attendait en retour que nous soyons nous aussi rigoureux et attentifs, et que nous bûchions. Et puis, au fur et à mesure de l'année, une relation spéciale s'est instaurée entre elle et quelques-uns d'entre nous.

Je savais qu'elle serait plus que ma formatrice et qu'elle garderait une place dans ma vie, même après l'école. Elle nous formait à son image : *« Un bon flic est d'abord un flic qui sait écrire. Vos poings ne vous serviront à rien si vous ne savez pas expliquer pourquoi vous les avez utilisés. La première arme du policier, c'est son stylo. »* Et nous allions le découvrir : je ne comptais plus le nombre de procès-verbaux que le B/C Lejeune nous faisait rédiger à la main. Oui, à la main ! Résultat : je connais désormais mes formulations par cœur. Comme quoi... Nous avions énormément de chance de l'avoir comme formatrice. Encore aujourd'hui, sa voix, ses conseils, ses mises en garde résonnent dans ma tête et sont toujours dans un coin de mon crâne. C'était et c'est toujours mon mentor et mon modèle. Je ne la remercierai jamais assez, c'est elle qui m'a tout appris et qui a fait de moi la flic que je suis devenue. Elle a eu une grande part de responsabilité dans ma réussite au cours de cette scolarité. Elle ne le sait pas, mais elle me guide au quotidien.

L'étape suivante consistait à mettre en pratique ces nouvelles compétences à travers des « simulations ». L'école de police d'Oissel est dotée de ce que l'on appelle un « village simulation ». C'est dans ce simulacre de village composé d'une rue flanquée de bâtiments et de commerces que nous avons effectué nos mises en situation et appris les bases d'une patrouille pédestre et véhicule, les placements à adopter (la triangulation) et la fameuse règle du « PLI » (Protection, Liaison, Interpellation) que nous devions appliquer dans nos trinômes. Chaque effectif alternait entre plusieurs rôles : protection (se place légèrement en retrait et sécurise l'environnement), liaison (reste en lien avec la station directrice se trouvant au commissariat, effectue les comptes rendus radio et les fichiers), interpellation (mène le contrôle ou l'intervention de police du début à la fin, prend la décision finale, il a le *lead*). C'est là aussi que j'ai effectué mes premiers contrôles d'identité, violences intra-familiales, courettes*, outrage et rébellion, contrôles routiers, personnes aliénées, interpellations pour vol, recel, meurtre... Bien sûr, tout était fictif et les interpellés étaient mes camarades de classe. Là aussi que j'ai conduit mes premières bagnoles « police » et même si elles devaient avoir une vingtaine d'années, ça restera un souvenir impérissable. Là encore que j'ai pris mes premières soufflantes par mes chefs parce que j'avais fait de la merde, ou par mon trinôme parce que j'avais mal fait une palpation de sécurité alors que la nana était porteuse d'un couteau dans la chaussette. Là enfin que j'ai eu mes premiers désaccords avec mes collègues sur notre manière d'intervenir, nos premières engueulades parce qu'on avait foiré notre interpellation mais aussi mes premières sensations de travail en équipe. Les prémices des heures de patrouille avec mon équipage avec qui j'allais tout partager et tourner pendant huit heures.

Les journées en école étaient riches, intenses et rythmées. Mais elles ne se terminaient pas à 17h30. À 17h30, nous étions libérés de nos obligations. Nous pouvions organiser notre temps comme nous le souhaitions. Pour ma part, je m'empressais d'aller me changer, d'enfiler un truc confortable. L'uniforme c'est prestigieux et un honneur de le porter, mais quel bien cela fait de le retirer ! Et je ne vous parle même pas lorsque l'on est en service ! Parfois nous sortions de l'école pour aller faire des petites courses. Celles et ceux qui ont été à Oissel connaissent la zone commerciale de Tourville-la-Rivière, à proximité de l'école. J'en ai passé des heures là-bas, entre le Carrefour, le Mac Donald's, la pizzéria, le Décathlon, et j'en passe. On y croisait toujours quelqu'un de l'école, formateurs ou élèves (et parfois formateur et élève ensemble...). Tourville, c'était notre bouffée d'oxygène du monde extérieur, un semblant de réalité au milieu de la « bulle police » qui se crée naturellement durant cette année. Les repas du self n'étaient pas merveilleux alors une à deux fois par semaine, avec mes ami(e)s de la section, on allait dîner dehors, à Tourville ou à Rouen. Eh oui, ça nous arrivait (souvent) de poursuivre la soirée ! C'était important de s'octroyer ces moments de convivialité, ensemble, afin de déconnecter de l'école et de se changer les idées, même si c'est compliqué lorsque l'on reste entre nous. Et à défaut d'escapades, certains soirs, nous retrouvions cette convivialité lors de séances de révisions nocturnes. Notre salle de classe restait ouverte le soir afin que nous puissions réviser. Petit à petit, nous avons formé un groupe d'étude. Nous nous retrouvions tous les soirs après dîner pour réviser pendant une heure ou deux. Nous faisions cela de manière interactive et ludique, en utilisant notamment les annales, et les connaissances acquises lors de mes années de fac me permettaient d'aider ceux qui n'étaient pas du tout « théorie ». Je leur trouvais des moyens mnémotechniques pour retenir certaines choses, je leur faisais des schémas pour leur expliquer le système judiciaire, les principes fondamentaux du droit français, les infractions pénales, les peines encourues, etc. C'était beaucoup de « par cœur », donc il n'y avait pas de secret : la répétition était la clé. Le travail collectif ne pouvait qu'être bénéfique puisqu'il favorisait la mémoire photographique et auditive.

Nous dormions police, nous nous levions police, nous mangions police, nous parlions police, tout était police. Lorsque l'on me demande à quoi ressemble l'école de police, je réponds que cela ressemble à une télé-réalité d'enfermement, comme *Secret Story* ou *Les Marseillais*, les caméras et l'argent en moins. Nous restions quasiment 24 heures sur 24, 7 jours sur 7 (pour ceux qui ne rentraient pas dans leur région le week-end) dans le même environnement, avec les mêmes personnes, et un rythme de vie réglé comme du papier à musique. Les sentiments et les émotions, tant positives que négatives, y étaient décuplés. On passait du rire aux larmes, de la joie à la colère. On partageait tout ensemble : les moments de bonheur, les chagrins, les pleurs, les doutes, les agacements, les colères, les frustrations, les satisfactions... Jusqu'à nos pauses pipi ! Des liens indéfectibles se sont créés et ont perduré même après la sortie et nos prises de poste. Nous sommes devenus gardiens de la paix les uns à côté des autres, ce n'était pas rien. Nous nous sommes forgés à travers chacun, nous avons appris auprès de chacun. Certains visages finissaient par ne plus nous revenir à force de les voir tous les jours, alors que d'autres alimentaient des sentiments très forts. Beaucoup d'histoires d'amour ont débuté en école de police, la proximité avec l'autre, l'éloignement des proches et le sentiment de solitude aidant. Mais beaucoup d'histoires se sont terminées aussi : notamment celles qui avaient débuté avant l'entrée en école et qui ne parvenaient pas à résister à ce rouleau compresseur qu'est la formation de gardien de la paix. Un événement cependant a révolutionné ma scolarité, donnant un tout autre aspect à ma formation et une toute autre perspective au métier que je m'apprêtais à exercer. Je n'y étais pas préparée, je ne m'y attendais pas mais je n'avais d'autre choix que de l'assimiler rapidement.

7 JANVIER 2015

Pour beaucoup d'entre nous, cette date restera à jamais gravée dans nos esprits. Mais contrairement à la plupart d'entre vous, je n'ai su ce qu'il se passait ce jour-là qu'aux alentours de 13 heures. Tout simplement parce que je n'avais pas accès à mon téléphone ou à une télévision avant. Le 7 janvier 2015, je découvrais l'horreur, comme tous les citoyens français. Mais je réalisais surtout que le métier que j'avais choisi et que j'étais en train d'apprendre faisait de moi une cible. Si ce n'est leur cible favorite.

Je me souviens de l'état de sidération dans lequel nous étions tous à la découverte des images montrant un des frères Kouachi tirer, à bout portant, en pleine tête de notre collègue Ahmed Merabet. Le voir implorer sa pitié, le supplier de l'épargner, ça m'avait retourné le bide tant toute âme avait quitté le corps du terroriste, qui avait actionné la détente de sa Kalachnikov sans l'ombre d'une hésitation, machinalement, faisant claquer le crâne d'Ahmed contre le bitume parisien qu'il rougit de son sang. Choqués devant tant de sauvagerie, nous découvririons par la suite qu'un second collègue, Franck Brinsolaro, assigné à la protection rapprochée de Charb, avait également été assassiné dans l'exercice de ses fonctions. C'était son « épaule », comme on les appelle au SDLP (Service de la Protection). Ce mec avait survécu à des missions dangereuses en territoire extérieur, sauvé des dizaines de vies à Kaboul, Phnom Penh ou au Congo, mais était tombé sous les tirs métalliques de 7.62 des Kouachi, dans une salle vitrée, en pleine réunion de *Charlie Hebdo*, protégeant jusqu'à son dernier souffle *« ceux qui n'étaient armés que de crayons »*.

L'atmosphère qui régnait à l'école était très particulière. Habitués à notre microcosme, coupés du monde extérieur la majeure partie du temps, dans notre bulle, cet événement tragique a été une vraie claque. Ce mercredi, nous avons tous ressenti le besoin de rester ensemble, jusque tard dans la nuit, devant l'écran de télévision du foyer. La plupart étaient assis à même le sol, les fauteuils n'étant pas suffisants, en silence, les yeux rivés sur BFM TV, à suivre méticuleusement les avancées de l'enquête et les dernières informations. Nous avons eu du mal à aller nous coucher tant nous avions besoin de rester connectés à cette réalité. Je me suis endormie les nerfs à vif après de longues minutes à échanger avec Leïla et Louane dans notre chambre, à nous poser des dizaines de questions sur notre avenir et élaborer des suppositions. J'angoissais pour mes collègues en poste à Paris et alentours alors que les frères Kouachi étaient en cavale, je culpabilisais presque de ne pas y être. Nous avions cette sensation étrange de n'être encore qu'à moitié gardiens de la paix, mais ce jour-là, j'avais surtout l'impression d'appartenir à part entière à cette entité et cette famille. Et c'était presque comme si j'en avais perdu deux membres.

Le discours de mes formateurs était limpide : il nous fallait être prêts à affronter cette guerre contre le terrorisme. Et nous allions devoir nous montrer plus solidaires que jamais. Le 8 janvier à l'aube, sur la place d'armes, les mots du directeur furent durs et solennels. Et toute l'équipe de formation était consciente qu'elle nous préparait au pire.

Les deux jours qui ont suivi, notamment le lendemain matin avec l'exécution de Clarissa Jean-Philippe, ont terminé de nous souder. Dix-sept morts en l'espace de trois jours. Nous n'avions pas le cœur à rentrer dans nos familles ou chez nous ce week-end-là. Nous voulions rester entre nous. Je n'avais pas envie de voir mes parents ou mon copain, les entendre me dire que c'était horrible et que je n'aurais jamais dû choisir ce métier, qu'il était encore temps de changer d'avis et de démissionner. Je savais que leur discours empreint de peur serait peu ou prou celui-là. Je ne voulais pas l'entendre et je n'avais surtout pas envie d'échanger à ce sujet avec quelqu'un d'extérieur. Je ne saurais l'expliquer, mais il m'était nécessaire de me retrouver avec mes semblables, c'étaient les seuls à comprendre ce que je ressentais. Nous étions unis dans cette épreuve et conscients que ça aurait pu être n'importe lequel d'entre nous si cela s'était produit l'année d'après. C'est un sentiment indescriptible que de se dire qu'ils sont morts parce qu'ils étaient flics. Et que par extension, j'étais « atteinte de la même maladie » avec potentiellement le même sort funeste.

J'étais en train de prendre conscience que mon engagement n'allait plus être le même. J'avais passé le concours de gardien de la paix pour être flic, pour protéger les autres. Désormais, être flic signifiait également protéger son pays au péril de sa vie. Comme un soldat. Nous étions *« en guerre »*, tels étaient les mots que le Premier ministre, Manuel Valls, prononcerait quelques mois plus tard. Mais nous, nous le savions déjà. Plus que jamais, nous allions être des cibles de choix. Désormais, chaque fois que nous nous entraînerions au tir, au self défense, à chaque simulation, j'allais avoir cette image dans un coin de la tête : *« Sois attentive, apprends, vite. Tu as une cible dans le dos et ça pourrait sauver ta vie ou celles de tes collègues. »* Dès la semaine suivante, nous avons, pour la plupart d'entre nous, abordé notre formation tout à fait différemment. Tout enseignement prenait une nouvelle dimension : nous étions plus concentrés, plus concernés, plus curieux, plus rigoureux, plus méthodiques. Cela nous a fait passer un cap considérable en termes de maturité professionnelle. Tout ça n'était pas un jeu. Se faire tirer dessus, ce n'était pas seulement un exercice lors d'une simulation ou un cours de légitime défense, ça arrivait, ça venait d'arriver. Et ce n'était pas avec des cartouches de peinture tirées par des pistolets en plastique tenus par tes camarades de section, mais avec des cartouches qui perforent, qui arrachent, qui déchiquètent, qui broient.

SOLITUDE

Charlie Hebdo a vraiment contribué à faire naître une forme de cohésion impressionnante. Les tensions qui pouvaient exister entre certains, comme c'est le cas pour toute vie en communauté sur le long terme, se sont apaisées. *A contrario*, un fossé s'est creusé avec mon copain de l'époque, Geoffrey, et mes deux meilleures amies depuis la faculté, Maddy et Marie.

Le week-end suivant les attentats, je devais rejoindre Geoffrey chez lui. Comme je vous l'ai expliqué, j'avais pris la décision de rester à Oissel car j'en ressentais profondément le besoin. Geoffrey n'a pas compris et me l'a reproché. J'avais beau lui expliquer que ce n'était pas contre lui, que c'était nécessaire pour nous tous d'être ensemble et uniquement entre nous, il ne comprenait toujours pas. Il se sentait rejeté : *« Mais Juliette, c'est à moi que tu es censée parler, c'est moi ton mec, je suis ta famille, pas eux ! Je sais que c'est horrible ce qu'il vient de se passer mais je ne vois pas en quoi ça doit tout remettre en question et surtout te faire annuler notre week-end. Ce n'est qu'un travail, décroche ! »* Je réalisai à cet instant que notre histoire ne pouvait aller plus loin car il ne comprendrait jamais. Geoffrey était totalement extérieur à la police et aux forces de l'ordre en général. À 26 ans, il continuait toujours ses études, était retourné chez ses parents après une séparation et ne se montrait pas spécialement pressé d'entrer dans la vie active, vivre sa vie d'adulte et affronter les contraintes qui en découlent. Il était issu d'une famille assez aisée et ne manquait de rien. Ce jour-là, je pris conscience qu'il n'accepterait jamais mon métier car il ne saisissait pas qu'il ne s'agissait pas que d'un travail, mais de ma vocation. Il ne saisissait pas que mes collègues n'étaient pas de simples collègues de bureau, mais mes frères et sœurs d'armes qui auraient ma vie entre leurs mains comme moi la leur. Il ne saisissait pas que la police était en train de devenir ma seconde famille et qu'elle allait prendre une place très importante dans ma vie. Il ne saisirait jamais. Je n'étais qu'en école, qu'est-ce que ça allait être une fois que je serais en service ? Que je ferais des heures supplémentaires ? Que j'aurais besoin d'aller décompresser avec mon équipage après une intervention ou un dossier difficile ? Il ne l'accepterait jamais. Je le savais. Et je savais aussi qu'il le vivrait très mal et que par conséquent, nos vies ne seraient plus compatibles. Malgré les sentiments que j'éprouvais pour lui, j'avais donc décidé de me séparer de Geoffrey quelques jours après, persuadée en outre que seul un policier serait à même de me comprendre et de partager ma vie.

Pendant mon année de formation, je ne suis retournée qu'une dizaine de fois à Lille, et j'ai donc peu vu mes amies. Maddy et Marie me suivaient depuis ma « seconde première année » de fac (après mon redoublement). Nous étions devenues très proches. Elles connaissaient tout de moi et de ma vie, et inversement je savais tout d'elles. Nous partagions les fêtes de Noël, nos anniversaires, nos chagrins d'amour, nos galères du quotidien loin de nos familles. Nous étions parties en vacances ensemble, j'avais aidé Marie à me rejoindre dans la grande enseigne où je travaillais pour qu'elle ait un petit boulot, mes parents lui avaient loué un appartement à moindre coût lorsqu'elle avait voulu déménager... Elles étaient comme mes sœurs. Elles m'avaient toujours encouragée à passer le concours de gardien de la paix, persuadées que la police m'irait à merveille. Le jour de l'obtention du concours, elles étaient très heureuses pour moi et nous avions fêté cela dignement dans les bars lillois. C'était même Marie qui m'avait conduite à Roubaix pour mes épreuves de sport et pour l'oral, attendant jusqu'à la fin pour me ramener chez moi. Mais dès que je suis partie à Oissel, rien n'a jamais plus été pareil. Alors certes, je ne revenais pas souvent et on se voyait beaucoup moins qu'avant. Je ne pouvais pas non plus rester accrochée à mon téléphone en permanence, n'en ayant tout simplement pas le droit et aussi parce que c'était une année décisive où, en quelque sorte, je jouais ma vie. Je n'avais pas forcément le temps de passer des heures à les appeler ou à échanger par texto. Je pensais qu'elles, plus encore que n'importe qui, le comprendraient et me soutiendraient. Je me sentais déjà suffisamment coupée du monde et loin de tout pour que mes meilleures amies ne me lâchent.

À notre arrivée, le B/C Lejeune nous avait mis en garde : « *Vous êtes en école de police, vous êtes sur le point de devenir gardiens de la paix. Vous n'allez pas me croire pour l'instant, mais vous verrez, au fur et à mesure des mois qui vont passer, et par la suite de vos années de service, le vide va se faire tout naturellement autour de vous. Vous avez embrassé une vocation controversée, qui ne plaît pas à tout le monde, même à certain(e)s de vos proches. Ils vous disent le contraire aujourd'hui, mais demain, ils vous tourneront le dos parce que vous êtes flic. Mon rôle est de vous prévenir afin que la désillusion et la chute ne soient pas trop rudes.* » Je ne pouvais croire en ses mots. Et pourtant. Tout au long de mon année de formation, des connaissances, ceux et celles qu'on appelle des potes, ont disparu littéralement de ma vie, du jour au lendemain, sans prévenir. Je ne dis pas que j'y suis totalement étrangère, comme je vous l'ai dit, je ne donnais que peu de nouvelles. Mais la plupart ne prenaient même pas la peine de répondre à mes messages et appels. Évidemment, mon quotidien se résumant à la police, les rares sorties et soirées que je m'accordais, je n'avais que ce mot à la bouche, tellement j'étais passionnée par ce que j'étais en train de vivre. J'avais envie de le partager avec tout le monde pour qu'ils se rendent compte à quel point je vivais ma meilleure année et à quel point le milieu de la police était génial. Je m'étais enfin trouvée, j'étais totalement à ma place et je le sentais, pour la première fois de ma vie. Mais toutes ces personnes ont fini par me délaisser, sans aucune explication, à quelques exceptions près : « *j'aime pas la police et je n'arrive pas à me dire que t'es une des leurs* », « *t'façon t'as changé, t'es devenue comme eux* », « *ça sert à rien de continuer à se parler, j'suis avocat, mon job c'est de faire sortir ceux que tu arrêtes, on n'est pas compatibles* », « *tu vis pour ça, tu parles que de ça* », « *j'comprends pas comment tu peux kiffer, te dire que ton quotidien ça va être de taper des citoyens tous les jours* », et ainsi de suite.

Marie et Maddy restaient malgré tout toujours dans le paysage, je m'efforçais de leur donner autant de nouvelles que je pouvais et de limiter mes discours exaltés à propos de ce que je vivais. Mais je sentais le fossé se creuser malgré tout. Ça allait donc être ça, mon quotidien ? Devoir choisir en permanence entre mon boulot et ma vie perso ? Perdre des gens auxquels j'étais attachée et en qui je croyais à cause du métier que j'exerce ? Comment est-il possible de sélectionner son entourage en fonction de son travail ? Est-ce normal de ne pas différencier l'humain de l'institution qu'il représente et d'en faire un amalgame ? Alors même que tu connais cette personne depuis des années, que tu connais ses convictions, ses valeurs, ses principes ? Est-ce normal de se sentir rejetée, jugée, cataloguée à cause de sa vocation ? Car j'ai commencé à expérimenter ces sentiments dès le milieu de ma scolarité. À dire vrai, je ne m'y étais pas vraiment préparée, persuadée que mon entourage se comporterait différemment.

J'étais consciente d'avoir choisi une voie polémique et un chemin qui pouvait être solitaire. Mais j'ai commencé à ressentir cette solitude très rapidement. Je me sentais vraiment à part. J'évoluais dans un monde parallèle à celui des autres jeunes adultes de mon âge, et il était certain que nos routes ne se croiseraient jamais plus avec une partie d'entre eux. À l'école, je n'étais pas la seule dans ce cas, mais quelques-uns de mes camarades parvenaient à conserver des amitiés solides depuis l'enfance. Je devais certainement mal choisir mes amis, ou bien le fait que je sois partie à plusieurs centaines de kilomètres après le bac n'avait pas aidé. Ce qui était sûr, c'est que ce n'était que le début. En revanche, il y a une personne dont je me suis rapprochée durant ces douze mois, c'est ma cousine, Océane. Dès que l'on se voyait, on parlait pendant des heures, même si on se donnait régulièrement des nouvelles par téléphone. Elle me posait beaucoup de questions sur ma formation, elle s'intéressait. Et c'était probablement une des seules personnes dans mon entourage que je sentais totalement sincère. Elle ne se forçait pas, elle ne parlait pas « police » pour me faire plaisir mais parce qu'elle aimait ça et parce que j'aimais ça. Elle voyait que cela me passionnait et cela devenait passionnant pour elle. C'était ma cadette mais lorsque j'ai douté durant l'année, lorsque j'ai eu peur de ne pas être à la hauteur, ou peur pour mon classement et mon affectation, elle a su me rassurer. Nous avions déjà une forte complicité, comme si elle était ma petite sœur, ça n'a fait que renforcer le lien qui nous unissait.

Malgré leurs réticences quant à mon choix d'orientation professionnelle, mes parents ont eux aussi continué de me soutenir. Je pouvais lire sur leurs visages leur appréhension et leur désapprobation quand je leur racontais mes semaines à l'école. Je narrais mes découvertes, mes acquis, mes surprises, mes ratés avec une excitation qui n'avait pas son pareil. Je voyais que ma mère, à l'écoute de mes récits sur nos cours de self défense me causant des bleus sur tout le corps, n'approuvait pas ce que je faisais, qu'elle ne comprenait pas pourquoi je *« m'infligeais cela alors que j'aurais pu faire autre chose avec mes études »*. Je savais qu'elle aurait rêvé d'un destin différent pour sa fille unique, tout comme mon père qui m'imaginait déjà en grande procureure. Néanmoins, ils n'avaient jamais cessé de m'épauler, de me suivre dans mes choix. Mais est-ce que ça allait durer une fois que je serais en poste ? Je n'avais encore aucune idée de la ville où j'allais atterrir. Ayant obtenu le concours à affectation nationale, je pouvais me retrouver n'importe où sur l'Hexagone, contrairement aux reçus du concours à affectation Île-de-France, qui étaient certains de rejoindre Paris ou sa couronne. Si je me retrouvais à Marseille, est-ce que j'allais réussir à rester en contact avec mes proches ? Du moins ceux qui restaient... Ou bien étais-je vouée à perdre tout le monde, au fur et à mesure, un par un, à cause de la police ?

184e PROMOTION DE GARDIENS DE LA PAIX

Pantalon à pinces et chemise blanche repassés. Fourragère blanche boutonnée, pucelle de la police nationale accrochée, gants blancs enfilés, chaussures cirées et casquette rigide vissée sur la tête au-dessus d'un chignon tiré à quatre épingles. Je suis prête. Aujourd'hui, 31 juillet 2015, c'est ma cérémonie de sortie d'école, mon dernier jour à Oissel avant de retrouver la vraie vie et bientôt mon service.

Entre-temps, j'ai passé l'ensemble de mes épreuves et m'en suis sortie avec un classement honorable, j'ai trouvé l'amour auprès d'un homme de ma section, Thomas, je suis partie presque deux mois en stage au commissariat central de Lille, j'ai choisi mon affectation, j'ai trouvé un appartement, j'ai fait des rencontres en or et tissé des liens indéfectibles avec certains. Je n'ai toujours pas de mots assez forts pour décrire la richesse de cette année 2014-2015.

Mais il est important de revenir sur une étape déterminante de ma formation, la séquence B : le stage. J'avais choisi de l'effectuer au commissariat central de Lille, me doutant de son activité intense. Je n'ai pas été déçue. Mes semaines avaient été réparties entre les différents services d'investigation et de voie publique. J'y avais découvert la pluralité des services judiciaires présents dans une DDSP : le Quart ou l'unité de traitement en temps réel, qui s'occupait du flag', la Sûreté Urbaine qui traitait les enquêtes préliminaires (« le prélim' ») à l'échelle locale, la Sûreté Départementale et la Police Judiciaire qui récupéraient les grosses affaires de toute la région. Chaque service est ensuite doté de groupes spécialisés : stups, atteintes aux personnes, cambrio, mineurs, crim', accidents et délits routiers, mœurs, cybercrim', etc. J'avais débuté par plusieurs cycles de quatre jours en brigade de Police Secours, nuit et jour, après avoir fait une journée à la CIC, qui regroupait toutes les ondes du 59. J'y ai fait mes premières patrouilles en véhicule sérigraphié, mes premières interventions de PS* avec la tenue, mon arme à la ceinture, mon pare-balles sur le dos et mes premiers souvenirs police.

C'est lors de l'une de ces patrouilles que j'ai vécu une intervention qui m'a particulièrement marquée. Je suis donc élève gardien de la paix, en stage au sein de la brigade de nuit de Lille. J'aime cette ville, je l'adore même. Début de nuit, aux alentours de 23 heures, alors que nous sommes en patrouille avec les collègues (ça doit être ma troisième fois dehors...), nous captons un message des ondes qui nous demandent de nous rendre au domicile d'une famille pour un différend entre un père et sa fille. Il s'agit d'un quartier de classes très populaires, où les collègues ont l'habitude d'intervenir régulièrement pour ce genre de missions, généralement sur fond d'alcool. On arrive. Rues peu éclairées, sombres, petites supérettes nocturnes où ça squatte pas mal, caniveaux sales, déchets qui s'entassent un peu partout, immeubles de trois étages maximum en briques rouges, collés les uns aux autres, des habitants sur le perron en train de cloper. Ambiance et atmosphère un peu glauques mais on sent que la vie ici est rude, un combat quotidien. C'est palpable. Ce quartier, je le connais vaguement, mais surtout de nom. Je n'y ai mis que très rarement les pieds et surtout, pas avec un regard de « presque flic ». Je le découvre donc dans la nuit noire et en uniforme, avec tout ce que ça représente. On met pied à terre, le chef de bord, un bon vieux sous-baloche* chti qui a eu la chance de rentrer dans sa région natale quelques années auparavant, s'exclame : *« Ah bah forcément, c'est chez les Durand. Toutes les semaines on est appelés ! À chaque fois c'est pareil ! »* Toutes les semaines ? Ah ouais, quand même... Encore en école à cette époque-là, je ne me rends pas compte que ce genre de familles sont pléthore dans notre quotidien.

Je prends réellement la mesure de ce que sera mon métier. On passe un portail et je découvre ce qu'on appelle chez nous une maison de courée. Un passage étroit permet d'accéder à une sorte de petite cour sombre, où s'érigent deux ou trois maisons basses et mitoyennes qui abritaient souvent, jadis, mineurs ou ouvriers des usines. Logements modestes donc, humides, mal isolés, souvent insalubres, obligeant à une certaine promiscuité avec les voisins. Mais typiquement nordistes et charmants. On sonne. La mère vient ouvrir. Une petite dame, la quarantaine, les cheveux mal coiffés et mal teints, un peu voûtée, une clope aux lèvres, legging, t-shirt trop grand et chaussons aux pieds. *« Ah c'est vous ! Bah c'est encore l'gamine qui fait chier son monde. »* Je suis en retrait et j'observe la scène. Trois gamins âgés de 3 à 12 ans courent partout et hurlent dans la baraque. La mère nous invite à entrer. Je découvre un intérieur quasi vide, très peu meublé, plutôt sale et défraîchi. Et des bouteilles de vin vides à chaque coin. Des taches d'humidité et des champignons courent le long des murs, le carrelage est cassé à plusieurs endroits, et je ne vous parle même pas des sanitaires… Seulement deux chambres pour six, des matelas à même le sol et pas en nombre suffisant pour tout le monde. Du linge y est entassé, propre ou sale, tout traîne par terre. La cuisine est une porcherie, les assiettes utilisées s'entassent, les restes de bouffe sont pourris et nos amies les mouches sont aussi de la partie. L'évier et la poubelle dégueulent. Je suis profondément choquée et ahurie des conditions de vie que je découvre. Je n'avais jamais vu ça. Et surtout jamais imaginé que c'était possible de vivre dans une telle crasse, notamment en présence d'enfants en bas âge. J'ai juste envie d'engueuler les parents. Mon chef de bord, lui, ne semble même pas prêter attention à ce qui l'entoure. Ni même à ce sur quoi nous marchons ! Impassible, presque stoïque et désabusé. C'est en tout cas l'impression que j'ai. J'ai compris depuis qu'il était juste blasé. Tout à coup, on entend une jeune fille hurler à l'étage, à coups de *« FERME TA GUEULE ! J'FAIS C'QUE J'VEUX T'FACON ! »*

et de claquage de porte dans les règles de l'art. La mère nous explique qu'elle parle à son père. Tiens donc. Drôle de manière de s'adresser à ses parents. On monte. On tombe sur le père. La quarantaine lui aussi, un peu dégarni, marcel et poils apparents, un chicot en moins sur le devant, une bouteille de rosé de « grand récoltant » à la main : *« ELLE A UNE JUPE EUD'SALOPE ELLE SORT PAS COMME ÇA ! ET PIS ELLE EST MAQUILLÉE COMME UN CAMION VOLÉ ON DIRAIT UNE MARIE COUCHE-TOI-LÀ ! ON VOIT TOUTES SES GOUGOUTTES ! »* Je précise que la gamine a 15 ans. Je me retrouve dans la chambre et wow ! effectivement, Kim Kardashian c'est Laura Ingalls à côté. Et la mère qui gueule d'en bas : *« OH DIDIER TU M'FILES LE PINARD LÀ C'PAS QUE POUR TOI HEIN ! »*

Le différend avait été réglé sur place. Tiffany n'était pas sortie, et la bouteille de rosé avait été partagée. Tout ça pour dire que c'était la première fois que j'étais confrontée à la misère. La misère humaine. Quand j'y repense aujourd'hui, c'était une intervention « banale » comme je peux en faire tous les jours maintenant, mais je m'en souviens comme si c'était hier. Je venais de découvrir la misère à laquelle j'allais être confrontée durant ma carrière et surtout de réaliser que parfois, nous sommes totalement impuissants. Durant ce stage, j'ai aussi eu un aperçu de l'horreur dont était capable l'espèce humaine. J'avais eu l'opportunité de rester environ deux semaines aux côtés des collègues de la Crim' qui bossaient sur une affaire de tentative d'homicide volontaire et d'empoisonnement, où le mis en cause était une aide-soignante d'un service d'endocrinologie et les victimes, ses patients. J'avais pu suivre tout le déroulé de l'enquête de son interpellation à son déferrement* et la mise en examen qui en a résulté. J'avais donc assisté aux diverses auditions, perquisitions, etc. C'était passionnant et pour le coup, surprenant au vu du sujet. Une autre affaire les avait occupés : un dossier d'enlèvement, séquestration et actes de torture. Une jeune fille de la cité avoisinant le central avait été enlevée par son propre frère et des amis à lui, car elle avait eu l'outrecuidance de fréquenter un garçon sans l'autorisation de son aîné. Ils l'avaient attrapée à la sortie de la cité, lui avaient mis un sac sur la tête, l'avaient jetée dans un van et avaient roulé jusqu'à un terrain vague proche de l'autoroute où elle avait subi une avalanche de coups, ligotée aux chevilles et aux poignets par des serflex, avant d'être abandonnée sur place. Son propre frère en était l'instigateur. Je me rappelle de son audition comme si c'était hier : pour lui, c'était sa manière de la punir et de lui faire comprendre qu'il ne fallait pas qu'elle recommence. Quelle claque je m'étais prise !

Le stage est passé à une vitesse grand V et je n'avais qu'une hâte : quitter l'école pour enfin prendre mon service. La fin de la scolarité était particulièrement longue et cela devenait intenable d'attendre la fameuse liste des postes. Malgré mon affectation nationale, j'hésitais à choisir un poste en région parisienne afin de ne pas trop m'éloigner de ma famille. D'un autre côté, j'étais attirée par des villes comme Lyon ou Marseille : quitte à commencer une nouvelle vie, pourquoi ne pas changer radicalement de région ? Sauf que Thomas, mon copain, était lui en affectation Île-de-France. Dilemme. La liste des postes à pourvoir tomba à peine 48 heures avant la journée nationale et commune à toutes les écoles du choix des postes. Le dilemme ne dura pas longtemps : les seuls services en province étaient des CRS, ainsi que quelques commissariats qui ne me faisaient pas rêver du tout dans l'est de la France ou la Picardie. Le reste, c'était des postes à Paris intra-muros (cinq arrondissements) et la grande couronne (77, 78 et 91). Moi qui hésitais entre le 93, Lyon ou Marseille, il n'y avait aucun des trois ! Tant de travail durant toute l'année afin d'être bien classée pour finir avec une liste... de merde. Il faut être honnête, nous étions dégoûtés. La liste Île-de-France[7] n'était pas surprenante,

7 Il existe deux listes à la sortie de l'école : celle contenant les noms de ceux qui ont choisi le concours « Île-de-France » et seront donc affectés quoi qu'il arrive en région parisienne, et les autres, qui peuvent être affectés partout sur le territoire (y compris en région parisienne).

il y en avait pour tous les goûts : Paris intra-muros, 92, 93, 94, DOPC*, PJ, BRF (Brigade des Réseaux Ferroviaires)... Ils étaient servis, excepté qu'ils n'avaient aucun poste en grande couronne ! Eh non, ils étaient pour nous... ! Je n'ai pas mis longtemps à faire ma présélection. J'avais retenu uniquement deux des cinq arrondissements de Paris proposés. C'était un choix stratégique, convaincue que les provinciaux fuiraient l'intra-muros et que cela pouvait être bénéfique pour ma carrière d'être passée par Paris. Je m'étais dit que personne ne se battrait pour ces places, donc je n'avais pas prévu de plan B.

Le jour du choix des postes faisait figure d'aboutissement de notre année de formation. Nous étions toutes et tous réunis dans l'amphithéâtre, les douze sections de l'école d'Oissel de la 184e promotion, alors que toutes les sections de toutes les autres écoles de France, Nîmes, Saint-Malo, Roubaix, Sens, Périgueux, etc., faisaient de même. C'était une sorte de téléconférence géante, puisque notre classement final était national. Le major de promotion était issu de l'école de Sens. Il avait la formidable opportunité de créer son poste, c'est-à-dire qu'il ne choisissait pas sur notre liste, mais sélectionnait un service de la police nationale, dans n'importe quelle ville, hormis les services soumis à des conditions d'admission comme l'ancienneté ou la réussite de tests (RAID*, BAC, par exemple). Le jeu en valait la chandelle puisque le major a choisi d'intégrer une PJ à Toulouse, là où il aurait fallu vingt ans pour l'obtenir en temps normal. Les noms défilaient, j'avais un bon classement, dans le premier tiers, donc peu d'inquiétude. J'avais tort : les deux postes que je visais partaient comme des petits pains. Ces deux arrondissements avaient chacun une dizaine de places. Visiblement, mes collègues de promo avaient eu le même raisonnement que moi et se les arrachaient. Ma cheffe, avec qui nous avions développé un lien très fort au cours de l'année, était à côté de moi lorsque vint mon tour et que je dus m'avancer au premier rang pour annoncer mon choix. Les deux arrondissements étaient toujours en lice mais l'un des deux ne proposait plus qu'une seule place. Nous avions échangé jusqu'à la dernière seconde, j'hésitais, je jonglais dans ma tête entre les deux postes. Elle m'avait dit de suivre mon instinct et c'est ce que j'ai fait. J'ai pris la dernière place de ce grand arrondissement parisien que je ne connaissais absolument pas. Et puis ce fut le tour de mes camarades, de mes ami(e)s, de Thomas. J'étais devenue très pote avec les mecs qui partageaient la chambre de Thomas, Antoine et Alex. Quand Antoine a choisi l'arrondissement limitrophe du mien, celui qu'il voulait depuis le début, et qu'Alex a pris un commissariat du 93 comme il le souhaitait, j'ai été très contente pour eux. C'était aussi l'assurance qu'on allait se revoir après l'école pour nos débuts, d'autant plus que Thomas avait finalement échappé aux services boudés comme la CGE (Compagnie de Garde Élysée), le CRA (Centre de Rétention Administrative) ou le dépôt* du TGI de Paris, malgré son classement dans le troisième tiers, pour atterrir en Compagnie d'Intervention, à la 12e. Il avait pu se renseigner au sujet de ce service et c'était ce qui se rapprochait le plus de ce qu'il voulait faire : CRS. Les Compagnies d'Intervention de la DOPC s'occupent de tous les événements qui se produisent dans Paris : manifestations, rassemblements, déplacements, célébrations, etc. Elles épaulent les CRS et les gendarmes mobiles sur le maintien de l'ordre, sécurisent des événements sportifs comme les soirs de match au Parc des Princes ou les locaux d'une ambassade. Les postes ouverts en CRS sur la liste à affectation Île-de-France étaient partis très vite, comme ceux disponibles à la BRF. Dans l'ensemble, notre section avait obtenu les postes désirés, à part quelques exceptions en fin de classement. Une grosse poignée allait débarquer dans le 93, une grande partie à Paris intra-muros comme moi, quelques-uns dans le 78 et le 92, et d'autres répartis dans les services de la DOPC. Nous étions satisfaits de nos choix et impatients d'y être. Quelques jours seulement nous séparaient de notre départ définitif.

31 juillet 2015. Nous y étions, enfin. Parés de nos tenues de cérémonie, prêts à défiler au son de la fanfare jouant la mythique musique de l'école de Saint-Cyr, *La Galette*, sans les paroles toutefois, une musique que l'on connaît tous pour l'entendre durant la majeure partie du défilé du 14 juillet. Certain(e)s y avaient d'ailleurs participé et avaient descendu les Champs-Élysées devant nos élus et les Français. De rudes sélections avaient eu lieu tout au long de l'année, supervisées par des CRS qui faisaient le déplacement afin de nous former à l'ordre serré « puissance défilé ». J'avais été sélectionnée pour faire partie du paquet final et défiler sur les Champs. Une sacrée fierté. Pour moi, pour ma famille. Et malheureusement, je me suis blessée quelques jours avant de partir à Satory pour les deux semaines d'entraînement. J'avais été extrêmement déçue, mais je n'avais d'autre choix que de laisser ma place. Je me suis donc rattrapée le jour de notre cérémonie de sortie. Torse bombé, tête haute, regard fier, bras tendus, mains dépliées, nous allions vivre nos derniers instants en section. Tous ensemble. Avant de nous séparer et de suivre chacun notre chemin, celui que la police était en train de tracer pour nous. Les premières notes avaient retenti et nous avions toutes et tous été gagnés par l'émotion, alors que nous descendions notre place d'armes devant nos familles et nos proches. Pour l'occasion, mes parents avaient fait le déplacement ainsi que ma cousine Océane et mes deux amies de fac Marie et Maddy. Je voyais dans leurs yeux qu'ils étaient impressionnés par un tel cérémonial, une découverte totale pour eux. Nous étions restés de longues minutes au garde-à-vous, le regard perdu au loin, embué, et le cœur serré de vivre ces derniers instants. Quelques mots du directeur, puis d'un élu qui avait fait le déplacement, et ce fut le moment de saisir notre casquette et de la jeter dans les airs. Comme pour envoyer valser la formation afin de laisser place à la réalité qui nous attendait.

J'avais vécu onze mois dans cette école avec ces personnes que je pouvais désormais appeler « collègues ». Notre cheffe nous avait fait un dernier petit discours d'encouragement pour nous souhaiter le meilleur, nous dire de croire en nous et surtout de faire gaffe à nos arrières. Son émotion était contagieuse, pour elle aussi une page se tournait. Elle nous avait chapeautés toute cette année, portant plusieurs casquettes : formatrice, mère de substitution, psy, amie, confidente et désormais collègue. Nous étions convaincus que sans elle, la route n'aurait pas été aussi belle et l'arrivée une telle réussite. *Ad vitam* elle restera « ma cheffe ». Les au revoir furent douloureux pour certains, tant était grande notre habitude de vivre en communauté. J'avais l'habitude de me réveiller et de voir la tête endormie de Louane, dans son lit en face de moi, les allers-retours de Leïla avec son visage fermé en mode *« faut pas me parler le matin »*, puis ce même visage mais sur Emma quand on se retrouvait en bas du bâtiment avant de former le carré pour rejoindre la place d'armes, carré où je me retrouvais aux côtés d'Antoine, toujours de bonne humeur, qui prenait un malin plaisir à me taquiner dès 7h40 comme un petit frère le ferait tous les jours. Le sourire doux de Thomas en toutes circonstances, le rire communicatif d'Alex, les voix des uns et des autres... Le lendemain matin, ils ne seraient plus là, j'allais me réveiller à Lille, dans mon appartement. Durant cette année, je m'étais découvert un vrai goût pour la vie en collectivité, une grande ténacité, un mental d'acier et une patience bien plus importante que je ne le pensais. J'avais grandi, mûri, évolué. J'étais devenue gardien de la paix.

3

COMMENT JE SUIS DEVENUE FLIC

PARIS, POLICE SECOURS

Le 2 septembre 2015, au milieu des centaines d'autres gardiens de la paix stagiaires[8] de la 184e promotion affectés en Île-de-France, je foulais pour la première fois les pavés de la cour de la préfecture de police de Paris, où nous étions tous réunis pour notre cérémonie d'accueil par le préfet et le ministre de l'Intérieur. Après avoir été rassemblés dans la salle des 167 policiers morts pour la Libération, nous avons pris place dans la cour du 19 août 1944 où nous avions au préalable reçu notre fourragère rouge et notre pucelle. Pour la petite histoire, la fourragère des policiers de Paris est rouge car suite à la participation active des policiers de la préfecture à la libération de la ville, la légion d'honneur a été attribuée à l'ensemble de la PP*. Quant à notre pucelle, elle supporte l'emblème de la ville de Paris : la nef, qui renvoie à la devise *Fluctuat Nec Mergitur*, « Est battu par les flots mais jamais ne sombre ». J'allais donc faire partie de ses protecteurs et de ceux qui faisaient en sorte qu'elle ne sombrait jamais.

S'en sont suivies deux semaines de formation, au cours desquelles nous avons été trimballés dans tout Paris pour nous former à l'usage de la radio et aux procédures à adopter dans les transports en commun, notamment en présence d'individus sur les voies, nous sensibiliser à l'action des pompiers de Paris, à notre histoire lors d'une visite au mémorial de la Shoah, aux risques d'attentats lors d'une conférence sur les mouvements radicaux, nous équiper en nous remettant notre arme de service qui allait nous suivre toute notre carrière, et bien d'autres choses. Mais nous n'avions tous qu'une hâte : rejoindre enfin notre service. Nous étions une dizaine à être

8 Après sa scolarité, le gardien de la paix a le statut de stagiaire pendant un an. Si cette année se déroule correctement dans son service d'affectation, il devient gardien de la paix titulaire. La titularisation peut être refusée s'il ne respecte pas les conditions de validation.

affectés dans le même commissariat et nous nous y étions rendus ensemble afin de préparer notre arrivée toute proche.

L'attente fut finalement de courte durée, et le 14 septembre 2015 je me rendais enfin dans « mon » commissariat, celui qui allait accueillir mes premiers pas de flic et tout m'apprendre. Je ne vous le cache pas, je stressais. Je voulais à tout prix faire bonne impression, que l'on se dise que l'on pouvait compter sur moi, que j'étais une bonne collègue, que je tenais la route, mais j'ai vite compris que seul le temps pourrait le démontrer et que pour l'instant, je n'étais rien. J'avais tout à prouver et à apprendre. Notre première semaine était organisée de telle sorte que nous puissions faire un passage dans tous les services du commissariat, hormis ceux de voie publique ; et en effet, cela n'avait rien à voir avec l'organisation d'un commissariat de province, comme celui que j'avais connu à Lille lors de mon stage. Nous étions à Paris, tout était déconcentré sur différents sites, mais chaque arrondissement possédait un schéma identique. La sécurité publique d'un côté, regroupant les unités de voie publique : les PS (brigades de Police Secours), les brigades VTT, les GSQ* (groupes de soutien des quartiers) ou BST* (brigades spécialisées de terrain), et les BAC (brigades anti-criminalité) ; et le SAIP* de l'autre (Service de l'Accueil et de l'Investigation de Proximité) qui traite les aspects judiciaires et est composé de plusieurs unités d'investigation : la BDEP* (Brigade de Délégation des Enquêtes de Proximité) qui s'occupe notamment de la prise de plainte, la BTJTR* (Brigade de Traitement Judiciaire en Temps Réel) qui traite principalement le flagrant délit, la BLPF* (Brigade Locale de Protection de la Famille), spécialisée dans les affaires de violences intra-familiales et les mineurs auteurs, et la BEI* (Brigade des Enquêtes d'Initiative) qui travaille plutôt en préliminaire sur des dossiers un peu plus spécifiques, notamment les stupéfiants et les vols avec violence. En outre, chaque commissariat parisien possède un SLT (Service de Liaison et de Transmission), que l'on appelle dans notre jargon

« TN »* et dont le rôle est de rester en contact permanent avec les effectifs de voie publique par l'intermédiaire d'un système radio, de recevoir les appels 17 Police Secours de l'arrondissement, de traiter les télégrammes ou encore de visionner les caméras de vidéo-surveillance de la ville. La Mission de Prévention et de Communication, quant à elle, est composée de policiers souvent issus de la voie publique qui se déplacent dans les écoles pour parler des conduites à risque, effectuent des réunions de sensibilisation aux risques de cambriolage auprès des personnes âgées et des commerçants, et forment du personnel aux questions de sécurité. Enfin, d'autres services administratifs permettent d'assurer le bon fonctionnement d'un commissariat et de ses quelques centaines de fonctionnaires. J'allais devoir m'habituer à cette nouvelle nomenclature propre à la PP. On m'avait dit : *« Tu vas voir, Paris, c'est spécial. La PP, c'est un monde à part, comme un État dans l'État. »* Beaucoup de légendes urbaines perdurent dans nos rangs à son sujet : *« Tu ne pourras pas faire un pas sans ta casquette vissée sur la tête », « Le préfet de Paris est ton unique boss, personne d'autre n'a d'autorité sur toi », « Le préfet de Paris est hiérarchiquement l'égal du DGPN* (directeur général de la police nationale) », « À Paris, tu vas ne faire que bitumer* », « Tu vas avoir tes galons beaucoup plus vite qu'ailleurs »*... Était-ce vrai ? J'allais rapidement le savoir.

À la fin de cette première semaine, nous avons été informés de notre service d'affectation au sein du commissariat. Nous avions pu émettre des desiderata entre la PS de jour ou de nuit, la BDEP et la BTJTR. Du fait de mon parcours et de mon attrait pour l'investigation, je m'étais positionnée sur la BTJTR. La décision finale ne nous revenait pas et jusqu'au dernier moment, du fait du jeu des chaises musicales qui a lieu à chaque rentrée dans les services, les places ont évolué. Nous avons finalement été réunis le vendredi, en présence de l'ensemble de la hiérarchie du CIAT* : le commissaire central et son adjoint, le commissaire du SAIP, le commandant de VP* et son adjoint, le lieutenant du SAIP et les majors de brigade (chefs des brigades de Police Secours). Rebelote, chacun notre tour, nous avons dû nous présenter et relater notre parcours ; la moitié d'entre nous avaient fait des études supérieures et pour ne pas changer, cela semblait surprendre.

Contre toute attente, et surtout la mienne, j'ai été affectée en brigade de Police Secours. Moi qui ne me voyais qu'en service judiciaire depuis le début, ce fut un sacré changement de cap. C'était la décision de la hiérarchie et je ne pouvais aller à l'encontre. Je n'étais pas déçue mais désabusée, j'avais du mal à me projeter en PS. Même si, pendant mon stage, cela ne m'avait pas déplu du tout, je ne me sentais pas de prédispositions particulières, j'avais même la certitude de n'être pas faite pour ça. Mais bon, c'était ainsi, j'allais m'y faire, et puis ma cheffe n'avait fait que répéter pendant notre scolarité que la brigade était un passage essentiel et obligatoire pour tout flic qui se respecte. Je commençais donc deux jours plus tard dans cette brigade de jour, avec un cycle horaire en 4/2[9], typique des brigades parisiennes. Le temps de m'accoutumer à l'idée ! Naïvement, je n'avais absolument pas envisagé cette possibilité alors qu'il est bien connu que lorsque l'on sort d'école, on ne choisit aucunement son service et qu'à 90 % du temps, il s'agit de la brigade.

C'était le grand jour. Mon vrai premier jour de gardien de la paix stagiaire. J'ai présenté à l'entrée du commissariat ma carte de réquisition[10], ce Graal qui nous avait été remis en école, peu de temps avant que nous la quittions, et qui faisait de nous un membre officiel de la police nationale française. Deux plantons sécurisaient

9 4 jours travaillés, 2 jours de repos. Le premier cycle de 4 jours étant un cycle de matin avec une prise de service à 6h30 et une fin à 14h40 ; le second cycle s'enchaîne après 2 jours de repos, pour 4 jours d'après midi / soirée avec une prise de service à 14h30 et une fin à 22h40. Et ainsi de suite. Les jours de repos changent chaque semaine, donnant droit à un « samedi dimanche » toutes les 6 semaines.
10 Carte professionnelle estampillée « police ».

l'entrée, harnachés chacun d'un lourd gilet pare-balles, l'un d'eux porteur d'un pistolet-mitrailleur Beretta. Les attentats de *Charlie* étaient encore dans les têtes de tout le monde et surtout des flics parisiens. Ils ne pouvaient bien sûr pas savoir qui j'étais, surtout qu'il s'agissait de la brigade nuit que je n'avais pas eu l'occasion de croiser durant la semaine précédente. Je me suis présentée comme une nouvelle et me suis dirigée vers les vestiaires. Il était 6 heures, le réveil à 4h30 avait été violent, mais ce n'était que le premier d'une longue série ! Dans les vestiaires, j'ai rencontré quelques-unes des autres nanas qui composaient ma brigade. Présentations sommaires, sourires forcés et chacune reprenait ses occupations. Je me suis dirigée vers mon casier et ai commencé à me changer. Je ne le savais pas encore, mais c'était le premier jour d'un rituel qui perdurerait durant des années. Parce que oui, il s'agissait d'un rituel. Celui où tu quittes ta vie civile et ton apparence de « madame Tout-le-monde » pour revêtir l'uniforme bleu marine, représentant l'État et la loi, et devenir gardien de la paix. L'ordre était toujours le même : poser mon sac de sport contenant mon uniforme propre, poser mon sac à main, en extraire l'étui contenant ma carte de réquisition et ma CB, mon téléphone portable, mon rouge à lèvres et les clés de mon casier, ouvrir mon casier, poser mon cadenas sur la porte, les clés aux côtés de mes autres effets sur le banc, sortir mon sac à dos pour le boulot qui était à l'intérieur, descendre mes rangers posées sur le dessus du casier pour les poser au sol, retirer mon treillis, mon t-shirt blanc, ma chemise (polo maintenant), ma paire de chaussettes noires et les poser sur le banc, poser mon sac sur le dessus du casier, ouvrir, retirer et placer ma veste sur un cintre dans mon casier, retirer mon arme à la ceinture et la placer sur le banc, me déshabiller, enfiler mon uniforme, accrocher mon ceinturon, placer mon arme à la ceinture dans son étui, mettre mon gilet pare-balles, puis le k-way ou rien selon la météo, placer mon gilet tactique par-dessus, m'attacher les cheveux tirés en queue-de-cheval, vérifier que rien ne dépasse, placer ma montre Geonaute au poignet, trois pschitt de parfum, refermer le casier, placer ma carte de réquisition dans la poche latérale gauche de mon treillis, mon téléphone dans la poche haute de mon gilet tactique, les clés dans le sac à dos, et terminer par une touche de rouge à lèvres. Toujours. Ces gestes, je les répète depuis plus de quatre ans, toujours dans le même ordre, sans variation. Je pense qu'ils font partie de mon conditionnement avant de prendre le service. On a l'habitude de dire chez nous que l'on « laisse sa vie et ses problèmes au casier », comme on est censé laisser l'uniforme et le boulot aux vestiaires en fin de service. Mais ça, c'est bien plus compliqué.

À 6h10 pétantes, je suis sortie du vestiaire et j'ai rejoint la salle de pause pour me faire couler l'indispensable café. J'y ai découvert des hommes et des femmes, presque tous et toutes une tasse dans les mains, en train de discuter, de rire, ou bien, pour certains, le regard dans le vide : mes collègues de brigade. Rapide tour de table pour se présenter de nouveau, presque une quinzaine de têtes et de prénoms à retenir en quelques minutes ! À 6h15, quelques-uns quittèrent en même temps la salle : c'était la relève. Pourtant, notre prise de service était prévue à 6h30 ? « *Ah ouais mais non, chez nous t'as une coutume, le poste et la PS doivent être relevés à 6h15, 14h15 ou 22h15 selon le cycle, c'est comme ça depuis toujours. Et t'avise pas de relever en retard ou tu vas ramasser !* » En même temps, en relevant un quart d'heure avant notre prise de service, c'était compliqué de relever en retard ! Je me suis dit que c'était une drôle de coutume, que si tout le monde prenait à l'horaire prévu, ça revenait au même, mais « *c'était comme ça* ». Le service du lendemain était communiqué la veille afin que chacun connaisse le poste qu'il occuperait et puisse prévoir cette fameuse relève anticipée.

6h30, heure de l'appel. Une sorte de revue des troupes effectuée par le major de brigade et ses gradés (brigadiers et brigadiers-chefs), qui constituent la « gestion » ; ce sont eux qui prévoient les services, accordent nos congés, font l'intermédiaire avec la hiérarchie supérieure. On nous rappelle notre service, en y ajoutant les missions et recommandations du jour : effectuer un contrôle routier implanté à telle adresse, une opération diverse (contrôle d'identité, recherche de stupéfiants ou d'armes, lutte contre la vente à la sauvette, recherche de personnes ayant une obligation de quitter le territoire national car en situation irrégulière, etc.) sur tel secteur, point de sécurisation fixe (bitume) ou dynamique (véhiculé), etc. C'est l'occasion d'un briefing, mais aussi d'un debriefing de la vacation* de la veille si nécessaire, de prendre le moral des troupes, de faire des remarques ou suggestions de part et d'autre... Ce jour-là, le major de la brigade avait tenu à nous réserver quelques mots pour nous souhaiter la bienvenue. Nous étions trois nouveaux stagiaires. J'étais donc accompagnée de Laura, une grande blonde toute fine, très jolie, âgée d'à peine 21 ans, qui arrivait de Normandie. Elle avait suivi la formation de cadet de la République, mais avait obtenu son concours de GPX* dans la foulée. Elle n'avait connu que ça, n'avait jamais fait un autre boulot et ne jurait que par la police. Avec nous aussi, Alexis, un mec du même âge que moi, typé Espagnol, plutôt beau gosse, toujours la banane et le mot pour rire. Il venait du centre de la France et avait fait des études de droit avant de se spécialiser dans la sécurité et d'obtenir le concours. Il aurait pu faire officier mais la difficulté du concours l'en avait dissuadé. Et puis, il voulait *« être flic »*. Ah ! On avait donc quelques points communs, nous devrions bien nous entendre. Nous étions donc les trois petits derniers, les « bitos* » dans notre jargon, ou les « mono galon ». Certains trouvent ces surnoms péjoratifs, rabaissants ou humiliants. Pas moi, car ils sont employés sans arrière-pensée négative ou méchante. Nous étions les nouveaux, les bébés police et il n'y avait pas de mal à le dire et à être désignés comme tels. Je le reconnais, les premières fois, j'ai tiqué. Et puis j'ai vite compris que ça faisait partie de notre folklore et que ceux qui m'appelaient ainsi avaient connu cela avant moi. C'est le cycle de la vie d'un gardien de la paix en PS, il débute et apprend son métier au contact de ses collègues et au fil des interventions, pour devenir ensuite celui qui va apprendre à un plus jeune, etc.

Cela faisait quelques années que ma brigade n'avait pas connu une arrivée aussi massive de sang frais. Composée d'une majorité d'anciens, elle détonait totalement avec la légende urbaine selon laquelle les brigades de PS à Paris sont hyper jeunes et que le plus ancien a trois ans de boîte* ! La mienne comptait deux bricards* qui avaient une quinzaine d'années d'ancienneté, trois sous-baloches qui étaient à Paris depuis une dizaine d'années et plusieurs GPX qui avaient entre trois et six ans d'expérience. Seuls deux GPX étaient arrivés un an plus tôt et venaient tout juste d'obtenir leur titularisation, Jonathan et Carla. Jonathan était un ancien ADS de banlieue, Parisien pure souche, à l'humour douteux : seuls notre major et lui comprenaient ses blagues ! Toujours de bonne humeur, il avait cette dose de folie décalée précieuse à une brigade. À côté de cela, c'était un très bon collègue doté dès ses débuts d'un flair solide. Carla, un petit bout de nana, 1,60 m et quelque, aux origines espagnoles et à l'accent chantant du Sud-Ouest, inséparable de ses lunettes rondes, avait un rire à vous faire pleurer et une joie de vivre inspirante. Elle aussi avait fait des études de droit et avait le goût du travail bien fait. De toute évidence, nous avions beaucoup en commun et nous sommes très vite devenues « copains comme cochons », partageant beaucoup de moments inoubliables au boulot mais aussi hors service ; c'était mon binôme.

L'ambiance de brigade a ce côté particulier que tu as l'impression d'être au boulot avec tes potes. Tous les flics vous le diront, aucun autre service ne s'en approche. C'est dans le prolongement de celle que l'on peut connaître en école de police, si ce n'est que nous sommes en service. Il y en a toujours un ou une pour faire rire la galerie, remonter le moral des troupes, lancer des défis à la con, faire des farces à l'un ou à l'autre, mais aussi pour remettre en place les esprits trop dissipés ou offrir une oreille attentive à ceux qui en ressentiraient le besoin. C'est une famille mésestimée et inestimable, celle qui réunit les expatriés, loin des leurs et encore jeunes. La brigade, c'est surtout une expérience humaine que l'on se prend en pleine face dès les premiers jours, où l'on réalise rapidement que nous sommes tous et toutes différents, avec des caractères, parcours et origines variés, mais que nous ne faisons qu'un, à la vie, à la mort ; car nous prenons totalement conscience des enjeux et des risques du terrain quand on commence à le fouler.

Mes premiers jours de brigade, je n'étais pas spécialement prolixe, mais plutôt dans le retrait et l'observation. J'étais tombée dans un groupe déjà constitué, déjà complice, où les affinités étaient fortes et qui évoluait déjà quotidiennement ensemble avant notre débarquement. C'est toujours difficile de trouver sa place quand on commence un nouveau boulot et qu'on intègre une équipe. Mais ce n'est rien comparé à une brigade de PS ! Je sentais qu'on m'analysait sous tous les angles, que les questions que l'on me posait n'étaient pas anodines mais visaient à savoir si je n'allais pas être un grain de sable qui enrayerait leurs rouages bien huilés. Ils étaient méfiants, mais c'était finalement rassurant de voir qu'ils veillaient sur cet esprit de groupe, mais aussi les uns sur les autres. Ayant à cœur d'être intégrée naturellement et pour ce que j'étais, je n'ai pas cherché à les brusquer ou à forcer le destin. Je me suis plutôt faite toute petite, attentive aux directives et aux consignes de chacun, mettant tout en œuvre pour reproduire correctement leurs conseils et leurs ordres, afin d'être rapidement opérationnelle. Et puis ma place s'est faite toute seule et très vite et que ce soit Laura, Alexis ou moi, nous avions la sensation d'avoir toujours fait partie de la brigade et qu'elle était faite pour nous. Quitte à se demander si la hiérarchie ne nous y avait pas affectés en connaissance de cause !

La tradition, quand on rejoint un service en police, est d'organiser un pot d'arrivée, qui peut prendre la forme d'un petit déj' (sucré et surtout salé vu nos horaires !), d'un goûter si c'est pendant les heures de travail, ou d'un apéro après le service. Gare à celui ou celle qui tenterait de s'y soustraire, car le courroux de la brigade s'abattrait sur lui ! Avec mes acolytes de promo, nous nous y étions collés sur une vacation de matin à base de saucisson, pâtés, rillettes et pains au chocolat. Ou chocolatines pour les sudistes parmi nous ! Oui, c'est ça la richesse de la brigade, nous venions de toute la France et de tous les milieux. On apprenait de chacun et chacun veillait sur tous les autres.

C'est dans ce climat que j'ai pu faire mes premiers pas de GPX et mes premières interventions. Il n'y a pas plus riche et varié que la Police Secours, tant les missions se suivent mais ne se ressemblent jamais. J'étais incapable de savoir, à ma prise de service, ce que j'allais vraiment faire durant les heures qui suivaient. Je me souviens de ma première vacation en véhicule comme si c'était hier. Nous étions quatre, le chef de bord était un des brigadiers, Maxime, le chauffeur un sous-baloche, Adrien, et avec moi derrière il y avait une GPX de trois ans d'ancienneté, Clémentine. Nous étions le véhicule principal de l'arrondissement, le primo-intervenant, notre indicatif radio était donc PSXX, XX correspondant au numéro de l'arrondissement ; par exemple, si je suis sur le 12e arrondissement, l'indicatif pour trafiquer sera PS12. Maxime tenait absolument à me mettre dans le bain direct et m'avait confié la mission d'effectuer la prise d'écoute. Me voilà avec mon Acropol* dans les mains, à me racler la gorge et à me lancer, la voix un peu tremblante. Parce que oui, tous les collègues sur la conférence radio allaient m'entendre ! Fallait pas que je me loupe !

« TNXX (numéro de l'arrondissement) de la PSXX.

– Transmettez PS !

– Oui, bjr TN, prise d'écoute de la PSXX équipée à 1+3, 2 effectifs féminins, à bord du véhicule immatriculé Alpha Bravo 123 Charlie Delta, équipés lourd, un effectif porteur Taser, RFGI 890.

– C'est pris à TN, bjr à vous ! »

Honnêtement, j'étais en sueur à la fin ! Mais je m'en étais sortie comme une cheffe. Avant cette prise d'écoute, nous nous étions équipés en matériel collectif : gilets pare-balles lourds dans le coffre, un par personne, casques, bouclier, Acropol, etc. De son côté, le chauffeur doit faire le tour du véhicule, vérifier son bon fonctionnement, noter sur un carnet de bord son kilométrage et son état, en mentionnant les enfoncements, rayures ou dysfonctionnements. Il en est pleinement responsable. S'il estime que le véhicule n'est pas apte, il se doit d'en changer et de l'immobiliser. C'est seulement une fois que tout ceci est effectué que nous sommes parés pour partir en patrouille.

Ce jour-là, Maxime voulait me faire découvrir l'arrondissement, que je ne connaissais absolument pas. Il avait donc demandé à Adrien d'emprunter les rues limitrophes qui en constituent le contour, afin de visualiser notre « terrain de jeu » et de commencer à retenir ma « topo ». Un policier de PS doit être en mesure de situer la quasi-totalité des rues de son arrondissement ou de sa circo au bout de quelques mois. À l'heure du « tout GPS », je ne comprenais pas spécialement pourquoi. Adrien et Maxime n'avaient pas eu de mal à me convaincre : *« C'est pas compliqué, ta topo, c'est ton arme secrète, celle qui va permettre de 1) te démarquer des autres collègues, 2) te démarquer des "crapauds" qui ne connaîtront pas bien le terrain et de les choper. Quand tu seras appelée en urgence quelque part, si tu connais ta topo, t'auras pas besoin de regarder ton GPS. Et parfois, quelques secondes peuvent faire la différence. Par exemple, si un renfort collègue tombe, que ton pote est en train de se faire défoncer par une dizaine de mecs, mais que tu ne sais pas où il faut aller, ça peut le tuer. Ou au contraire, si tu visualises direct, le sauver.* » Ok. J'avais compris l'importance de connaître son territoire sur le bout des doigts. À partir de cette première sortie, j'ai mis un point d'honneur à devenir incollable sur le sujet.

À peine avons-nous eu le temps de finir notre tour de reconnaissance qu'un premier appel est tombé. Ma première mission « chez moi » !

« PSXX de TNXX. Vous allez vous rendre au 48, rue des Fleurs pour un voleur interpellé au magasin Galeries Lafayette. »

Nous arrivons rapidement sur place. Le requérant* se présente à nous : il s'agit du gérant du stand d'une marque de luxe. Maxime, en bon chef de bord, prend les devants et les premières informations. Au préalable, il nous a annoncés « sur place » à TN, afin que les collègues à la radio soient au courant de notre position. De mon côté, je ne veux pas m'imposer et reste en retrait pour observer mes collègues. Maxime et Adrien écoutent attentivement le gérant expliquer qu'un individu de sexe féminin, âgée d'environ 30 ans, autour de 1,60 m, cheveux châtain clair coupés court, vêtue d'un jean bleu clair, d'un débardeur et d'une veste blancs, porteuse de chaussures compensées noires et d'un tatouage sur la poitrine, s'est emparée d'un sac à main sur un présentoir, l'a placé sur son épaule et a franchi les portiques de sécurité situés après les caisses, au niveau de la sortie du magasin. Le gérant a ensuite stoppé l'auteure des faits sur le trottoir à 15h15 et a fait appel à nos services. Le préjudice est d'une valeur de 695 € (prix du sac) et le magasin souhaite déposer plainte. Nous nous rendons alors au poste de sécurité où je découvre une jeune femme bien sapée, plutôt jolie, qui ne semble pas du tout dans le besoin. Le sac à main est posé à côté d'elle avec une facture. Le gérant nous les remet puisque nous devons les appréhender pour remise à l'OPJ (il s'agit de l'objet du délit, il est donc nécessaire pour constituer l'infraction. Hormis les denrées alimentaires, les objets d'un vol sont toujours appréhendés et rapportés au service avant d'être remis à leur propriétaire). Maxime me demande immédiatement de palper la jeune femme afin de vérifier qu'elle n'a rien de dangereux ou d'illicite sur elle, puis de relever son identité. Je m'exécute et me remémore les gestes appris en école. Tout de suite, Adrien vient vers moi et me dit : « *Oublie la palp' école, cherche là où tu penses trouver et demande-toi où tu planquerais quelque chose si t'étais à sa place.* » En évitant bien évidemment les parties génitales, je marque un temps d'arrêt au niveau de l'interstice de la poitrine et du soutien-gorge où, avec les pressions effectuées avec la pulpe de mes doigts, je sens quelque chose de « pas naturel ». Je lui demande de me présenter ce qu'elle a dissimulé dans son soutien-gorge. Elle sort alors une dizaine de produits de maquillage de luxe. Je n'en reviens pas de tout ce qu'elle avait mis là-dedans ! Il y en a pour plus de 1000 € de préjudice au total. Curieuse, je demande à la jeune femme pourquoi elle a fait ça ; elle me répond : « *Je voulais ce sac, c'est tout, donc je l'ai pris. Les autres trucs, j'sais pas, c'était comme ça.* »

Ah ouais… On oublie vite l'image de la mère qui vole de quoi manger pour nourrir son gosse. J'ai rapidement compris que la plupart du temps, les voleurs ne volent pas par nécessité mais par pulsion et surtout par intérêt, pour revendre. Parfois, cela cache un vrai business. Comme celles ou ceux qui dérobent des quantités de produits de beauté, de tablettes de chocolat, de rasoirs ou de brosses à dents électriques pour les revendre sur le marché à Barbès. C'est leur job, comme d'autres sont coiffeurs, serveurs, médecins ou vendeurs. En l'occurrence, elle a fini en GAV* et visiblement, après consultation du TAJ*, elle était coutumière du fait. Elle n'en était pas à son coup d'essai. En revanche, il s'agissait de ma première interpel ! Ce n'était qu'un vol étal' mais je m'en souviens encore. En bonne bitos que j'étais, je me suis collée à la rédaction du PV d'interpellation (PVI*). Quand t'es le petit jeune de l'équipage, la coutume veut que ce soit toi qui te tapes les différentes rédactions : main courante, PV, PROCEA*, etc. Quelle meilleure façon d'apprendre qu'en pratiquant ? Alors parfois, les anciens nous mettaient une petite pression, à coup de : *« Il te faut un C.A* pour faire ton PVI ? »* ou *« Magne-toi le cul, t'es plus lente que ma grand-mère »*. La règle veut qu'il ne faut pas plus de 20 minutes pour faire un PVI. En réalité, mes premiers, je mettais parfois presque une heure ! L'envie de bien faire, de réfléchir à ne rien oublier, à comment tourner ses phrases... Très vite, les bloquages disparaissent et les automatismes se mettent en place, d'autant plus que certaines formulations se retrouvent dans tous les PV, tandis que d'autres sont spécifiques à certains types de faits. Seule la répétition permet de progresser. Aujourd'hui, mes PVI ne me prennent effectivement pas plus de 20 minutes !

Une autre mission typique de Police Secours, c'est le « Delta Charlie Delta » ou DCD*, lorsqu'une personne est découverte décédée à domicile. Nous redoutons tous d'y être confrontés pour la première fois ; aucun de nous ne peut savoir à l'avance comment il va le supporter. Pour ma part, j'avais déjà vu des morts. Des proches. En 2008 et 2009, j'avais malheureusement eu à vivre une série de décès et j'avais tenu à voir les corps durant la traditionnelle veillée. Mais là, c'est différent. Il s'agit de complets inconnus, parfois décédés dans des circonstances suspectes ou tout du moins spéciales. Mon premier « delta », de la même manière que ma première interpel', je m'en souviens parfaitement.

Nous sommes en cycle de matin, je dois être en brigade depuis environ trois semaines. Je « chauffe » mon major, on me prévient dès la prise que c'est un chat noir de l'espace, donc que j'ai intérêt à me préparer. 7h30, premier appel :

« TVTJ de TNXX. 4 rue de l'Abreuvoir, pour un Delta Charlie Delta à domicile. »

C'est également la première fois que je conduis une voiture « police »... et que je conduis à Paris tout court. Rien d'extraordinaire, vous me direz. Sauf que ce n'est pas n'importe quelle bagnole. Premièrement ce n'est pas la mienne, deuxièmement elle appartient à l'État, troisièmement tout le monde nous regarde quand on conduit une voiture police, quatrièmement je suis responsable de l'intégrité physique de mes collègues à l'intérieur. Bref, je ne suis pas spécialement à l'aise. Et puis, il faut être honnête, à Paris, les gens sont fous ! Entre les voitures, les vélos, les scooters, les trottinettes, les rollers, les overboards, les piétons, il y a de quoi s'arracher les cheveux au début ! Bref, je nous conduis en vie jusqu'à l'adresse de la mission. Un homme d'une cinquantaine d'années nous attend sur le perron. Il nous explique avoir découvert le corps sans vie de son ami ce matin, à 7h15, et nous avoir appelés directement. Il n'avait pas de nouvelles de lui depuis plus d'une semaine. Ayant un double des clés, il est venu voir si tout allait bien. Il précise n'avoir touché à rien, mais avoir vérifié le pouls de son ami en plaçant ses doigts au niveau du cou. Il nous désigne l'appartement en question, en rez-de-chaussée, et nous lui demandons de rester à l'extérieur afin de procéder aux premières constatations, comme la procédure le préconise. Mon major ouvre la porte et stupeur ! je prends une odeur fétide en pleines narines. Un mélange de viande avariée, de pourriture, de liquides acides stagnants, de pisse et de merde. Bordel, c'est donc ça l'odeur de la mort ! Je suis prise immédiatement de haut-le-cœur, tant je ne m'attendais pas à une odeur si puissante ni si invasive. Passées les premières secondes, je m'habitue et m'évertue à ne pas respirer à pleins poumons, préférant reprendre mon souffle par la bouche. Mon major m'observe du coin de l'œil, esquisse un sourire, mais de son côté ne bronche pas d'un sourcil. C'est loin d'être son premier et il en a vu de bien pires... Autre sujet de stupéfaction : il ne s'agit aucunement d'un appartement, mais d'un... cagibi ! La pièce fait à tout casser 6 m², tout en longueur et aménagée comme une cabine de bateau. Sur la gauche, dès l'entrée, des WC surmontés d'un lavabo, puis une sorte de table ou de bureau dans le prolongement ; au-dessus de l'ensemble, un lit, ou plutôt une banquette. Sur la droite, un frigo, des plaques de cuisson et un ersatz de plan de travail ; au-dessus, des placards jusqu'au plafond.

Entre les deux, un passage à peine suffisant pour un homme seul, avec une chaise au milieu. Le mot « spartiate » n'est pas suffisamment fort pour décrire les conditions dans lesquelles cet homme avait vécu. Je reste sans voix. Comment est-il possible de vivre de cette manière ? Dans un endroit si petit ? Encore aujourd'hui, je n'ai pas la réponse et je suis toujours aussi choquée face à certaines situations. Vous l'aurez deviné, le corps se trouve sur le lit, à gauche, et son gabarit est tel qu'une vingtaine de centimètres à peine le séparent du plafond. Il doit peser au moins 110, voire 120 kilos. Mon major se hisse jusqu'à son chevet, redescend, m'invite à faire de même. Me voilà donc presque nez à nez avec cet homme. Son visage est noirâtre avec des touches de violacé, la bouche et les yeux, gonflés, sont grands ouverts, un liquide spongieux d'une couleur indéfinissable, entre le jaune et le marron, s'échappe de ses orifices, ses mains comme ses parties génitales (il ne porte qu'un t-shirt) ont également viré au foncé. Tout indique que le processus de putréfaction est déjà bien avancé. La rigidité cadavérique a disparu, le corps semble relâché, amolli, en pleine décomposition. Je prends le temps de tout analyser, comme c'est notre rôle. Était-il malade ? La porte était-elle verrouillée de l'intérieur ? A-t-il des traces de coups ? Sa position est-elle normale, logique ? Y a-t-il un désordre apparent ? Quelque chose laisse-t-il supposer une lutte ? Un suicide ? Ou bien semble-t-il s'agir au contraire d'une mort naturelle ? Il ne faut rien laisser au hasard. Vérifier le courrier dans la boîte aux lettres si l'on peut, afin de savoir depuis quand il n'a pas été relevé, demander aux voisins quand ils l'ont vu pour la dernière fois, regarder ses tickets de caisse... Il faut aussi mettre la main sur une pièce d'identité officielle afin d'établir, le moment venu, le certificat de décès. Ici, rien n'est suspect. Tout est en ordre, la porte était verrouillée, pas de trace d'effraction, la victime souffrait d'un cancer du foie. C'était un immigré polonais, arrivé dans notre pays il y a plusieurs dizaines d'années pour trouver du travail. Il avait obtenu son titre de séjour et enchaînait les petits boulots. Il n'avait aucune famille en France, pas de femme, pas d'enfant, uniquement cet ami. Une vie de labeur pour finir seul sur sa couchette. Je trouve cela tellement triste. Mais je ne peux pas le laisser transparaître, ce n'est pas mon rôle, ni ma mission. Une fois ces premières constatations faites, mon major effectue un compte-rendu radio afin d'en aviser l'OPJ* de permanence. Le défunt étant relativement jeune (50 ans), l'OPJ nous informe qu'il va se déplacer. En attendant, nous demandons à un médecin de venir procéder à l'examen de la victime, pour établir à l'issue un certificat de décès : avec obstacle s'il estime que le décès est suspect au vu de l'âge, de l'état du corps, des circonstances de la découverte ou s'il s'agit en apparence d'un suicide ; ou bien sans obstacle s'il juge qu'il s'agit d'une mort naturelle. S'en suivent de longues minutes d'attente. Le médecin arrive aux alentours de 10 heures, l'OPJ est déjà reparti après un rapide passage. Vu les faits, il n'était pas nécessaire qu'il reste plus longtemps. Rien de suspect non plus selon lui. Pas d'obstacle d'après le médecin, certificat établi, nous n'avons plus qu'à attendre le service des pompes funèbres pour la levée du corps qui, faute de famille sur place, allait être transporté à l'IML* pour examen externe. Les minutes d'attente se transforment en heures. À rester aux côtés de ce corps sans vie. À côtoyer la mort d'aussi près. Sentiment très particulier. J'ai l'impression de prendre un café avec la grande faucheuse. Pourtant, très vite, j'oublie la présence du mort. Mon cerveau débranche, davantage encore qu'il ne l'avait déjà fait à la découverte du « delta », et se met en mode « vie normale ». Je parle de la pluie et du beau temps avec mon major, je me surprends à avoir faim, très faim, il me dit que *« c'est normal, c'est l'instinct de survie. Face à la mort, ton corps veut continuer à vivre. Et quoi de plus vivant que de manger pour se maintenir en vie ? »* Et c'est vrai, j'ai envie d'une bonne entrecôte. De viande. J'ai horriblement faim, une sensation de gouffre à la place de l'estomac, un immense vide qu'il fallait à tout prix combler. Les pompes funèbres arrivent enfin, il est presque midi. Nous sommes là depuis quatre heures. Ils découvrent à leur tour le corps surélevé et le placard qui lui servait de maison. Ils se grattent la tête et se demandent comment ils vont s'y prendre pour le descendre. Munis de leur sac mortuaire et de leur brancard, ils n'ont que la force de leurs bras. Ils essayent une fois, deux fois, trois fois de le manipuler. Rien à faire. Mon major me tape dans le dos à travers mon pare-balles et me dit : *« Allez, viens, on va leur filer un coup de main. »* Silence. Arrêt sur image. Je vais devoir le toucher. Ok. Je vais toucher ce mort qui pue, qui se décompose totalement, le porter et le mettre dans le sac. Je mets mes gants et me voilà en train d'escalader la cabine, les jambes écartées dans le vide, un pied calé sur le plan de travail, un autre le long du lit, les fesses et le bas du dos contre la paroi du mur. Je m'empare de ses chevilles, mon major et les deux employés des pompes funèbres se chargent du buste et du haut du corps. 1, 2, 3 ! On le porte à bout de bras, des filaments de chair et de liquide se répandent sur le lit, presque collés, je suis à deux doigts de vomir la bile que j'ai dans l'estomac, n'ayant rien avalé depuis 5 heures du mat', mais je prends sur moi. Nous parvenons à descendre le corps tant bien que mal, le plaçons dans le sac et le zippons. Embarqué sur le brancard, il quitte ensuite rapidement l'unique pièce du logement, et nous retrouvons enfin le monde des vivants.

Ce jour-là, je découvre aussi que l'odeur de la mort, si particulière, ne nous quitte pas. Je l'ai portée sur moi toute la journée, elle imprégnait mes vêtements, mes cheveux, elle me restait dans le nez, dans la bouche, je ne sentais qu'elle, elle me collait à la peau, comme si elle devenait mon propre parfum. Le plus difficile, ce n'est pas la vue de la mort, mais son odeur. On l'embarque avec nous. Je ne m'en suis débarrassée qu'une fois chez moi, après avoir pris une douche. Et encore : on a beau se laver, elle ne disparaît pas, pas vraiment. Parfois, on l'oublie. Mais elle revient, tenace, persistante, comme le rappel sournois de sa présence. Il faut juste apprendre à vivre avec. Si vous la connaissez, vous savez comme moi qu'elle est unique et qu'on la reconnaît immédiatement.

J'avais donc survécu, sans mauvais jeu de mots, à mon premier « delta ». Il était rude, et l'avoir supporté m'a rassurée : j'étais consciente que cela ferait dorénavant partie des missions auxquelles je serais souvent confrontée.

Autre mission quotidienne de Police Secours : le différend familial. L'école nous y sensibilise tout particulièrement, notamment lorsqu'il débouche sur des violences volontaires, quelle que soit la forme sous laquelle il se présente : disputes verbales virulentes entre enfants et parents, mari et femme (on parle dans ce cas de différend conjugal), frères et sœurs, bref, entre membres d'une même famille. Mon premier différend familial à Paris fut plus inattendu, puisqu'il opposait une grand-mère et son petit-fils.

Aux côtés de Maxime, de Martin, un jeune GPX de quelques années, et de Yanis, un ADS, nous sommes requis à quelques minutes de notre relève pour un différend familial dans un quartier défavorablement connu pour ce genre de faits. Sur place, au douzième étage sans ascenseur, une petite mamie toute frêle nous attend sur le palier, du haut de son mètre cinquante. Elle a l'arcade gauche qui pisse le sang, tient difficilement debout et m'agrippe le bras pour ne pas tomber ; comme si elle avait usé de ses dernières forces pour attendre notre arrivée. Je tente tant bien que mal de lui servir de tuteur. Elle nous explique que son petit-fils est passé ce matin-là à son domicile afin de récupérer des fiches de paie. Comme il ne les trouvait pas et que sa grand-mère ignorait où elles étaient, il s'est énervé, l'a bousculée, a saisi la canne qui l'aide à marcher et lui a asséné plusieurs coups dans le dos. Elle a réussi à se retourner et à placer ses mains devant elle pour se protéger. Son petit-fils a continué à la frapper, a attrapé le fer à repasser qui traînait et le lui a balancé à la figure, la blessant à l'arcade sourcilière. Elle nous montre ses mains recouvertes de traces de coups et qu'elle n'arrive plus à plier. Je n'ai pas les mots. Je lui demande où se trouve son petit-fils. Elle me répond qu'il est à l'intérieur, persuadé qu'elle n'oserait jamais appeler la police. Ce jour-là, j'ai pris la pleine mesure du discernement dont on nous demandait de faire preuve. Au fond de moi, je ne vais pas mentir, j'avais envie de le défoncer pour s'en être pris aussi sauvagement à une personne aussi vulnérable. Mais porter l'uniforme me l'interdisait. Je devais garder mon sang-froid, rester neutre et surtout conduire le mis en cause devant la justice. Je n'étais pas la justice. Ce n'était pas non plus à moi de la rendre. Visiblement surpris de notre présence, il commence à insulter la pauvre mamie : « *ESPÈCE DE SALE PUTE, T'AS APPELÉ LES KEUFS, J'TE JURE T'ES MORTE, TU VAS VOIR !* » Maxime et Martin ont dû l'immobiliser, la tête sur la table de la salle à manger, pour me permettre de le menotter. Direction la présentation à l'OPJ et la GAV. Après plusieurs refus, nous sommes arrivés à convaincre sa grand-mère de déposer plainte. Malheureusement, c'est loin d'être toujours le cas, comme je le découvrirais par la suite.

L'intervention que je redoutais le plus, c'était l'AVP*, l'accident corporel de voie publique. À l'école, « le routier » représente une partie importante de notre apprentissage. La procédure de rédaction est assez complexe et je n'étais absolument pas pressée d'y être confrontée. Très vite, on m'a attribuée la qualification de « chat noir », que je découvrais par la même occasion : en police, un chat noir, c'est un collègue qui attire la poisse, à qui il arrive toujours des choses farfelues, hors du commun, et surtout qui enchaîne les missions et le rab'*. C'est l'inverse du chat blanc : « *là où il passe, rien ne se passe* ». Quand tu es un bon chat noir, s'il y a un delta ou un AVP qui tombe, c'est généralement pour ta poire. C'est comme ça, tu les attires. Et visiblement, les collègues et les anciens estimaient que j'étais de ce bois-là ! Ça n'a pas manqué, j'ai rapidement été envoyée avec mon équipage sur un AVP très impressionnant.

Un matin de fin octobre, accompagnée d'Adrien comme chef de bord, de Martin et de Yanis, quelques minutes après la prise de service de 6h30, nous sommes requis par TN afin de nous rendre sur un grand boulevard très fréquenté et proche des établissements de nuit, pour un AVP avec de multiples blessés. Sur place, la scène est apocalyptique : le véhicule, qui a franchi le terre-plein central, se retrouve sur le toit, totalement plié, dans le sens inverse de la circulation, après avoir semé des débris partout sur la chaussée et détruit de nombreux éléments du domaine public (barrières, terre-plein, panneaux). Un attroupement de personnes alcoolisées s'est formé tout autour et je m'aperçois que deux passagers se trouvent encore à l'arrière du véhicule retourné. Nous nous précipitons avec les collègues, les deux passagers n'ont pas plus de 20 ans, ils n'ont rien. Nous les aidons à s'extirper de là. Ils nous expliquent qu'ils étaient cinq dans la voiture et que le conducteur a perdu le contrôle. Nous regroupons les cinq occupants et, dans le même temps, appelons les sapeurs-pompiers. Un témoin se présente à nous et nous explique avoir vu le véhicule accidenté arriver à contre-sens, à vive allure, récupérer la bonne voie de circulation en effectuant sa manœuvre sans ralentir, puis se retourner après avoir percuté le terre-plein central. Miracle, les pompiers confirment que ses cinq occupants n'ont rien de grave. Par mesure de sécurité au vu de la violence de l'accident, ils sont transportés à l'hôpital pour observation. Interrogé, le conducteur déclare qu'il ne se souvient pas de grand-chose, hormis qu'ils sortaient de boîte et se rendaient sur les Champs. Tous sentent fortement l'alcool et présentent les signes d'une emprise sous un état alcoolique : l'haleine, les yeux brillants, les explications confuses, la voix pâteuse, le maintien debout difficile et titubant. Le conducteur est soumis à un dépistage, qui s'avère positif à l'alcool, puis à la consommation de cannabis.

Après interrogation de nos fichiers, nous découvrons qu'il n'est pas titulaire du permis de conduire. Nous l'interpellons. Étant donné qu'il est transporté à l'hôpital, nous l'y escortons en avisant par téléphone notre OPJ qui le place en GAV pour les faits précités ainsi que pour blessures involontaires avec ITT inférieures à trois mois par conducteur en état d'ivresse. Faute de pouvoir vérifier son taux d'alcoolémie, son sang a été prélevé à l'hôpital. Nous apprendrons par la suite qu'il était à presque 2 grammes d'alcool dans le sang. Ajoutez à cela l'emprise du cannabis et vous obtenez un cocktail létal. Ces jeunes ont eu tellement de chance ! Ils auraient pu finir gravement blessés, peut-être tétraplégiques, voire trouver la mort. Face à de tels comportements à risque, difficile de rester neutre et de ne pas être tenté de leur faire la leçon. La plupart du temps, on ne se gêne pas, Nous forçons même le trait en racontant que des jeunes qui finissent en fauteuil, on en ramasse tous les jours sur le goudron parisien, et que l'on n'a pas envie d'être celui qui irait annoncer à leur mère qu'ils avaient bousillé leur vie, ou pire. Bien qu'ils soient souvent responsables, nous prenons toujours le temps de leur expliquer que le danger, sur la route, ce n'est pas forcément eux, mais les autres. Puisse ce discours leur faire de l'effet et les pousser à réfléchir.

Bien que mes premiers cycles aient été rendus difficiles par la proximité des attentats de *Charlie* et que j'aie cumulé les heures de bitume plutôt que les heures d'inter*, j'entrapercevais quelque chose qui me plaisait bien. Je ne vais pas mentir, l'ambiance y faisait beaucoup. Certes, on « mangeait sévère », avec notre vingtaine de kilos de matériel sur le dos en statique pendant des heures devant ou aux abords de lieux dits à risque, mais cela avait le mérite de nous souder. Il paraît que c'est dans l'adversité et dans la difficulté que les liens indéfectibles se créent, eh bien je ne peux qu'approuver. Et puis, mes quelques vacations en véhicule m'avaient déjà permis de faire quelques inter'* marquantes et révélatrices du quotidien qui m'attendait. J'étais en passe d'obtenir le titre de nouveau chat noir de la brigade, et je n'en étais pas peu fière !

Mais une nouvelle fois, moins d'un an après *Charlie*, ce quotidien auquel je commençais à m'accoutumer allait être bousculé par la tragédie, et notre métier s'en trouver bouleversé. Je ne le savais pas encore, mais j'allais bientôt vivre la soirée la plus longue de ma vie.

CHOC

13 novembre 2015. Dernière vacation de mon cycle d'après-midi-soirée. Avec Maxime, Jonathan et Yanis, on sillonnait les rues de l'arrondissement sous un doux soleil. Les missions s'étaient enchaînées durant toute la vacation et chacune de nos interventions avait été accueillie par une forte hostilité. Tout avait débuté par l'interpellation d'un individu pour vol à l'étalage dans un magasin de vêtements pour enfants. Il avait dérobé plusieurs articles et nous l'avions intercepté quelques rues plus loin grâce au signalement* donné par les vendeuses. Une interpellation classique, comme on peut en faire tous les jours. Excepté que l'individu, une fois en cellule suite à son placement en garde à vue, avait décidé de se mettre totalement à poil puis tenté d'ingérer son slip. Vu les faits, l'OPJ a souhaité qu'il soit transporté à l'Hôtel-Dieu pour que soit procédé à son examen comportemental, afin de déterminer s'il jouissait de toutes ses facultés mentales. Nous étions en charge du transport. Au moment d'entrer dans le véhicule, il a opposé une forte résistance physique, malgré le port des menottes, tentant à plusieurs reprises

de nous porter des coups de tête et des coups de pieds. Afin de pouvoir le maîtriser en toute sécurité et sans le blesser, et du fait de sa particulière virulence, nous nous sommes mis à six pour l'installer à l'intérieur du véhicule et boucler sa ceinture de sécurité. Maxime, Yanis et moi-même avons dû nous placer à l'arrière pour le contenir : il balançait ses jambes dans tous les sens, crachait et tentait de nous mordre les avant-bras lorsque nous immobilisions son visage pour éviter les crachats. Durant le trajet jusqu'à l'Hôtel-Dieu, ayant le plus petit gabarit, je me suis placée à genoux sur lui, le dos collé au siège passager avant, pour immobiliser ses jambes et son visage avec l'aide de mes collègues. Son agitation ne redescendait pas, au contraire, et il nous insultait copieusement : « *BANDE DE SALOPES, VOUS ALLEZ TOUS CREVER, FERMEZ VOS GUEULES BANDE DE BÂTARDS !* » Arrivés à l'hôpital, comme il refusait de descendre du véhicule, nous avons dû lui saisir les chevilles et les aisselles pour le porter. Il crachait de plus belle, se débattait dans tous les sens, nous glissant entre les mains comme un ver de terre, et hurlait : « *FLICS DE MERDE, BANDE D'ENCULÉS, LA FRANCE EST EN FEU, DAESH VA VOUS CREVER ET VOUS L'AVEZ CHERCHÉ !* » L'attente fut ensuite ponctuée de « *SALOPE, FILS DE PUTE, BANDE D'ENCULÉS* ». Il avait un vocabulaire fleuri très varié. Visiblement, il n'avait pas toute sa tête ; les propos qu'il tenait entre deux insultes étaient totalement incohérents. Malgré tout, il savait « taper là où ça fait mal », puisqu'il était particulièrement adepte d'apologie du terrorisme : « *ILS ONT EU RAISON LES DJIHADISTES DE FOUTRE UNE BALLE DANS LA TÊTE DE VOTRE COLLÈGUE À CHARLIE. LA FRANCE EST EN FEU, LES FRANÇAIS SONT TOUS DES MERDES, VOUS MÉRITEZ TOUS DE CREVER BANDE DE MÉCRÉANTS !* » C'était la première fois depuis mes débuts, deux mois auparavant, que j'étais confrontée à un tel déversement de haine à notre encontre par un interpellé. Des interpellations houleuses, j'en avais connu quelques-unes, mais jamais aussi violentes que les mots prononcés ce jour-là. Il m'était très difficile de me contenir et de ne pas lui répondre. J'avais les nerfs : comment osait-il parler ainsi d'Ahmed Merabet ? Comment osait-il se réjouir de tous ces innocents lâchement assassinés et cracher ainsi sur notre pays ? « *Non Juliette, ce n'est pas ta place. Ne réagis pas, ignore-le, il ne cherche que ça, c'est de la provocation. Regarde-le, il est complètement taré. Laisse couler.* » Effectivement, le psychiatre estima qu'il n'était pas totalement sain d'esprit. De ce fait, nous devions engager ce que l'on appelle une procédure IPPP*. En droit français, la police nationale dispose de pouvoirs de police administrative comme celui de l'hospitalisation d'office à la demande du préfet en présence d'un individu qui compromet la sûreté des personnes ou la sienne, ou porte gravement atteinte à l'ordre public. À Paris, le préfet de police délègue ce pouvoir au commissaire central territorialement compétent. L'individu passe alors 24 heures en observation à l'IPPP où il est présenté à plusieurs psychiatres qui confirmeront ou infirmeront le diagnostic initial. S'il est infirmé, soit l'individu est déclaré sortant de l'institut, soit il reprend sa GAV s'il avait commis un crime ou délit avant sa prise en charge. En l'espèce, l'examen avait été confirmé et lors du jugement consécutif à nos dépôts de plainte et aux poursuites engagées par le Parquet, l'individu avait été déclaré irresponsable de ses actes.

Cette journée commençait donc sur les chapeaux de roue. Et j'ignorais encore que les propos de ce forcené allaient s'avérer prémonitoires. La vacation se poursuivait, les gens auxquels nous étions confrontés étaient toujours aussi excités, sans raison apparente. Était-ce le fait que nous soyons un vendredi 13 ? La pleine lune, peut-être ? Il régnait une atmosphère très particulière ce jour-là et j'avais un mauvais pressentiment. Vers 20 heures, alors que nous venions de prendre notre pause-repas entre deux inters, je fumais un clope avec Jonathan en buvant un café et on se disait que c'était une journée de dingue. Je lui avais alors confié :

« John, elle est trop bizarre cette vac', je la sens pas, j'ai l'impression qu'il va se passer un truc ! » Un peu plus d'une heure après, nous patrouillions sur notre arrondissement quand j'ai reçu un texto de mon pote de section, Alex, affecté sur le 93 : *« Ça vient de péter au stade de France. Terro. Gaffe à vos culs. »* Putain. J'ai informé mes collègues du message d'Alex et leur ai demandé d'augmenter le volume de la radio sur la conférence générale de la DSPAP*. Jonathan s'est arrêté sur le bas-côté. Nos yeux étaient rivés sur la radio de bord, nos visages décomposés. À peine quelques secondes plus tard, nous recevions les premiers messages radio des collègues primo-intervenants. Et là, l'horreur : *« TN750 ! TN750 ! Il s'est fait sauter ! Il s'est fait sauter ! »* Et puis, presque au même moment, un message nous informant d'une fusillade suite à un possible VMA* dans le 10e arrondissement, aux alentours des rues Bichat et Alibert. Et là, l'Horreur. Avec un grand H. Très vite, des collègues de PS du secteur arrivèrent sur place. Puis rue de la Fontaine-au-Roi. Puis rue de Charonne. Puis boulevard Voltaire. Je n'oublierai jamais les messages de mes collègues : *« Ils sont tous morts TN ! »*, *« Coups de feu rue de la Fontaine-au-Roi ! Faut du monde ! Envoyez des collègues en renfort ! »* *« Plein de blessés par balle »*, *« 92 rue de Charonne, devant un bar ! Y a des mecs qu'ont arrosé à la kalach TN ! »*, *« TN750 de la PSXX, je suis à la terrasse de la Belle Équipe. On a pas mal de gens à terre. Des personnes décédées. C'est un carnage ! Envoyez tout le monde ! »*, *« Boulevard Voltaire, on aurait encore des coups de feu TN, on a des coups de feu de partout ! »* Les messages de mes collègues s'enchaînaient, comme un cercle sans fin, nous étions tous abasourdis, tétanisés, incapables de réaliser vraiment ce qu'il se passait. Et puis, un nouveau message : *« Y a du monde au Bataclan ! Ça tire là ! »* Un appel général est alors diffusé sur les radios de l'ensemble des collègues de Paris et petite couronne, invitant tous les véhicules disponibles à se rendre sur place. Entre-temps, nous avions tous les quatre revêtu nos gilets

pare-balles lourds qui se trouvaient dans le coffre du véhicule, sorti notre arme que nous portions plaquée contre notre abdomen, canon vers le bas, prêts à riposter en cas d'attaque. J'avais le cœur qui s'emballait, la bouche sèche, la main droite crispée sur ma crosse, les yeux qui scrutaient partout aux alentours. *« Ok. C'est maintenant. Allez, concentre-toi. »*

Dès l'appel général, Jonathan a enclenché la première et démarré en trombe. Derrière, Yanis et moi avons soufflé un grand coup, comme pour extérioriser cette pression qui nous comprimait et comme si nous savions ce qui nous attendait. Maxime a alors posé sa main gauche sur le bras droit de Jonathan et lui a dit :

« Non non, nous on rentre au central, faut qu'on file la voiture à la nuit pour la relève.

– Pardon ? Non mais tu déconnes là Maxime ! T'as entendu, 750, on doit tous y aller ! C'est pas un vol étal' à la con là hein ! C'est un putain d'attentat qui est train de se passer dans tout Paris !

– Justement. Dans tout Paris, et si tout le monde converge là-bas, il n'y aura plus personne ici. S'il y a des attaques ici, il n'y aura pas de collègues. Ou alors ils seront à pied parce qu'on aura embarqué la bagnole. Donc on rentre. »

Je ne peux vous expliquer la frustration, la colère et la déception que j'ai ressenties à ce moment-là. C'est aussi ça, respecter les ordres que l'on nous donne. J'étais une jeune stagiaire d'à peine deux mois, je devais fermer ma gueule et obéir. Pas le choix. Parfois, on se retrouve à faire quelque chose qui va totalement à l'encontre de notre volonté. J'avais le sentiment de trahir mes collègues, de laisser tomber la « maison police » en rentrant tranquillement au central me foutre à l'abri pendant que mes collègues étaient sur un terrain de guerre. Parce que oui, en plus, trois de mes collègues de brigade étaient partis sur place, dont Laura, qui était de ma promo et que je considérais un peu comme ma petite sœur du fait de son jeune âge et de sa candeur. J'avais l'impression de l'abandonner alors que mon rôle était de la protéger, je me sentais tellement coupable, j'en voulais tellement à Maxime...

Instruction avait été donnée de rester tous et toutes en confinement au central jusqu'à nouvel ordre, effectifs de jour comme de nuit, personne dehors. Nous étions tous regroupés en salle de pause, un Acropol posé au milieu, et nous tout autour à suivre seconde par seconde l'évolution de la situation. Et là, Maxime est venu nous voir et nous a dit :

« *Bon bah on fait la relève avec la nuit, rédaction de la main courante et vous allez aux vestiaires vous changer, on se voit demain !*

– Mais Maxime, tu n'as pas compris ou quoi ? Y a des attentats là hein ! On est en confinement, on n'a pas le droit de partir ou de rentrer chez nous ! On doit rester à disposition si besoin ! »

En fait, il ne réalisait absolument pas la gravité de la situation. Je ne sais pas ce qui a vrillé dans sa tête ce soir-là, mais il était sur « *reset* » et n'arrivait pas à assimiler ce qu'il se passait. Comme s'il refusait d'accepter. Peut-être qu'il a eu peur, il venait de se marier et essayait d'avoir un enfant, peut-être que c'était trop pour lui ; je ne comprends toujours pas pourquoi il a réagi de la sorte.

Les ondes devenaient un immense bordel, ça fusait dans tous les sens, on avait du mal à saisir ce qu'il se disait. Les autorités hiérarchiques étaient sur place et avaient récupéré le monopole de la liaison, et nous sentions bien qu'elles étaient en panique et ne savaient pas par où commencer. Leurs messages n'étaient pas toujours très clairs et tout le monde se coupait la parole, cherchant à tout prix à s'imposer dans le brouhaha.

Un message s'est alors distingué des autres, celui d'un collègue de BAC : « *Il y a un individu au niveau de la porte qui donne sur le passage où il y a les blessés, il attend juste qu'on passe pour nous rafaler !* » Mon Dieu, ils sont en train de se faire tirer comme des lapins. L'attente était insupportable. La culpabilité de rester le cul assis sur une chaise, n'en parlons même pas. Les premiers portables ont commencé à sonner ; la famille et les proches s'inquiétaient. Les collègues sur place se retrouvaient à compresser des blessures à mains nues sur des membres déchiquetés et paniquaient de n'être pas suffisamment nombreux pour pouvoir aider tout le monde ; ils réclamaient à cor et à cri que des secours leur soient envoyés de toutes parts. Tout à coup, on entendit un autre collègue : *« Je suis dans le Bataclan, plusieurs dizaines de morts, individus retranchés à l'étage certainement, qui font toujours feu hein... On est à deux, on peut difficilement progresser ! »* Putain ! Le collègue était rentré ! À deux ! Ça rendait encore plus insoutenable cette sensation d'impuissance et d'inutilité. Et quelques minutes après : *« Un terroriste abattu sur le Bataclan. A priori ils ont fait péter une bombe ! »* Applaudissements dans la salle de pause. Soulagement : ils en avaient buté un. Bravo collègue, quel courage !

Que les heures furent longues à attendre le dénouement de cette soirée infernale ! L'angoisse à son paroxysme, sans cesse alimentée par des messages annonçant des coups de feu dans tout Paris, à Châtelet, à la tour Eiffel, à Pompidou... Le contexte et la paranoïa de chacun engendraient des appels au 17 pour des coups de feu qui n'en étaient pas. Mais chaque fois, le temps que les doutes soient levés, nous nous rongions les sangs, priant de toutes nos forces pour que la liste des victimes ne s'allonge pas davantage encore.

Peu après minuit, la BRI* donna l'assaut et nous libéra tous de ce lourd poids. Les premiers comptes-rendus faisaient état de dizaines et de dizaines de morts, d'une marée de sang et d'un amoncellement de corps dans la fosse du Bataclan. J'essayais de me mettre à la place des collègues ayant découvert ce théâtre apocalyptique. Je pensais à Laura. Personne ne devrait voir de telles scènes d'horreur. Je pensais à toutes ces victimes qui n'avaient rien demandé à personne et qui étaient juste venues prendre l'apéro en terrasse et s'éclater à un concert. Vivre à la parisienne. Je pensais à leurs familles et à ceux qui avaient appris l'attentat en direct à la télé, sachant qu'un de leurs proches était sur ce secteur. Leur panique et ce supplice d'attendre de savoir s'ils étaient parmi les victimes. Quel cauchemar.

Nous sommes restés encore quelques heures en confinement. De toute façon, il était hors de question de partir avant le retour de nos trois collègues. Ils sont rentrés aux alentours de 3 heures du mat'. J'attendais Laura devant le commissariat. L'image de son visage à la sortie du véhicule restera à jamais gravée dans ma mémoire. Indescriptible. Elle avait 21 ans et venait d'assister à un massacre. Elle avait vu plus de morts qu'un flic n'en voyait en une carrière. Ça m'a prise aux tripes, je me suis précipitée sur elle et l'ai prise dans mes bras, la serrant de toutes mes forces contre moi. C'est alors que j'ai réalisé qu'elle avait des bouts de chair sur elle et que son uniforme était couvert de sang. Elle en avait dans le cou, sur les mains, certaines de ses mèches blondes avaient rougi et étaient imprégnées de sang séché. J'ai saisi son visage de mes deux mains, lui demandant simplement : *« Ça va ? »* Ses yeux verts se sont plongés dans les miens et j'y ai lu tout l'effroi et la détresse qu'elle avait ressentis ces dernières heures. Aucun mot n'était sorti de sa bouche mais son silence en disait long. Elle était en état de choc et il allait falloir qu'on soit là pour elle.

Je n'oublierai jamais le 13 novembre 2015. Je l'ai vécu par procuration mais il m'a marqué au fer rouge. Si j'avais su quelques heures plus tôt, lorsque j'avais dit à Jonathan que je ne sentais pas cette journée, ce qu'il se passerait ce soir-là... Depuis, je me suis juré de toujours me fier à mon instinct et de ne plus jamais éprouver ce sentiment d'abandonner mes collègues. Avec du recul, je comprends aujourd'hui pourquoi Maxime nous a ordonné de ne pas y aller. Nous étions tous des gamins : Jonathan avait à peine un an de boîte, Yannis et moi deux mois. Des gamins avec la vie devant nous. Il a pris sa responsabilité de chef de bord, d'encadrant, et a décidé qu'il ne nous ferait pas courir de tels risques. Même si ce n'était pas à lui de décider à notre place des risques que nous étions prêts à prendre, il l'a fait. Nous savions en embrassant ce métier que nous allions mettre notre vie en jeu, nous l'avions choisi, c'est pour cela que je lui en ai longtemps voulu de m'avoir empêchée de servir mon pays et de protéger nos citoyens ce soir-là. Mais lorsque j'analyse la réaction que j'ai pu avoir par rapport à Laura, je comprends les raisons qui l'ont poussé à agir ainsi.

Le 13 novembre 2015 m'a fait grandir d'un seul coup. J'ai pris toute la mesure de mon métier. Cet acte terroriste a développé chez moi un dévouement total et un engagement sans limites. Il m'a permis d'avoir mieux conscience des risques et des responsabilités qui allaient de pair avec ma fonction. Comme si je venais de prendre cinq ans d'ancienneté dans la gueule après une formation accélérée. Je n'avais d'autre choix que de prendre le pli rapidement, ce n'était pas un jeu, il fallait que je sois opérationnelle sur-le-champ car nous étions plus que jamais des cibles. Dans le sillage des attaques de *Charlie Hebdo* quelques mois plus tôt, les attentats de novembre 2015 ont entraîné un afflux massif de nouveaux effectifs dans nos services, presque une vingtaine d'arrivées en l'espace d'une année. La brigade a doublé de volume et je me suis retrouvée avec une nouvelle casquette et de nouvelles responsabilités du jour au lendemain.

LOUVE

Ce débarquement de nouvelles têtes à mono-galon ainsi que la mutation de plusieurs des « anciens » de la brigade ont eu pour conséquence de me propulser à la fonction de « chef de bord » très rapidement, à peine titu. Comme je vous l'ai expliqué, dans un équipage, chaque collègue a son rôle : le ou les équipiers à l'arrière du véhicule, le chauffeur et le chef de bord à l'avant. C'est à lui qu'il appartient de mener la barque, de prendre la décision finale et de veiller sur son équipage. Il doit s'assurer de préserver en toutes circonstances l'intégrité physique de ses équipiers.

Je prenais ce nouveau rôle très à cœur. J'avais eu la chance d'avoir été formée à merveille par des anciens souvent durs et rigoureux, mais toujours « dans le vrai ». Leur encadrement et les différents événement et missions auxquels j'avais été confrontée durant ma première année à Paris m'avaient permis d'évoluer très vite et d'acquérir à mon tour cette rigueur dont ils faisaient preuve en toutes circonstances. Il n'y a rien de plus responsabilisant que d'être chef de bord. Le devenir a accéléré mon expérience et mes acquis professionnels en intervention mais aussi sur le plan procédural. Je me suis découvert un goût pour la formation et la transmission auprès des effectifs placés sous ma responsabilité, mais surtout une tendance à la sur-protection, telle une louve avec ses petits. Je me sentais effectivement responsable d'eux, mais j'avais surtout l'impression que l'on me les confiait, eux et leur vie. Je n'avais pas le droit à l'erreur ou de me foirer, car cela n'engageait pas seulement ma sécurité, mais aussi la leur.

Je me montrais particulièrement exigeante avec eux, que ce soit sur la rédaction ou les interventions. Je les reprenais souvent : sur leur placement lors de contrôles d'identité où je trouvais qu'ils étaient trop proches des individus, à qui ils donnaient ainsi la possibilité de leur porter un coup qui pouvait faire des dégâts ; lorsque l'on intervenait à domicile et qu'ils se plaçaient face à la porte, s'exposant ainsi à un possible tir ; sur les contrôles routiers que je leur laissais mener du début à la fin pour qu'ils apprennent, mais lors desquels ils oubliaient de faire couper le contact au conducteur, un véhicule en marche étant tout aussi dangereux qu'une arme chargée pointée sur soi ; sur les courettes* qu'ils engageaient en omettant de transmettre leur progression et leur position sur les ondes, trop focalisés sur leur poursuite et trop pris dans leur effet tunnel pour se rappeler l'essentiel : la liaison et la transmission.. Bref, je les reprenais sur leur fâcheuse tendance à se laisser endormir par certains aspects routiniers du boulot. Je les mettais toujours en garde en leur disant qu'il ne fallait surtout pas prendre de mauvaises habitudes, que l'on ne sait jamais sur quoi on va tomber ni ce que la journée nous réserve. Les attentats étaient encore tout récents et tous les trois ou six mois, une nouvelle attaque nous rappelait que nous n'étions jamais à l'abri. Magnanville, Nice, l'assassinat de Xavier Jugelé sur les Champs et bien d'autres étaient des rappels incessants que le pire pouvait nous arriver à tout moment et que nous devions nous tenir toujours prêts.

De même, j'étais attachée à la qualité de leurs actes procéduraux et à ce que tout ce qu'ils rédigeaient soit clair, complet et sans faute d'orthographe. Ce que nous écrivons est lu et relu par un grand nombre de personnes, allant jusqu'au procureur de la République et aux juges du fond, et constitue la plupart du temps la saisine d'une enquête. Nous nous devons d'être irréprochables : un mauvais PVI peut faire casser toute une procédure. Il était donc primordial qu'ils l'intègrent, comme les anciens avaient fait en sorte que je l'intègre. La plupart des petites erreurs que je constatais, je les avais faites ou vues commises par d'autres. J'étais passée par là et reconnaissante d'avoir eu des chefs de bord qui me reprenaient et qui me formaient à leur image. Je tentais de reproduire le même schéma, de transmettre ce que l'on m'avait transmis, afin qu'ils aient en leur possession tous les outils pour réussir, former à leur tour et surtout rentrer en vie tous les soirs.

Naturellement, j'ai pris sous mon aile certains jeunes collègues qui m'ont prouvé qu'ils avaient le potentiel et les qualités requises pour devenir un très bon flic en Police Secours. Ce fut le cas de William, qui a rejoint ma brigade un an après les attentats du 13 novembre 2015. Les premiers mois, je le sentais un peu effacé, et les rares fois où je l'entendais s'exprimer, c'était pour amuser l'assemblée et faire le con devant le reste de la brigade. Je me demandais même s'il avait conscience du boulot qu'il exerçait ou si tout ça, pour lui, n'était qu'une sorte de récréation. Je n'avais pas souvent l'occasion de le retrouver dans mon équipage mais quand cela arrivait, je voyais bien qu'il manquait d'assurance. Il parlait aux gens en tournant autour du pot, sans apporter de réponses claires ni se montrer suffisamment ferme lorsque c'était nécessaire. Je lui ai expliqué que quand il s'adressait aux civils, il fallait qu'il soit sûr de lui et surtout sûr de ce qu'il disait. « *Comment veux-tu qu'ils y croient si tu n'y crois pas toi-même ? Fais-toi confiance. Tu connais les réponses à leur donner.* » Le manque de confiance en soi, ça se travaille, et je pense que tous les flics vous diraient qu'on l'a tous et toutes ressenti un jour. C'est au contraire l'excès de confiance qui produit les mauvais flics. Il faut toujours se remettre en question. Être policier, c'est un éternel apprentissage. On n'est jamais totalement formé, on apprend tous les jours, jusqu'à notre retraite. Le tout étant de l'accepter. Je sais que j'étais et que je suis toujours directe, et que je ne passe pas par quatre chemins pour dire ce que je pense. C'est ce que j'ai fait avec William : convaincue que c'était un chic type avec beaucoup de qualités, j'avais envie de le pousser pour qu'il devienne un super collègue.

Lui-même vous dirait que les premiers mois à mes côtés ont été compliqués, qu'il me trouvait à la fois froide et sévère et qu'il n'était pas forcément à l'aise. Il m'a avoué un jour que je lui faisais peur et que lorsqu'il regardait le planning et découvrait qu'il serait dans mon équipage le lendemain, il en avait des sueurs froides. Je l'ai même blessé un jour où, trouvant qu'il mettait un temps infini à rédiger un PV, je lui ai dit : « *Bon, tu as terminé ? Il ne faut pas une heure pour rédiger un PVI!* » Le pauvre était stressé, voulait bien faire mais ne trouvait pas les bons termes… Heureusement, avec le temps, la tension est redescendue et nous avons appris à nous connaître. Il a compris que si je m'investissais autant, si je paraissais aussi dure avec lui, c'était pour lui transmettre l'exigence de rigueur qui est le socle de notre métier. Je crois que je lui ai permis de devenir un meilleur policier. Et je suis certain qu'à son tour, il reprendra le flambeau.

Je me souviens d'une intervention ensemble qui résume assez bien notre relation. Un matin très tôt, dans un quartier connu pour ses établissements de nuit, nous contrôlons un véhicule. Tout semble bien se passer. Je lui ai laissé prendre le lead, il se trouvait donc au niveau du conducteur, avec un nouveau, qu'il lui incombait de superviser comme je l'avais fait pour lui. Soudain, le conducteur sort du véhicule, prétendument pour récupérer quelque chose dans le coffre. Il ouvre le coffre… vide ! Il fait mine de chercher, puis le referme. Et là, plutôt que de retourner à sa place, il vient de mon côté, où j'étais en train de contrôler le passager. William le colle de peur qu'il ne s'échappe. Le gars me contourne et voyant cela, je demande : « *Mais qu'est-ce qu'il fout là lui, Will ?* » Je n'ai pas eu le temps de finir ma phrase que le mec se met à sprinter d'un coup. William et le nouveau se lancent à sa poursuite. Je sais que Will s'est dit : « *Si on ne le rattrape pas, Juliette va nous tuer.* » C'est sans doute ce qui lui a donné l'énergie pour le rattraper au bout d'un sprint de 600 mètres, tandis que de mon côté je l'avais pris en tenaille en passant par une autre rue. Bien nous en a pris : le gars était activement recherché et avait plusieurs années de prison à effectuer. Tout était parti d'une simple intuition que j'avais eue en croisant le véhicule. Je peux vous dire que s'il nous avait échappé, William aurait pris une sacrée soufflante. Je l'avais laissé mener le contrôle pour qu'il apprenne et la règle numéro un en matière de contrôle routier est de ne jamais laisser sortir le conducteur de son véhicule. Mais je n'ai pas eu besoin de lui faire la remarque, il a compris tout seul son erreur. Et je peux vous assurer qu'il ne l'a jamais reproduite.

Je vous rassure, il m'est arrivé à moi aussi de commettre des erreurs lors de mes premières vacations en tant que chef de bord. Un soir, nous patrouillons avec Léa, qui ne nous a rejoints que quelques mois auparavant, et Yohan, fraîchement arrivé depuis trois semaines, porteur du PM* car nous sommes un véhicule de sécurisation et que l'état d'urgence est toujours en vigueur. Il est presque 22 heures, la fin de vacation approche, lorsque, à un croisement, mon attention est attirée par un véhicule qui roule à très faible allure. Lorsqu'il arrive à notre hauteur, je constate malgré l'obscurité que le conducteur semble particulièrement jeune et qu'il a cinq passagers avec lui. À notre vue, les quatre individus à l'arrière du véhicule se mettent à remuer dans tous les sens, ce qui nous confirme qu'ils ne sont pas porteurs de leur ceinture de sécurité. Nous décidons de procéder au contrôle, nous activons le gyro et je vois six têtes se tourner instantanément vers nous et les portières arrière s'entrouvrir, laissant supposer une fuite pédestre imminente. Malgré nos injonctions, le conducteur refuse de s'arrêter, mais il continue de rouler à moins de 30 km/h. Léa, au volant, commence à stresser, voire à paniquer : « *Mais il fout quoi putain ? Pourquoi il s'arrête pas ce con ? Qu'est-ce que je fais, je reste derrière ? Ou je passe devant ? Juliette ? Je fais quoi ?* » Je suis tout aussi décontenancée qu'elle. C'est la première fois que je suis confrontée à un conducteur qui refuse d'obtempérer à... 20 à l'heure ! En règle générale, les gars prennent la fuite pied au plancher. Très perturbée par ce refus d'obtempérer qui ne ressemble à aucun autre, j'en oublie d'aviser TN par les ondes et donc de mettre au courant les véhicules des collègues du secteur. Je dis à Léa de rester derrière la voiture, dont le comportement est de plus en plus suspect. Soudain, le conducteur pile d'un coup sec, les deux portières droites s'ouvrent et deux individus prennent la fuite, dont un dans notre direction. Léa tire le frein à main et part à sa poursuite. Yohan, le PM en bandoulière, ne peut absolument pas partir à la courette, donc nous nous portons à hauteur du véhicule arrêté en pleine voie, main sur l'arme, chaussée à l'étrier, prêts à dégainer*. Nous progressons rapidement de chaque côté du véhicule et arrivés à hauteur, nous constatons la présence de quatre individus à l'arrière, dont aucun ne doit avoir plus de 16 ans. Je me retourne, pensant voir Léa. Mais non. Elle n'est pas là, elle est partie toute seule derrière le mec, probablement emportée par ce putain d'effet tunnel. Je l'appelle une première fois. Pas de signe de vie. Une deuxième fois. Toujours pas. Je panique. *« Faites qu'il ne lui soit rien arrivé ! »* Je hurle : *« LÉAAAAAA !!! »* Tout en gardant un œil sur nos énergumènes, je prends ma radio, je m'apprête à l'appeler sur les ondes, et là je la vois débouler de l'angle de la rue. Ouf ! Elle revient bredouille, mais on s'en fout. Je lui dis : *« Plus jamais tu me fais ça hein, t'imagines même pas comment j'ai flippé ! Je te voyais déjà tomber dans un guet-apens et te faire lyncher par une dizaine de mecs ! »* Elle me présente ses excuses et me dit qu'elle ne comprend pas pourquoi elle est partie sans réfléchir. Encore et toujours cet effet tunnel à la con. Nous poursuivons le contrôle. Il s'avère que le conducteur s'était glissé sur la banquette arrière le temps que l'on arrive à hauteur du véhicule, pensant que nous n'y verrions que du feu. Malheureusement pour lui, il porte une casquette rouge et un sweat à motif camouflage kaki, que j'avais très distinctement repérés quand il était au volant. Raté. Pas de pièce d'identité, il nous donne une identité verbale, il a à peine 16 ans, donc pas le permis, et le reste de la troupe entre 12 et 16 ans. Il a piqué la bagnole de son grand frère pour aller faire un tour. Il est positif au dépistage pour alcool et cannabis : dans les portières, nous trouvons plusieurs « flashs » de vodka et de rhum, avant de découvrir un peu plus tard plusieurs sachets contenant de l'herbe de cannabis dans ses poches, ainsi qu'un poing américain. Ce jour-là, j'ai commis plusieurs erreurs : premièrement, ne pas avoir passé de message radio dès le début, ce qui aurait permis que des véhicules se rapprochent pour intercepter en sécurité ; deuxièmement, ne pas avoir été assez claire et rassurante avec Léa quand elle était au volant, ce qui n'a fait qu'alimenter son état de stress et l'effet tunnel qu'elle a expérimenté après ; troisièmement, ne pas avoir donné d'instructions sur la marche à suivre une fois le véhicule intercepté, ce qui aurait probablement empêché Léa de partir toute seule au cul du mec en fuite. Tout cela résultant du fait que j'étais aussi surprise qu'eux et que je n'ai pas pensé en tant que « chef de bord » mais uniquement en tant qu'interpellateur.

Il faut dire que ce n'était pas facile d'être propulsée à ce rôle aussi rapidement, alors que je me considérais moi-même toujours en formation. Comme tout jeune collègue qui sort de l'école, j'étais un peu « chien fou » à courir après tout ce qui bougeait, à vouloir « manger du terrain » et en recherche constante de flag'*. C'est un point commun que nous partagions avec Alexis et Marie, puis d'autres jeunes collègues arrivés quelques mois après nous. Les anciens se disaient entre eux : « *Faut les laisser, nous aussi on a été pareils, ils vont se calmer tout seuls va. Faut bien que jeunesse se fasse !* » Ils avaient raison, on a eu des loupés, des déconvenues, on a fait des conneries, mais sans ces erreurs, on n'aurait pas appris aussi vite. Alors j'essayais tant bien que mal de reproduire ce que l'on m'avait transmis, de les accompagner du mieux que je le pouvais, de prendre le relais de la formation initiale délivrée en ENP pour leur transmettre le peu que je savais et de toujours être derrière eux lorsqu'ils se lançaient pour les rattraper au cas où. Ils quittaient à peine le nid de l'école et ne savaient pas encore vraiment voler. Ils découvraient pour la plupart ce que cela faisait de porter l'uniforme dans la rue. Les premières vacations sont étranges. Il faut s'habituer à ce que les regards soient rivés sur nous et à cette sensation singulière d'être épiés sans cesse, s'accoutumer aussi au fait que l'on se retourne sur notre passage et que notre présence provoque des chuchotements ou des questionnements parmi la population. Cette population de laquelle le gouvernement souhaite tellement que nous nous rapprochions. Comme si une césure franche et nette nous séparait d'elle et que seule la création d'un nouveau service pouvait changer la donne.

POL PROX & PSQ

L'amélioration de la relation entre la police et la population semble être, depuis quelques années, une sorte d'obsession pour nos gouvernements. Avec un leitmotiv : la dégradation de cette relation serait une conséquence directe de la suppression en 2003 de la « pol prox », la police de proximité, par Nicolas Sarkozy. La solution, à leurs yeux, serait donc de la réinstaurer par le biais de la PSQ*. Or, de mon point de vue, les brigades de Police Secours sont celles qui ont continué à entretenir ce lien, du mieux qu'elles pouvaient, avec le peu de moyens et de temps dont elles disposaient. Nul besoin de créer de toutes pièces un service et de lui coller un joli nom pour faire plaisir à tout le monde, alors que ce service existe et qu'il suffit de le renforcer en effectifs pour faire perdurer cette mission que les policiers de PS exercent déjà. Si les GSQ ou les BST sont eux axés sur le renforcement des liens avec les « quartiers », la PS est la corde qui rattache la population au service, à l'assistance et à la protection qu'offre la police. À nos interventions quotidiennes en réponse aux appels reçus au 17 se greffent des missions de sécurisation sur les marchés, qui sont l'occasion de prises de contact avec les commerçants et les habitants, les OTV (opérations tranquillité vacances) qui permettent d'échanger avec les habitants et les gardiens, les opérations de contrôle aux abords des transports en commun et des gares, les contrôles d'identité dans nos quartiers aux côtés des GSQ et des BST, propices à une consolidation de nos liens avec ces territoires, sans oublier les missions d'accueil et de prise de plaintes au commissariat grâce auxquelles nous sommes au plus proche des plaignants et en mesure de leur apporter écoute et prise en charge. Et ces missions pourraient encore gagner en efficacité, en visibilité et en fréquence si nous n'étions pas confrontés à un manque d'effectifs récurrent. Alors à quoi bon déplacer des effectifs ou affecter de jeunes GPX dans une PSQ alors qu'il suffit de renforcer les services existants et de capitaliser sur les contacts, la connaissance du terrain et les compétences acquises par les PS, les GSQ et les BST ?

Nous manquons de temps et d'effectifs, nous sommes confrontés à un feu roulant permanent de missions appel 17, et pourtant nous parvenons à entretenir vaille que vaille le lien avec la population. L'améliorer n'est qu'une question de volonté. Cela passe par une augmentation des effectifs, mais aussi une meilleure communication sur notre métier et notre quotidien. Car la Police Secours est un service méconnu de la population, souvent déconsidéré et méprisé alors que c'est le ciment de la « maison police », les fondations qui lui permettent de tenir debout. Et nous le démontrons à chacune de nos interventions.

Le tapage du voisin qui vous empêche de dormir parce qu'il/elle fait la fête à 3 heures du mat' ou bien les altercations avec votre voisine du dessus parce qu'elle marche avec ses talons. L'engueulade avec votre conjoint(e) parce que la blanquette de veau est trop cuite ou parce que vous avez découvert ses infidélités. La crise avec votre ex parce que le divorce n'est toujours pas prononcé et qu'il/elle se sert de la garde des gosses pour vous détruire. Votre gamin qui a de mauvaises fréquentations, que vous n'arrivez plus à gérer et à qui vous voudriez que l'on fasse un peu peur. Un client qui fait un esclandre dans la boulangerie parce que la tradition est passée de 1,10 à 1,20 € et refuse de quitter les lieux. Un mec qui emboutit votre voiture et ne veut pas remplir le constat à l'amiable. Le SDF du coin qui n'a pas mangé depuis trois jours et vole une pasta box au Monop' du quartier. Le client qui part sans payer le taxi parce qu'il est trop bourré et qu'il a paumé son portefeuille en soirée, le restaurant parce qu'il a parié avec ses potes qu'il ferait un « resto basket », l'hôtel parce qu'ils auraient pu lui offrir le peignoir ou la station-service parce que *« t'façon l'État capitaliste s'en met plein les poches »*. Lorsque votre enfant se fait racketter à la sortie de l'école ou « toucher » par un pervers à la piscine municipale. Lorsqu'il se perd à la tour Eiffel pendant que vous avez le dos tourné. Lorsque votre ado fugue. Lorsque vous êtes bloqué dans un immeuble en feu après avoir oublié le gratin dans le four. Lorsque vous avez sauté dans la Seine après le verre de trop du samedi soir. Lorsque vous vous faites agresser pour une clope. Lorsque vous rentrez de votre week-end à Deauville, que vous retrouvez votre appart' retourné et que tous vos objets de valeur ont disparu. Lorsque vous êtes victime d'un vol avec violence en pleine rue juste parce que vous aviez un iPhone X dans les mains. Lorsque vous avez subi un attouchement, une agression sexuelle ou un viol qui vous marquera au fer rouge à vie. Lorsque le corps sans vie de votre grand-mère dont vous n'avez plus de nouvelles depuis trois semaines est découvert dans son petit appartement. Lorsque votre conjoint vous met sur la gueule. Lorsqu'un taré armé d'une Kalach, habillé d'une ceinture de C4, porteur d'un couteau de cuisine ou au volant d'une bagnole enragée décide de s'en prendre sans raison à vous.

Qui intervient à chaque fois ? Qui intervient à chaque événement malheureux et tente d'apporter son assistance, son aide, son soutien, son écoute et ses solutions ? La Police Secours. C'est elle qui vous accompagne. C'est elle qui entretient ce lien permanent avec la population. C'est elle qui vous voit dans des moments de détresse absolue. Bien sûr, nous préférerions partager vos moments de bonheur, mais lorsque l'on fait appel à nos services, c'est généralement en dernier recours. Lorsque vous avez épuisé toutes les solutions et que vous êtes à bout. Parfois, nous venons à de multiples reprises à votre rescousse et développons avec vous un lien particulier, qui nous permet de mettre en place un réel suivi. Souvent, nous sommes découragés de revenir pour les mêmes raisons, avec la sensation de l'avoir fait pour rien les fois précédentes. Et puis, lorsque vous finissez enfin par régler le problème, nous réalisons que nos interventions n'ont pas été vaines et que chacune vous a permis d'avancer, même à petits pas.

Pendant deux ans, je suis intervenue très régulièrement chez un couple qui habitait à deux pas du commissariat. La première fois que j'y suis allée, c'était suite à un appel des voisins, pour des cris de dispute. Lorsque nous avons frappé chez toi, Lucie, tu n'as pas répondu. Nous avons insisté. Avec Carla, nous avions les oreilles collées sur la porte et nous percevions des bruits à l'intérieur de l'appartement. Tenaces, on avait fini par te convaincre d'ouvrir la porte. Tu étais apparue, toute freluquette, dans un t-shirt trop grand qui t'arrivait presque aux genoux et une petite culotte, tremblante et les yeux humides. La première chose que tu avais vue, c'étaient nos têtes, à Carla et moi, avec nos sourcils froncés, nous demandant ce qu'il s'était passé. Tu avais accepté que l'on rentre et l'on avait découvert un petit F2 accueillant et bien aménagé, avec cependant des « culs de joints » semés dans toutes les pièces. Nous en avons fait abstraction, ce n'était pas la raison de notre présence et l'on sentait bien que les voisins avaient vu juste. Dans le salon, avachi sur le canapé, ton mec regardait la télé, faisant fi de notre présence.

On avait voulu la jouer « classique », nos deux collègues masculins étaient restés avec lui, Carla et moi t'avions isolée dans la chambre pour que tu puisses te livrer sans crainte. Tu avais notre âge, pas de famille aux alentours, tu cumulais deux boulots dans la restauration pour te payer ton appart', tu avais réussi à décrocher de la coke et ne t'accordais plus qu'un joint le soir après le service. Tu étais une battante, tu voulais t'en sortir et tu t'en donnais les moyens. Par contre, tu le disais toi-même, tu avais des goûts terribles en matière de mecs. Petit à petit, tu t'ouvrais à nous, tu étais en confiance, au point de nous dire que Sébastien s'était enfilé un rail juste avant que tu nous ouvres la porte. Et oui, vous vous étiez engueulés, très fort. Il était jaloux, Sébastien. Il pensait que tu passais tes heures de service à aguicher les clients et à laisser ton numéro sur l'addition. Il te surveillait, il te suivait, il restait des heures assis à la table du resto où tu bossais, à t'observer. Mais tu nous assurais qu'il n'avait jamais levé la main sur toi. Tu n'avais pas de traces sur toi, de ce que l'on pouvait voir, sans te forcer la main et sans briser cette confiance que nous étions en train d'instaurer avec toi. Mais nous n'étions pas dupes, Carla et moi. Le problème était que pénalement, on ne pouvait rien faire sans plainte de ta part ou sans constat de coups de notre part. Malgré tout, tu nous as remerciées mille fois d'être venues. On a tenté de te glisser que des organismes et des associations existaient pour te venir en aide, si jamais tu les préférais à nos services. Mais tu nous as répondu fièrement que *« ce n'était pas pour toi, mais pour les femmes battues »*. Les mots qui sortaient de ta bouche sonnaient tellement faux à côté de ce que disait ton regard. Tu sais ce qu'on dit, Lucie, *« les yeux sont le miroir de l'âme »*. Et la tienne était torturée et meurtrie. Nous le savions. Alors nous sommes repartis bredouilles, avec la certitude que nous allions revenir bientôt et la frustration de n'avoir rien pu faire ce soir-là. Nous t'avions répété de ne pas hésiter à nous appeler, ou même à passer au commissariat juste à côté. Tu nous avais répondu que *« ce ne serait pas nécessaire vu que tout allait bien. Des disputes bruyantes, ça arrive dans tous les couples. »* Oui Lucie, c'est vrai, tu as raison. Carla et moi nous connaissions le sujet par cœur, nos échanges de regards durant l'intervention étaient sans équivoque et notre conclusion fut sans appel sur le trottoir en bas de ton immeuble : tu faisais partie de ces 219 000 femmes battues. Mais nous resterions impuissantes tant que tu ne ferais pas un pas vers nous. Rentrés au service, nous avons immédiatement fait une recherche dans les mains courantes : nous n'étions jamais intervenus à ton domicile jusqu'à présent. Nous avons donc rédigé la première main courante te concernant et crois-moi Lucie, elle était bien circonstanciée. Une copie avait été placée dans la bannette de la BLPF pour qu'elle en prenne connaissance le lendemain. La machine était lancée.

Trois semaines plus tard, j'étais de nouveau sur ton palier, Lucie. Mais sans Carla cette fois-ci. Encore tes voisins qui s'étaient inquiétés. À l'annonce de l'appel de TN, j'avais immédiatement reconnu ton adresse et compris que mon intuition avait été bonne. Évidemment, entre-temps des dizaines d'interventions étaient venues s'accumuler après la tienne et tu m'étais sortie de la tête ; perdue sous le flot de mes missions, je n'avais pas pris la peine de monter à la BLPF pour leur parler de mes doutes. Mais je me suis souvenue de tout, instantanément. On a toqué à ta porte, je t'ai appelée par ton prénom et tu nous as ouvert. Tu avais le visage en sang. Tu pleurais. Tu m'as reconnue et tu t'es jetée dans mes bras, je n'ai pu que t'attraper. Tu n'as pas prononcé un seul mot, tu es partie t'asseoir sur le lit en silence. J'ai tourné la tête, j'ai vu Sébastien, la même place, la même désinvolture horripilante. Je n'ai pas cherché à comprendre, je n'ai pas attendu ses excuses, je lui ai passé les menottes. J'ai demandé à mon équipier d'appeler les pompiers pour toi Lucie, même si tu me faisais non de la tête. Quand tu as vu que nous embarquions Sébastien, tu as hurlé de toutes tes forces, toujours sans prononcer un mot. Mais je lisais sur ton visage que tu m'en voulais et que tu étais profondément triste de le voir partir les menottes aux poignets. Il a été placé en garde à vue malgré le peu d'éléments que j'ai pu communiquer à l'OPJ. Heureusement qu'avec Carla on avait rédigé une MCI* béton lors de notre première intervention ; j'ai pu la ressortir et montrer à l'OPJ qu'il y avait eu des précédents. J'avais aussi pu constater que mes collègues des autres brigades étaient intervenus plusieurs fois depuis trois semaines. Pourtant, dès le lendemain matin, le procureur a décidé qu'il n'y avait pas matière à laisser Sébastien en garde à vue, étant donné que tu n'avais jamais déposé plainte. Il est même allé jusqu'à dire que notre interpellation était à la limite d'une « arrestation arbitraire » ! Sans déconner ! Il n'avait pas vu ta tête, le proc'... Je savais pertinemment que Sébastien allait retourner chez toi, la queue entre les jambes, s'excuser, promettre que ça n'arrivera plus jamais, te supplier de le pardonner. Et que tu allais finir dans ses bras, Lucie. Je ne t'en voulais pas, je ne te jugeais pas, j'étais juste dépitée de voir que notre système était aussi mal foutu et te laissait tomber.

Un mois et demi plus tard, je fumais une clope dehors, j'étais dans mes pensées et quelqu'un m'a attrapé doucement le bras. C'était toi, Lucie. J'étais surprise de te voir ici, même si c'était aussi ton quartier. Je t'ai demandé comment tu allais. Tu as dû comprendre que j'étais étonnée car tu m'as dit : *« Je viens de déposer plainte. »* Mais non ! J'étais si contente que tu l'aies enfin fait, tu n'imagines même pas. Et là, tu m'as dit les mots pour lesquels chaque flic de Police Secours est heureux de faire ce métier : *« Je voulais te dire merci. Comment tu t'appelles ? Juliette. Juliette, c'est grâce à toi que je l'ai fait. Je sais que tu étais énervée contre moi que je ne l'aie pas fait les autres fois. Mais je n'y arrivais pas, j'étais tellement dépendante de Séb' et puis, tu sais, il me faisait vraiment flipper. Tu as eu les bons mots, tu as eu la bonne attitude. Vous avez dû me prendre pour une tarée de rester avec lui, tes collègues sont venus tellement souvent depuis la première fois qu'on s'est vues. J'te jure que je n'y arrivais pas. Sans toi, je ne l'aurais jamais fait, sache-le. »*

Je t'ai juste dit que j'étais heureuse pour toi, que je n'avais fait que mon boulot et que je te souhaitais le meilleur dans ta nouvelle vie. Et surtout, je t'ai remerciée d'avoir eu ces mots. Car même si nous ne travaillons pas pour la reconnaissance, cela donne du sens à nos journées et nous redonne du baume au cœur lorsque l'on pense que tout est perdu. Lucie, c'était il y a deux ans et je ne t'ai plus revue depuis.

Je repense aussi à toi, Pierrot, ce sans domicile fixe que nous retrouvions régulièrement à l'hôpital voisin ou en cellule de dégrisement. Tu avais 25 ans et en paraissais le double, tellement tu étais bouffi par l'alcool et tellement la rue avait buriné ta peau. Lorsque je te croisais dans nos rues, tu me saluais toujours de la main, un sourire jusqu'aux oreilles laissant apparaître ta dentition bouffée par le manque d'hygiène. Tu me lançais des « *Eh Juliette, ça va ?* » et je te répondais toujours d'un signe. Ça, c'était quand tu étais dans tes bons jours. Les mauvais, tu cuvais sur le banc de béton de la cellule et tu m'insultais, ton taux d'alcoolémie étant tel que je ne sais même pas si tu me reconnaissais ; ou bien tu agressais les soignants de l'hôpital parce qu'ils te répondaient qu'il n'était pas encore l'heure du plateau-repas qu'ils ont pour habitude de distribuer aux sans abri, et du coup tu finissais en cellule. Le lendemain, quand je te croisais à ta sortie de dégris', on discutait et je te disais : « *Faut que t'arrêtes de picoler Pierrot, c'est de pire en pire. On va te ramasser dans quel état la prochaine fois ?* » Tu me répondais que ça te faisait tenir et que ça te donnait de la consistance. Et puis un jour, durant une patrouille, je suis tombée sur toi au détour d'une rue. Tu étais rasé, peigné, frais comme un gardon ! J'étais tellement heureuse de te voir ainsi ! Tu avais eu un déclic, selon tes dires, et arrêté l'alcool.

Tu avais même fait quelques jobs en intérim, tu remontais doucement mais sûrement cette pente glissante.

Et puis il y a toi, Samuel, qui passais plus de temps dans nos cellules que chez toi. Tu as fait partie de mes premières interpel', encore stagiaire, pour des vols à l'étalage. Avec ta petite bande de l'époque, vous aviez pour habitude de vous servir au Monop' du coin et de partir sans payer. Vous étiez des minots. On vous faisait la morale en vous disant que vous alliez mal tourner si vous continuiez parce que *« qui vole un œuf, vole un bœuf »*. Mais vous continuiez. Les premiers temps, tu avais échappé à la garde à vue, l'OPJ privilégiait les convocations en audition libre du fait de ton jeune âge. Et puis un jour, ce fut le vol de trop, première GAV. Puis deuxième, puis troisième... Puis j'ai arrêté de compter. Dès que je voyais ton nom sur le registre des GAV, je me disais : *« Putain il est encore là, qu'est-ce qu'il a fait ce coup-ci ? »* Et je constatais que tu étais en pleine escalade délictuelle. Du vol étalage, tu étais passé au vol à l'arraché, vol violences, extorsion, cambrio... Cela s'était fait en l'espace de quelques mois. Pourtant, tu n'étais pas un mauvais gamin. Nos échanges étaient toujours respectueux et courtois. On a fini par se connaître, on en venait même à se charrier gentiment et à se marrer comme deux vieilles connaissances. Ta mère ne supportait plus de venir te chercher à la fin de tes gardes à vue, elle était dépassée, elle ne savait plus quoi faire. Elle te transmettait pourtant une éducation traditionnelle et assez stricte. Et puis un jour, elle a pris la décision de *« t'envoyer au bled pendant quatre mois, sans internet, sans portable, pour apprendre la vie »*. Du jour au lendemain, tu as disparu de la circulation. Jusqu'à ce que je retombe sur toi pendant une intervention : *« Eh m'dame ! Vous avez changé de couleur de cheveux ?! Franchement stylé hein, ça vous va trop bien ! »* Pendant l'année qui a suivi ton retour, plus de son, plus d'images, tu t'étais calmé, on ne te croisait plus.

Devenu majeur, tu avais 7 mois de sursis au-dessus de ta tête, comme une épée de Damoclès prête à te transpercer. Mais il y a quelque temps, je t'ai amené au dépôt avec mon équipage, sachant pertinemment que tu n'en ressortirais pas. Contrôlé par des collègues avec du stups sur toi. Tu savais que tu avais grillé ta dernière cartouche et que tu risquais de voir ton sursis se transformer en ferme. Alors tu t'es rebellé et tu as fini par frapper un collègue afin de prendre la fuite. Mais tu as été rattrapé. On s'est retrouvés tous les deux sur le banc d'attente du dépôt et tu t'es mis à me parler. Tu réalisais.

« Putain, j'suis fini là, ça y est.

– Franchement, de toi à moi Samuel, ça fait des années qu'on se connaît maintenant, t'as vraiment été con.

– C'est vrai, t'as raison m'dame. Mais j'te jure, j'ai pas réfléchi sur l'moment, j'me disais juste que j'avais les 7 mois là, j'veux pas aller en zonz moi tu vois.

– Sérieux, je ne comprends pas pourquoi tu as fait ça. Pour une barrette à la con, regarde où tu es là ! C'est du gâchis ! Ça faisait presque un an qu'on ne te voyait plus. Ils t'ont laissé une chance quand tu t'es fait péter pour les cambrios, tu te tenais à carreau, t'avais trouvé un petit boulot et là tu fous tout en l'air.

– J'ai capté. J'aurais jamais dû faire ça, j'te jure, j'regrette. En plus, ton collègue j'l'avais déjà vu, il est tranquille, mais là j'sais pas pourquoi, j'ai vrillé. »

Je t'avais donc laissé là-bas, avec le goût du travail mal fait. D'un point de vue rationnel, au regard de tes antécédents et des faits en question, je n'aurais dû avoir ni compassion, ni émotion. Et pourtant. Sur la route du retour, je me répétais qu'on avait raté quelque chose, qu'à un moment donné, on avait dû avoir une ouverture pour te remettre dans le droit chemin, mais qu'on avait loupé le coche. Dans le fond, tu n'étais pas un mauvais gamin. Juste un gosse qui avait enchaîné les mauvaises décisions, et surtout les fréquentations merdiques. Celles du quartier où tu as dû faire tes preuves pour ne pas te faire emmerder par les plus grands, celles qui t'ont forcé à voler pour elles. Celles que tu ne nous balanceras jamais et qu'on ne pourra pas mettre en cause faute de preuves. Celles dont tu avais bien trop peur. Cet engrenage contre lequel on se sent impuissants et contre lequel la PSQ seule ne pourra rien changer. Oui, tu as fait tes propres choix. Oui, tu en es responsable. Mais finalement, n'était-ce pas un peu « *marche ou crève* » pour toi ? J'étais rentrée au comico* avec l'esprit tiraillé et un terrible sentiment d'échec. Je savais que je n'y étais pour rien. Mais le seul fait de savoir que l'issue aurait peut-être pu être différente laissait un goût amer. Il n'y a rien de pire, dans ce boulot, que d'avoir connu un gamin à l'époque où il faisait des petites conneries et d'être aussi celle qui l'amenait derrière les barreaux, sans doute pour plusieurs mois. Je savais pertinemment qu'il ne s'en remettrait jamais.

MISÈRE HUMAINE

Vous l'avez compris, le métier de flic s'apprend sur le tas. Dans le fond, il n'y a peut-être qu'un dixième de notre quotidien que l'on apprend en école de police. Le reste, on le découvre au gré de nos interventions. Et je vous l'assure, nous n'y sommes pas préparés. En même temps, comment se préparer à affronter la mort, la détresse ou la misère ? Je vais tenter de vous l'expliquer à travers le récit de certaines de mes interventions. Même si vous n'en percevrez sans doute qu'une infime part de vérité : encore une fois, seuls ceux qui ont déjà vécu ces situations peuvent nous comprendre. Néanmoins, je suis convaincue qu'il est important, voire primordial, que le grand public puisse en avoir un aperçu. Peut-être cela lui permettra-t-il de se faire une idée plus juste de ce qu'est notre quotidien.

DIOGÈNE

Quelque temps après mon arrivée à Paris, un matin d'automne, je suis appelée avec mon équipage sur ce que l'on appelle « une personne ne répondant pas aux appels ». Notre mission consiste alors à nous rendre au domicile de ladite personne afin de vérifier qu'elle va bien, puisqu'elle ne répond pas au téléphone à un ou plusieurs proches, et ce depuis plusieurs jours. La plupart du temps, nous effectuons une levée de doute. Malheureusement, de temps à autre, il s'avère que l'on découvre un cadavre.

Ce jour-là, après avoir gravi sept étages d'un vieil immeuble parisien dépourvu d'ascenseur, je me retrouve avec mes collègues à tambouriner sur une porte, qui restera close malgré plusieurs minutes d'acharnement. Nous faisons donc appel aux sapeurs-pompiers de Paris afin qu'ils effectuent une ouverture de porte. Parce que oui, il n'y a que dans les films que l'on défonce des portes pour tout et n'importe quoi ! Dans la réalité, le domicile, en droit français, est une notion sacrée. Hors de question de rentrer chez les gens comme on le désire, et surtout hors de tout cadre légal. En l'espèce, la procédure requiert de recourir aux pompiers.

Quelques minutes plus tard, ceux-ci sont sur place et réussissent en une poignée de secondes à faire céder cette fine porte en bois. Immédiatement, une odeur pestilentielle s'empare de nos narines. *« Du pourri. C'est ça, ça sent le pourri. »* Comme une énorme poubelle qui serait restée au soleil toute la journée, avec une pointe d'urine et d'excréments. Évidemment, on lâche des *« beurk »* et des *« putain, mais ça pue ! »*, comme n'importe qui, notre système olfactif n'étant pas immunisé dû fait de notre fonction. Instinctivement, j'enfile mes gants renforcés anti-coupure, je pousse la porte, elle s'entrebâille sur une trentaine de centimètres, mais impossible d'ouvrir davantage. Je me demande ce qui la bloque : un corps, peut-être ?

Du fait de mon petit gabarit, mes collègues me désignent d'office afin de me faufiler à travers ces 30 centimètres. Vous l'aurez deviné, on ne m'a pas demandé mon avis ! Je passe ma tête et là, je suis confrontée à une vision apocalyptique. Un amoncellement d'ordures ménagères, du sol au plafond. Sur ma gauche, les toilettes, avec des pans de murs entiers recouverts de merde, comme si elle avait été étalée à la main, et la cuvette et la lunette jaunes de pisse. Je sens les haut-le-cœur monter, je vais vomir tant ce que je vois me dégoûte au plus haut point : la vision est pire que l'odeur. Mes collègues, restés derrière la porte (les chanceux), me demandent ce que je vois. *« Bah... Comment vous dire... ? »* Des emballages sales, des restes de bouffe, des papiers, des journaux, de la crasse, des épluchures pourries, des bestioles rampantes, d'autres qui volent... Et des tonnes d'objets entassés les uns sur les autres. Pour accéder au salon, je dois escalader des tas de déchets qui forment une sorte d'escalier. Arrivée au sommet, je n'ai d'autre choix que de me mettre à quatre pattes pour poursuivre ma progression. Un mètre à peine me sépare du plafond. J'avance tant bien que mal, une lampe torche dans la bouche, manquant de me cogner la tête toutes les trois secondes. L'odeur est insoutenable, je tente de respirer par la bouche pour la sentir le moins possible, mais rien n'y fait. Elle imprègne toute la pièce et a déjà élu domicile sur mon uniforme. À tâtons, je progresse tranquillement. Puis, dans un coin de la pièce, j'aperçois un espace vide. Je m'y faufile et découvre alors, transperçant ce monticule d'ordures, un bras tendu. Je me précipite pour déblayer le corps qui se trouve en dessous. Un corps hélas sans vie, en position assise, sur une chaise. L'empilement a dû s'écrouler sur lui après son décès.

Demi-tour pour informer mes collègues. Maxime m'explique que nous sommes face à un syndrome de Diogène, plus communément appelé syndrome de l'accumulation. Un trouble du comportement qui pousse la personne qui en est atteinte à tout garder et ne rien jeter, de manière compulsive. Cela débute par un simple encombrement pour devenir une véritable incapacité à préserver une hygiène minimale et des conditions de vie décentes. Le malade vit souvent reclus chez lui, sort peu, s'isole socialement. Même si je connaissais ce syndrome pour l'avoir étudié à la fac, je fus choquée d'y être confrontée ce jour-là dans d'aussi macabres circonstances, et de voir de mes propres yeux que des gens pouvaient vivre, malgré eux, dans de telles conditions.

Je constaterai au fur et à mesure des années, et même si je suis encore un « bébé police », que ce syndrome souvent méconnu est très répandu. Je ne compte plus les fois où je suis intervenue avec mes collègues chez des personnes qui en souffrent. Or, nous sommes souvent désemparés face à cela, n'ayant pas de solution miracle et ne sachant pas forcément prendre en charge ces malades. En fonction des cas, des signalements sont faits aux bailleurs, aux familles quand on parvient à les contacter, mais la réalité est que la majorité de ces personnes sont seules avec leurs obsessions et que nous sommes totalement impuissants.

I3P

J'ignore s'il s'agit d'un phénomène propre à Paris, mais la capitale regorge de « personnes ne jouissant pas de toutes leurs facultés mentales », selon nos termes police. La prise en charge de ces individus, qui peuvent être dangereux pour eux-mêmes ou pour autrui, fait partie des missions de la Police Secours lorsqu'ils se trouvent sur la voie publique ou lorsqu'un de leurs proches nous requiert à domicile. On recourt alors à une « I3P », la procédure d'hospitalisation d'office par la police déjà évoquée, une intervention qui, vous vous en doutez, déborde d'imprévus.

Nous ne sommes pas psychiatres et aucune formation ne nous est dispensée à proprement parler. En école de police, une psychologue nous avait décrit la procédure et prodigué quelques conseils sur la façon d'aborder ces personnes, mais c'est à peu près tout. Le reste, on l'apprend sur le tas. Et avec les anciens. Avec le temps, vous développez une sorte de radar, et quelques phrases suffisent parfois pour vous mettre la puce à l'oreille. Il arrive que certains feignent la folie, espérant ainsi échapper à leur responsabilité pénale (oubliant par exemple que la garde à vue n'est pas un jugement) ou tout simplement gagner du temps. C'est une erreur grossière.

Cela peut sembler étonnant, mais il y a des périodes à I3P. Les phases de pleine lune, par exemple, sont particulièrement chargées. De temps à autre, pendant une à deux semaines, il m'arrive de faire une procédure I3P par vacation, sans que je me l'explique. Comme si une force supérieure leur commandait de se révéler à nous.

14h15, un après-midi de printemps. Début de service pour ma brigade et moi-même – la fameuse relève de 14h30 qui s'effectue à 14h15, comme vous le savez maintenant. Demande de soutien des Tango*. Équipés avec mes collègues à bord de la PS, on prend la mission. Il s'avère qu'ils ont besoin d'un véhicule pour effectuer le transport d'un interpellé pour vol étalage. Compliqué de le ramener sur leurs vélos ! Une fois sur place, je reconnais immédiatement un individu très connu de nos services comme étant I3P. Je l'avais moi-même conduit à plusieurs reprises à l'infirmerie psychiatrique de la préfecture de police de Paris à Sainte-Anne. Ce jour-là, il a volé trois brioches et deux bouteilles d'eau aromatisée, pour un préjudice de 8 euros. Le magasin dépose plainte. Lui ne parle pas. Impossible de communiquer. Il plante son regard dans le mien mais aucun mot ne sort de sa bouche. J'ai beau l'appeler par son nom, son prénom, essayer d'établir un échange, rien n'y fait, alors qu'il est habituellement très prolixe. Je le connais suffisamment pour trouver son attitude particulièrement flippante. Il ne détache pas son regard, comme emprisonné dans une forme de mutisme. Lors du trajet vers le commissariat, nous tentons de nouveau d'échanger avec lui. En vain. Il se contente de fixer le plafonnier du Berlingo. Mes collègues masculins procèdent à sa fouille de sécurité (obligatoire avant sa conduite à l'Hôtel-Dieu), s'assurent qu'il ne détient rien de dangereux pour lui-même ou pour autrui, lui retirent lacets, ceinture, etc. Ils m'ont raconté ensuite qu'avant même que la fouille ne commence, il s'était mis en garde, prêt à boxer, d'un coup, sans raison, avant de se replonger dans le silence et l'immobilité. Une fois à l'Hôtel-Dieu, nous attendons plus d'une heure, tandis qu'il continue de crier et de grogner, avant que le psychiatre ne procède à son examen.

Son verdict ne nous surprend pas : l'individu représente un danger imminent pour l'ordre public, lui-même et autrui, et son état psychiatrique nécessite une hospitalisation d'office afin d'assurer sa sécurité et celle des autres. Cet examen étant totalement confidentiel du fait du secret médical, nous ne savons jamais ce qu'il s'y dit. Le médecin nous fait simplement part de ses conclusions quant à la nécessité d'une prise en charge par l'infirmerie psychiatrique de la préfecture de police de Paris. Une fois arrivés sur site, les infirmiers, constatant le mutisme de l'individu, décident de lui passer les contentions et l'immobilisent. Il se retrouve alors face au mur, sa tête posée contre celui-ci. Tout à coup, sa tête pivote lentement dans ma direction. Il plante de nouveau son regard dans le mien puis esquisse un sourire. Je ne vais pas mentir, j'en ai des frissons. J'ai l'impression d'être dans *Shining* !

Je n'ai jamais revu cet homme, mais cette image reste gravée dans ma tête. Je ne saurai jamais s'il bluffait, s'il était vraiment en crise ou dans une phase psychotique. Ce qui est sûr, c'est que de tels comportements, imprévisibles et instables, sont très déstabilisants pour nous. Nous ne savons pas vraiment comment les aborder et n'avons d'autre choix que de rester sur nos gardes. Nous ne sommes pas dans leur tête, mais nous devinons qu'il s'y passe beaucoup de choses, qu'ils se trouvent dans une réelle détresse psychologique et ne perçoivent pas le monde comme nous le percevons. Alors nous faisons du mieux que nous pouvons, pour eux, pour nous mais aussi pour autrui. Et nous apprenons sur le tas, au fil de nos expériences.

DELTA

Découverte de cadavres à domicile, sur la voie publique, dans la Seine, arrêts cardio-respiratoires... Nos missions de Police Secours nous mettent régulièrement en présence de « delta », pour Delta Charlie Delta. Avant l'école, j'étais persuadée que nous serions formés à affronter la mort, que par exemple nous assisterions à une autopsie pour nous y préparer. Ce n'est pas le cas. De même, je pensais que nous aurions des cours qui nous apprendraient à annoncer le décès de quelqu'un à un proche, à trouver les bons mots, même s'il n'y en a jamais. Ce n'est pas le cas non plus. Rien ne nous prépare à être confrontés à la mort et à l'aborder de la manière la plus sereine possible. Encore une fois, on apprend sur le tas. Les anciens nous épaulent, nous guident, nous conseillent. Je vous ai déjà raconté mon premier delta. Quand on sait que c'est le premier delta de l'un d'entre nous, on est particulièrement attentif à sa réaction, à ses gestes, ses paroles, ses silences, ses mimiques, ses traits de visage, et notamment après, une fois dans la voiture, quand le corps est parti avec les pompes funèbres et que l'on rentre au central pour rédiger notre rapport. C'est mon rôle, depuis quelque temps, de faire « l'ancien » comme je peux et d'épauler les nouveaux. Mais croyez-moi, chaque delta reste une épreuve pour chacun de nous.

Il paraît que l'on se souvient de chacun de leurs visages et que parfois, ils viennent nous rendre visite dans nos rêves. Certains disent même qu'ils s'endorment le soir en se les repassant en boucle dans leur tête. D'autres avancent qu'ils les oublient tous. Pour ma part, j'ai appris à les dépersonnaliser. Quand j'entre dans le domicile d'un défunt et que je découvre son cadavre, je m'attache à être minutieuse, professionnelle, et je m'efforce de considérer ce corps comme uniquement un corps. Et non une âme. Notre responsabilité est grande : nos premières constatations peuvent amener à la découverte d'une mort suspecte, qui peut donc s'avérer criminelle. Nos émotions ne doivent pas entrer en ligne de compte et nous avons obligation d'être irréprochables. Nous le devons à la victime mais aussi à sa famille et à ses proches qui attendent des réponses.

J'ai cependant un petit rituel. Lorsque nous intervenons pour ce genre de mission, nous devons confirmer l'identité du défunt, c'est-à-dire nous mettre en quête d'une pièce d'identité officielle (carte nationale d'identité, permis de conduire, passeport). Pour cela, nous devons souvent fouiller dans ses affaires personnelles. En général, ladite pièce d'identité est rangée dans un endroit logique, où on la retrouve rapidement : sac à main, poche intérieure de manteau, tiroir de table de nuit, etc. Mais parfois, cela relève d'une chasse au trésor ! Dans tous les cas, on est plongé dans les effets personnels de la victime, son histoire, son quotidien, le cours de sa vie ; on entre dans son intimité. Mon rituel, c'est de m'imaginer quelle a été sa vie. Je m'invente un scénario avec les éléments que j'ai en ma possession, identité, photos, lieu de vie... C'est ma manière de l'humaniser et de la rendre vivante. Difficile, parfois, de maintenir ce faisant les barrières qui sont absolument nécessaires pour ne pas perdre pied. Mais je suis attachée à ce rituel, je n'ai pas envie de voir la victime uniquement comme un cadavre, un amas de chair, même si cela serait *in fine* beaucoup plus facile à encaisser.

Alors je fais partie de ceux qui ne les voient pas en m'endormant le soir. J'ai cette chance de réussir à compartimenter mon cerveau et à placer tous ces visages dans un tiroir qui ne s'ouvre que très rarement. En revanche, il n'est pas verrouillé. Parfois, je vais penser à l'un d'entre eux, je vais en rêver, peut-être en parler. Évidemment, certains m'ont plus marquée que d'autres. Celui qui, décédé de vieillesse dans son lit, s'était mis sur son 31, les mains croisées sur la poitrine, peigné, rasé de près, avec un petit mot sur la commode à notre attention ; celui dont le cœur n'avait pas tenu après une partie de jambes en l'air sadomasochiste qui avait mal tourné, dans son appartement transformé en donjon à la « Mister Grey », où on l'avait retrouvé les menottes encore aux poignets ; ce sans domicile fixe de même pas 30 ans, mort de froid sur les quais de Seine ; ou cet enfant de 3 ans qui ne s'est pas réveillé, alors que ses parents dormaient à poings fermés dans la chambre à côté.

C'est ce petit garçon qui me hante le plus souvent. Quand, au petit matin, tu annonces le décès d'un enfant à ses parents et que la mère s'effondre dans tes bras, il faudrait trouver les mots, mais ceux-ci n'existent pas. Il faut oublier qu'on sera le visage que cette mère associera toute sa vie à la perte de son enfant. Il faut faire abstraction du si jeune âge du défunt et faire son boulot, malgré tout. Nous ne pouvons pas faillir. Nous ne pouvons pas nous laisser emporter par notre désarroi et notre tristesse. Nous ne devons pas. Nous devons rester dignes, forts, professionnels, alors qu'à l'intérieur nous sommes abasourdis, choqués et touchés en plein cœur. Comment ne pas faire de transfert ? Comment rentrer chez soi comme si de rien n'était ? Comment dormir avec ces images dans la tête ? Comment ne pas être obnubilé par ce visage ? Comment enchaîner avec une autre mission ? Comment passer à autre chose ? Nous n'avons pas le choix. Nous compartimentons. Nous avançons. Mais nous n'oublions pas. Jamais.

Alors oui, je compartimente et je ne les vois pas tous les jours. Mais je me souviens de tous les décès que j'ai pu constater, depuis le début de ma jeune carrière. Et de temps à autre, j'ai une pensée pour eux. Ce jour-là, j'ai eu du mal à garder mon sang-froid et à contenir mes larmes devant la détresse de cette femme. Ses cris de douleur résonnent encore dans ma tête. Je ne savais plus quoi faire ni quoi dire quand nous nous sommes retrouvées toutes les deux agenouillées au sol. Je la tenais dans mes bras, du plus fort que je pouvais. Je lui ai laissé mon épaule pour pleurer et mes bras pour s'y agripper. Je n'ai pas osé lui dire qu'elle me faisait mal tellement elle me serrait. Je ne pouvais que tenter de la calmer et la rassurer. C'était dur. Et je n'ai pas honte de le dire. Tous les jours, nous sommes des milliers de flics à entrer dans votre vie, parfois dans les moments les plus cruels. Nous n'en sortons pas indemnes, quoi que nous laissions transparaître. Mais nous continuerons vaille que vaille.

SAUVETAGE

Autre mission qui incombe à la police nationale, trop méconnue celle-ci : la protection animale. Les commissariats font en effet office de lieux d'accueil pour les animaux errants, abandonnés, maltraités, le temps de les placer dans des associations. Si vous trouvez dans la rue un animal qui semble perdu, ou bien attaché à un poteau, vous pouvez l'amener au commissariat le plus proche. Et ce sont les effectifs de Police Secours qui seront au poste ce jour-là qui prendront en charge la boule de poils que vous nous déposerez. De même, si vous décidez d'abandonner votre animal de compagnie, plutôt que de le laisser à un coin de rue, amenez-le nous. Et si vous êtes témoin de maltraitance animale, faites le 17. C'est une mission qui nous tient énormément à cœur. Beaucoup de policiers sont eux-mêmes engagés dans des associations de protection animale, recueillent des animaux maltraités ou abandonnés le temps de leur trouver une nouvelle famille, ou adoptent un chien ou un chat récupéré au commissariat. C'est une facette souvent ignorée du métier de flic, mais à laquelle j'ai encore été confrontée très récemment, dans des circonstances très particulières.

« PSXX de TNXX. Rendez-vous 188 rue des Flandres pour un différend familial. » Nous nous y rendons avec mes collègues, Pierre et Séb. Je demande plus de précisions et TN me répond que les voisins entendent des cris provenant de l'appartement et du palier. Sur place, après avoir sonné et toqué plusieurs fois, nous entendons derrière la porte un brouhaha de voix, d'aboiements contenus, de gémissements... Nous nous regardons avec Pierre et Séb. Il se passe quoi là ? Nous insistons et une jeune fille finit par ouvrir, ou plutôt par se faufiler à l'extérieur de l'appartement en refermant la porte derrière elle. J'ai à peine eu le temps de regarder à l'intérieur, mais cela m'a suffi pour détecter la présence d'au moins deux chiens adultes... et pour sentir, comme mes collègues, une odeur nauséabonde, mélange de déjections animales, d'urine, d'ordures, de crasse. Cela ne présage rien de bon et il faut à tout prix que nous parvenions à pénétrer dans l'appartement.

La jeune fille semble affolée de nous voir. C'est flagrant : quelque chose d'anormal se passe à l'intérieur. Lorsqu'on lui demande s'il y a un problème, elle nous répond simplement qu'une bagarre a éclaté entre ses chiens un peu plus tôt dans l'après-midi. Bingo ! Nous avons un prétexte pour justifier notre demande d'entrer : vérifier l'état de santé de tous les animaux avant de quitter les lieux. La jeune fille retourne précipitamment dans l'appartement en prenant soin de bien refermer la porte derrière elle. Plus aucun doute possible sur le fait que nous devons rentrer.

Elle revient avec un chiot de même pas trois mois dans les bras, nous explique qu'il a été blessé au cours de la bagarre et nous montre qu'il saigne au niveau d'une patte et d'une oreille. La porte étant toujours fermée, nous insistons lourdement pour *« simplement jeter un coup d'œil aux autres chiens »*. Elle finit par accepter. Aussitôt la porte ouverte, l'odeur est presque insoutenable. C'est un taudis. L'appartement doit faire dans les 50 m^2. 50 m^2 d'insalubrité. Le sol est recouvert de pisse et de merde de chiens, nos rangers restent collées au parquet, les cloisons, tout aussi collantes, tiennent à peine debout tellement elles sont trouées, chaque pièce est remplie d'un amas d'ordures et de déchets dans lesquels festoient de nombreux insectes volants et rampants, des fils électriques pendent à droite à gauche, l'évier de la cuisine déborde de vaisselle sale, et je ne vous parle même pas des toilettes.

Au milieu de ce chaos, dix chiens. Six chiots de quelques semaines, endormis au milieu des immondices ou claudiquant tant bien que mal, et quatre chiens adultes. Aucun n'est pucé ou tatoué. Ils sont tous sales, malnutris, effrayés. Les adultes portent tous une muselière, *« pour qu'ils n'aboient pas »*. On hallucine. C'est la première fois que je suis confrontée à ça. Ces chiens ne voient jamais la lumière du jour, leurs maîtresses ne les sortent jamais pour les promener et les laisser faire leurs besoins. Ils n'ont jamais vu un vétérinaire. Les chiots ont été mis au monde dans cet appartement, sans suivi, sans hygiène. Dès qu'ils font le moindre pas de travers, gémissent ou aboient un peu trop fort, les coups pleuvent. La maltraitance est flagrante puisque dès que nous essayons de les caresser, ils baissent systématiquement la tête ou sursautent. Ils ont peur de la main de l'homme. Dès qu'ils nous ont vus, ils sont venus spontanément se réfugier auprès de nous. Comme s'ils avaient senti qu'on allait les sauver de cette maison de l'horreur. Malgré les hurlements de leurs maîtresses qui semblent paradoxalement les aimer et leurs justifications plus farfelues les unes que les autres, nous repartons avec les chiots sous les bras et les adultes en laisse. Tous les collègues disponibles de l'arrondissement sont venus nous prêter main forte, tous touchés par cette mission. L'OPJ ordonnera par la suite leur saisie et le placement en garde à vue des propriétaires, tandis que nous passerons des coups de fil aux associations de protection animale que nous connaissons afin de leur trouver rapidement des familles d'accueil et des adoptants, mais surtout afin de les faire pucer, vacciner, vermifuger et examiner.

Il aura suffi de quelques heures pour que tous soient recueillis et pris en charge.

Aujourd'hui, ces boules de poils attendent sagement la décision du magistrat en charge du dossier afin de pouvoir être mis à l'adoption. Tant que l'affaire n'est pas jugée, ils ne sont que saisis provisoirement. Je ne comprendrai jamais comment l'on peut s'en prendre à des animaux qui n'ont rien demandé à personne, qui aiment leur maître malgré le fait qu'il les bat, qui sont fidèles et inoffensifs. Il n'y a que les lâches et les fous pour les maltraiter. Mais je ne peux pas vous dire à quel point je suis fière de cette intervention et surtout de ne pas avoir cédé, faisant confiance à mon instinct dès le début.

AVP

AVP : accident de voie publique. Autrement dit, accident de la route. Je ne les compte plus depuis mes débuts. Régulièrement matériels, parfois corporels plus ou moins graves, hélas quelquefois mortels, nous sommes malheureusement trop souvent témoins de drames qui auraient pu, la majeure partie du temps, être évités. Je vous ai déjà raconté mon premier, plus spectaculaire que grave. Celui-ci est le pire de tous ceux que j'ai connus. Âmes sensibles s'abstenir.

« PSXX de TNXX.

– À l'écoute TN !

– Angle rue de Paris et rue Jean Bart pour un AVP corpo entre un VL et un piéton.*

– C'est pris. »

Réaction immédiate dans le véhicule : *« Mais merde, y a toujours des AVP à cette adresse, c'est dingue ! »* Et c'est vrai que ce n'était pas le premier que je faisais à cet endroit. Une artère principale de l'arrondissement, un croisement, une priorité à droite dangereuse, une vue pas forcément facilitée par l'architecture et le marché régulier accueilli dans cette rue... Résultat, les accidents y étaient très fréquents.

Gyro deux-tons* activé, chaque minute compte pour les AVP. En général, les sapeurs-pompiers sont sur place avant nous, mais il peut arriver que nous soyons requis en premiers et que nous arrivions avant eux. Il est rare que nous connaissions la gravité de l'accident avant d'être sur place et les premiers éléments évoluent souvent entre le moment où nous sommes appelés et le moment où nous découvrons la scène. Et là, nous n'étions pas au bout de nos peines.

Une scène comme je n'en ai jamais vu : une camionnette, de la fumée, des cris, des pleurs, des gens qui courent partout, trois personnes à terre, et du sang, beaucoup de sang. La circulation n'est pas bloquée et les badauds s'accumulent comme des vautours autour de la charogne, téléphone en main, photographiant et filmant la scène, dépourvus de toute pudeur. Les pompiers sont là également, un seul VSAV (véhicule de secours et d'assistance aux victimes) est arrivé, et ils s'affairent sur les blessés depuis quelques minutes. Quant à nous, on essaye de comprendre ce qu'il s'est passé. Très vite, un jeune homme vient vers nous et nous explique que la camionnette venait de la priorité à droite, à vive allure, comme si le conducteur en avait perdu le contrôle. Elle a fait un tout droit dans l'allée piétonne en face et a fini dans la devanture d'une boutique, emportant sur son passage trois piétons. Face à cette horreur, on ne peut qu'activer le mode « pro » et faire abstraction de ce que l'on voit. Premièrement, s'assurer de la prise en charge des victimes. Deuxièmement, demander du renfort pour boucler le secteur, fermer la circulation, éloigner les curieux. Troisièmement, demander une autorité sur place. Vu les faits, la presse sera là d'une minute à l'autre. Et personnellement, je n'ai pas spécialement envie de me les coltiner. Quatrièmement, commencer à récolter un maximum d'informations et de témoignages.

Prise de contact avec les sapeurs-pompiers, des renforts arrivent de leur côté. On m'a annoncé trois piétons mais à première vue, je ne repère que les deux personnes dont s'occupent les secours. Je cherche, je me retourne à 360° et là, je distingue une forme sous la camionnette, presque encastrée entre la devanture et le véhicule. Un corps. Le troisième piéton. Dans le même temps, un pompier m'explique qu'ils n'ont rien pu faire pour lui, selon eux il est mort sur le coup. Mon regard dévie vers une jeune fille qui hurle. Elle n'a même pas mon âge. Encore une fois, j'avais manqué quelque chose en voyant la scène à notre arrivée : elle hurle parce que sa jambe droite est coupée. Sectionnée. Arrachée. Elle hurle parce qu'elle fixe ce qui était sa jambe droite il y a encore quelques minutes et parce qu'elle réalise qu'elle n'en a plus. Les pompiers tentent de la calmer, mais rien n'y fait. Elle est en état de choc. Je comprends au fur et à mesure que le piéton décédé est son petit ami et que l'autre femme, blessée plus légèrement, est sa meilleure amie. J'emmagasine toutes ces informations et entame mon premier compte-rendu radio, en essayant de rester la plus calme possible malgré les événements. J'annonce un mort, un blessé grave avec pronostic vital engagé, un blessé léger et trois personnes en état de choc : la gérante de la boutique, ainsi que le conducteur et sa femme, un couple de septuagénaires qui ne réalisent absolument pas ce qu'il vient de se passer. J'essaye de questionner le conducteur, ce petit papy qui tient à peine debout, qui semble myope comme une taupe et sourd comme un pot. Il peine à aligner trois mots mais me déclare qu'il pense avoir confondu les pédales, s'être embrouillé les pieds et qu'au lieu de freiner, il a accéléré. Le temps de comprendre ce qu'il se passait, il était déjà trop tard. Je me dis que c'est hallucinant qu'il conduise encore et qu'il est urgent de mettre en place des visites médicales annuelles pour les personnes âgées qui ont le permis et qui souhaitent continuer à conduire. Et puis, après quelques secondes à le regarder et à l'écouter, j'ai pitié de lui. Il me fait de la peine. Il est perdu, choqué, traumatisé, réalise petit à petit qu'il vient de tuer quelqu'un, handicaper une jeune fille et en blesser une autre, dont les séquelles physiques seront peut-être moins lourdes mais qui restera marquée à vie psychologiquement. Et c'est devant ce visage, le visage de ce conducteur qui venait de donner la mort, que je découvre à quoi ressemble le visage de l'homicide involontaire. Celui de la culpabilité d'avoir tué sans le vouloir. Un visage qui serait désormais le sien pour le restant de ses jours. J'ai souvent tendance à dire que dans la vision d'un policier, tout est blanc ou noir : il y a les méchants et les gentils. Mais là, c'est différent. La vie de ce papy est brisée elle aussi, ces quelques secondes vont le ronger et hanter ses nuits. Il a ôté la vie par inattention ou par inaptitude à contrôler ses mouvements. Aussi tragique et malheureux que soit cet accident, il n'en demeure pas moins un accident. Et c'est difficile de ne pas avoir de « vrai coupable » à blâmer et à accuser. Celui qui l'a cherché, celui qui a cette fameuse « intention coupable » que l'on nous enseigne en école de police, qui caractérise l'envie de commettre une infraction et en est un élément constitutif. Néanmoins, pour les besoins de l'enquête, le conducteur est placé en garde à vue. Au vu de son état, il est conduit à l'hôpital, avec escorte policière du fait de la mesure dont il fait l'objet. Il sera auditionné à l'issue.

De notre côté, nous nous battons avec le public qui ne respecte rien, pas même la dignité humaine. Derrière les fenêtres des immeubles alentours, le voyeurisme cohabite avec la curiosité la plus morbide. Ça filme, ça photographie, ça profite du spectacle macabre sans la moindre gêne. Je perds mon sang froid, je leur gueule d'arrêter, de fermer leur fenêtre, de rentrer chez eux, je m'égosille, je hurle que ça pourrait être un de leurs proches, je leur demande d'avoir un minimum de décence. Mais rien n'y fait. La curiosité est plus forte que tout. Je cherche dans notre véhicule quelque chose qui puisse obstruer leur vue : un drap, une couverture de survie... Mais je n'ai rien. Je regarde autour de moi, je vois des panneaux publicitaires sur pied, j'attrape deux collègues pour les déplacer et les mettre devant les victimes. Comme souvent, on fait avec les moyens du bord. On dit de la Police Secours que nous sommes les couteaux suisses de la police : ceux qui savent tout faire, touche-à-tout, débrouillards en somme.

Ces minutes me semblent durer une éternité. Certes, les renforts sont arrivés très vite, mais nous nous sommes sentis bien seuls, un peu désemparés et inutiles. Malheureusement, notre rôle se limite à sécuriser les lieux, établir un périmètre de sécurité, recueillir les informations. On aurait aimé faire plus, aider plus, sauver plus. Les circonstances laissant peu de place au doute, une fois le secteur bouclé, les renseignements pris, les pompiers partis en direction de l'hôpital avec les deux blessés, le STJA* va prendre la relève. Je transmets nos infos et reste sur place plusieurs heures avec le reste des effectifs, le temps que les collègues du STJA procèdent aux diverses constatations, que le véhicule soit remorqué et que le service de la voirie de la Mairie de Paris vienne procéder au nettoyage des lieux.

J'ai su par la suite que la jeune femme avait survécu, mais avait dû se faire amputer. Elle a donc perdu son petit ami et sa jambe alors qu'elle marchait paisiblement dans la rue, sur le trottoir. Malgré nos mises en garde, nos remontrances lorsque, à l'occasion de contrôles routiers, nous constatons des infractions dangereuses commises par les conducteurs (feu rouge, sens interdit, vitesse excessive, priorité…), certains continuent à rouler comme des tarés. Alors je m'abstiendrai de toute leçon de morale, mais lorsque vous serez tentés de faire une connerie au volant, pensez seulement à cette gamine de 20 ans, qui avait toute la vie devant elle, et à son copain, mort avant d'avoir fini ses études supérieures. Je vous assure, ça fait gamberger.

VOLE

Si je vous dis « Police Secours », je suis à peu près sûre que vous ne penserez pas une seule seconde que nous intervenons sur ce genre de mission. La grande majorité des Français pense que la « police en uniforme », c'est celle qui nous met des PV sur la route et qui nous « casse un peu les pieds ». J'espère qu'au fil de ces pages, vous commencez à vous en faire une vision différente. J'aurai réussi mon pari si, en terminant ce livre, vous portez un autre regard sur la Police Secours.

J'ai l'impression de me répéter mais il y a des appels que l'on redoute, que l'on aimerait éviter, ou pour lesquels on passerait volontiers notre tour. Comme ce jour où je fus appelée, avec mon équipage, sur une défenestration. J'étais avec Marion notamment, fraîchement débarquée depuis quelques jours dans notre brigade.

Une fois n'est pas coutume, nous sommes arrivés avant les pompiers. Voiture en travers de la rue pour sanctuariser les lieux et éviter trop de passage, afin de pouvoir intervenir en toute tranquillité et sécurité. Je vois une dame qui nous fait signe au bout de la rue, je me précipite vers elle et elle me désigne la victime dans un renfoncement, une sorte de petite cour donnant sur le trottoir, dépourvue de clôture. J'analyse en trois secondes la scène que j'ai en face de moi. Je me retourne et je vois Marion qui arrive en courant vers moi avec mon autre collègue, arrivé quelques mois auparavant. Je les stoppe immédiatement dans leur course et leur ordonne de mettre en place un périmètre de sécurité et d'attendre l'arrivée des pompiers pour déplacer notre véhicule et les laisser passer. La vérité, c'est que je ne veux pas qu'ils voient ce que je suis en train de voir. Rien ne les y oblige et je préfère les épargner. C'est mon rôle de chef de bord de prendre sur moi et de les protéger de cette vision. Je suis face au corps sans vie d'une femme d'une cinquantaine d'années, écartelée, démembrée, la cervelle à trois mètres de sa boîte crânienne, des bouts de chair éparpillés tout autour, des touffes de cheveux arrachées, collées le long du mur, projetées par la vitesse de la chute. Accroupie, je l'observe de la tête aux pieds, l'odeur de fer caractéristique du sang envahit l'air ambiant et me prend le nez. Avec le temps, je suis presque devenue insensible à cette odeur et à la vision des morts. J'agis donc mécaniquement, j'enfile une paire de gants en latex et, par acquit de conscience, parce que c'est la procédure et même s'il y a peu de place au doute, je prend le pouls de la victime. Sans la bouger, je palpe rapidement ses poches à la recherche d'un portefeuille, d'une pièce d'identité, d'un portable... Au même moment, les pompiers arrivent dans mon dos, je me recule et les laisse procéder à leur examen. Entre-temps, Marion, en bonne élève, a pris l'identité de la témoin et requérante. Je me dirige vers elles et elles me relatent les faits. La témoin marchait sur le trottoir d'en face quand elle a vu la victime enjamber la balustrade de son balcon situé au septième étage de l'immeuble, se suspendre par les mains, les pieds dans le vide, rester ainsi quelques secondes et se lâcher. Elle a ensuite entendu un gros « boum » et n'a pas osé aller voir. Elle a appelé les secours et attendu notre arrivée. Nous la rassurons, lui attestant que la victime est morte sur le coup et qu'elle n'a pas à culpabiliser de ne pas avoir vérifié son état. Je lui demande toutefois de rester sur place car l'OPJ voudra lui parler. Je lève la tête et découvre au septième étage une baie vitrée ouverte, ce qui nous permet de situer l'appartement. Je traverse la courette, les pompiers ont terminé et ont déposé une bâche blanche sur le corps. Comme d'habitude, des têtes apparaissent à chaque fenêtre pour observer ce qu'il se passe, filmer, photographier. Décidément, ça me fout en rogne à chaque fois. Le corps étant dissimulé, du renfort étant arrivé sur place, je demande à Marion de me rejoindre pour prospecter dans l'appartement de la victime. La porte est ouverte, comme si elle avait tout prévu. Nous entrons et découvrons un F2 parfaitement en ordre. Nous commençons à fouiller en superficie pour trouver une pièce d'identité. Je tombe sur une facture EDF, mais son destinataire est un homme ; puis sur une facture de mutuelle au même nom, mais avec une date de naissance en 1990. Marion trouve le sac à main de la victime et sa pièce d'identité. Si nos suppositions sont bonnes, il s'agit de la mère du trentenaire qui vit dans cet appartement.

Un voisin de palier toque timidement à la porte. Il nous explique que le fils de la victime habite effectivement ici, que sa mère était venue pour quelques jours car elle n'avait pas le moral, et que trois mois auparavant il avait déjà perdu son père, qui s'était suicidé lui aussi. Mon Dieu, quelle horreur. Il allait falloir lui annoncer que sa mère avait à son tour choisi de se donner la mort. Égoïstement, j'espère que je ne serai pas celle qui lui apportera cette nouvelle. Le voisin nous transmet les coordonnées du fils de la victime. J'avise l'OPJ qui me demande de patienter le temps de son arrivée pour lui téléphoner. Ça m'arrange... Les pompiers lèvent le camp, l'OPJ débarque, aussi chat noir que moi, et procède aux constatations tandis que je lui fais un topo de la situation. Pour la plupart des suicides, il y a forcément un obstacle médico-légal, ce qui signifie que le corps doit être transporté à l'IML pour examen externe ou autopsie, selon la décision du magistrat de permanence, afin de déterminer la cause du décès. Celui-ci n'y échappe pas. Vient le moment où nous contactons le fils de la victime. Deux sonneries à peine, et il décroche. L'OPJ est mal à l'aise, comme n'importe qui le serait à sa place. Il lui explique que nous sommes chez lui et qu'il faut qu'il rentre dans les plus brefs délais. L'homme comprend immédiatement qu'il s'agit de sa mère et demande comment elle va. L'OPJ, qui se refuse de lui annoncer le décès de sa mère au téléphone, lui répond simplement de venir rapidement. Nous l'attendons, ainsi que les pompes funèbres pour procéder à la levée du corps. La circulation est toujours coupée, les piétons bloqués cent mètres plus haut, seuls les résidents de la rue sont autorisés à accéder au périmètre, escortés par un collègue jusqu'à leur immeuble. Nous veillons à ce que leur regard ne tombe pas sur cette bâche blanche gisant au sol. Les interrogations se multiplient : *« qu'est-ce qu'il se passe ? », « rien de grave ? », « y a un attentat ? », « ça va durer longtemps ? »*, émaillées des sempiternelles réflexions désobligeantes : *« vous comptez nous empêcher de passer combien de temps ? », « vous n'avez vraiment que ça à faire », « la police, toujours là pour faire chier le monde », « c'est quoi encore, une valise à la con abandonnée sur le trottoir ? Attention hein, ça va sauter ! »*... Nous ne communiquons que le strict nécessaire, c'est-à-dire qu'il n'y a rien de grave pour les résidents du quartier et que nous n'avons pas de délai d'intervention. Mais cela ne suffit pas à rassasier leur avidité d'informations.

Le fils de la victime arrive un quart d'heure plus tard, affolé. Je l'accueille. Il me bombarde légitimement de questions, cherchant mon regard pour détecter une quelconque émotion sur mon visage. Je m'efforce d'être le plus neutre possible le temps de le conduire à l'appartement où l'attend l'OPJ. Sa détresse est palpable. Je le conjure de patienter quelques secondes. Il se prend la tête dans les mains, s'attrape les cheveux et commence à pleurer. Nous arrivons au septième étage et l'OPJ prend le relais. Je reste à ses côtés. Le fils tombe des nues à l'annonce du suicide de sa mère. Il se dirige mécaniquement vers la baie vitrée. Et là, sans même réfléchir, je me précipite sur le balcon et me place devant lui. C'est con, mais j'ai peur qu'il fasse une connerie à son tour. Et puis je ne veux pas qu'il voie la bâche en contrebas. Même pas 30 ans, et il venait de perdre le seul parent qui lui restait. Même pas 30 ans, et une vie entière devant lui pour tenter de comprendre le double suicide de son père et de sa mère.

J'ai essayé de me mettre à sa place, mais le peut-on vraiment ? Rien ne nous prépare, en école de police, à supporter cette misère humaine que nous rencontrons au quotidien. Nous ne sommes pas prêts, nous ne le sommes jamais vraiment. Chaque intervention réserve son lot de surprises et notre force est de savoir nous adapter à toutes. Je ne vous en ai présenté qu'un échantillon. Tous ces exemples sont réels et tirés de mon expérience personnelle, accumulée en cinq ans à peine. Alors je vous laisse imaginer ce qu'un ancien a pu voir après dix, quinze, vingt ans de Police Secours. Ces interventions nous marquent pour certaines au fer rouge et nous ne pouvons que continuer à vivre avec. Encore une fois, nous compartimentons, nous n'avons pas le choix. Nous avons chacun nos rituels, nos façons de passer outre, d'extérioriser. Pour ma part, après chaque service, la première chose que je fais en rentrant chez moi, c'est de me laver les mains et les avant-bras pendant plusieurs minutes. Comme si je me débarrassais de la crasse accumulée toute la journée. Je frotte, je laisse couler l'eau sur mes mains et jusqu'aux coudes, et je regarde tout cela partir dans les canalisations. Dans les égouts.

4

COMMENT JE SUIS DEVENUE « FLIC ENGAGÉE »

« TOUT LE MONDE DÉTESTE LA POLICE »

« Tout le monde déteste la police ». Cette rengaine résonne dans nos têtes de flics depuis les manifestations de 2016 contre la loi El Khomri, pendant lesquelles elle a commencé à fleurir dans la bouche de manifestants particulièrement violents. Malheureusement, elle a tendance à s'ancrer dans les mentalités, et notre quotidien nous la rappelle fréquemment.

Il n'est pas rare que sur des interventions basiques de Police Secours, je sois confrontée à cette forme de haine anti-flics que nos contempteurs ne savent même pas expliquer lorsqu'on leur demande pourquoi ils nous détestent. Je vais être honnête, lorsqu'un gamin de 13 piges me regarde droit dans les yeux et me balance *« j'nique la police »*, j'ai du mal à saisir où il trouve le fondement de cette détestation. Je relativise en me disant qu'il ne fait que reproduire ce que les plus grands lui montrent et qu'au fond de lui, il ne nous déteste probablement pas. Mais cela devient particulièrement compliqué lorsque je vois ce genre de mômes lancer des cocktails Molotov sur un Berlingo en patrouille, organiser des embuscades en passant de faux appels au 17 ou tout simplement lyncher du policier à coups de pied en plein ventre alors que celui-ci est au sol. Cela vous choquera peut-être, mais c'est de plus en plus fréquent. Je ne vais même pas parler de mes collègues qui sont suivis jusque chez eux, de ceux qui tombent sur un de nos « habitués » en faisant leurs courses en famille et se font prendre à partie devant femme et enfant, ou encore de ceux que l'on a tués à domicile. La presse le fait mieux que moi.

Aujourd'hui, le moindre contrôle d'identité peut tourner au vinaigre. Ils sont presque systématiquement filmés par un public hostile, ce qui ne manque généralement pas d'envenimer les choses. Un banal contrôle justifié légalement, où l'ensemble des intervenants restent courtois et respectueux, se transforme en interpellation pour outrage, rébellion ou violences lorsque des intervenants extérieurs viennent s'en mêler. En règle générale, ils sont facilement reconnaissables : ils sont en retrait, débarquent en plein milieu de la scène, un smartphone à la main, agrémentent leur captation d'images par des commentaires insultants ou outrageants, provoquent, incitent parfois à la rébellion des personnes contrôlées. La loi autorise quiconque le désire à filmer un policier dans l'exercice de ses fonctions, puisque son image appartient en quelque sorte à l'État et à l'institution qu'il représente. En revanche, le fait de le filmer ne doit pas l'empêcher de faire correctement son travail, ni provoquer des infractions connexes. Il doit encore moins servir à menacer un policier, divulguer des informations personnelles le concernant sur les réseaux sociaux ou encore à l'insulter. Dans ces cas-là, on tombe sous le coup de la loi.

Je vous mets au défi de supporter ne serait-ce qu'une poignée de minutes une personne qui vous invective, vous empêche de faire votre boulot, en s'interposant physiquement ou en usant de toutes les méthodes possibles pour vous faire sortir de vos gonds, le tout avec un objectif sous votre nez. Je vous fais évidemment grâce des insultes que nous pouvons essuyer en pareille situation, des menaces d'atteinte à notre vie, ou à celles de nos proches, et de toutes les provocations dont nous sommes victimes. Je parle des contrôles d'identité, mais cela vaut également pour mes collègues en manifestations, notamment les CRS, qui essuient outrages et autres joyeusetés pendant des heures. Tout humain normalement constitué, même armé du plus grand sang-froid dû à sa fonction, ne peut rester totalement de marbre et insensible face à cela. Car notre professionnalisme prend le dessus dans l'immense majorité des cas, l'insulte rentre par une oreille et ressort par l'autre. Mais les policiers sont des êtres humains dotés d'émotions et de sentiments, d'un caractère propre, parfois plus sensibles que d'autres.

Et un jour, ce sera le mot de trop, le crachat de trop, la provocation de trop.

Personnellement, je me moque d'être filmée, tant que la personne derrière l'objectif ne se met pas en travers de la bonne exécution de mon travail et reste silencieuse, ou du moins respectueuse. Un contrôle de police doit demeurer inviolé et ne pas être perturbé par des individus totalement étrangers à notre intervention. Comprenez bien que lorsque l'on effectue un contrôle, on exécute l'une des missions primordiales de notre métier. Nous avons un boulot que tout le monde aime s'approprier. Je le conçois. Il déchaîne les passions, tant positives que négatives. Tout le monde aime y mettre son grain de sel, et beaucoup semblent penser qu'ils seraient nettement plus compétents que nous. Mais les acteurs principaux de cet exercice que nous sommes sont épuisés d'être visés par les comportements décrits plus haut, qui polluent notre travail. Le fait de filmer et d'y aller de son petit commentaire ne fait que rendre notre tâche plus difficile. Là où une intervention ou un contrôle n'aurait duré que cinq minutes, cette attitude va faire monter la mayonnaise des deux côtés et prolonger inutilement notre présence sur les lieux ainsi que notre délai d'intervention.

Je ne me vois pas aller dire à un chef cuisinier comment il doit tailler ses légumes ou faire un beurre blanc, tout simplement parce que ce n'est pas mon métier. Je n'ai ni son expertise ni ses connaissances. Je respecte le travail de chacun et ne me permettrais jamais de m'y immiscer. Lorsque le facteur dépose le courrier dans une boîte aux lettres, lorsqu'un éboueur ramasse les poubelles, lorsqu'un employé de la mairie taille un espace vert, lorsqu'un militaire de l'opération Sentinelle patrouille aux abords des monuments de la capitale, cela ne vous viendrait pas à l'esprit de sortir votre téléphone et de les filmer dans l'exercice de leurs fonctions. Alors pourquoi le faire face à des policiers ? Comment le prendriez-vous si l'on vous demandait quotidiennement de vous justifier, non pas auprès de vos supérieurs ou de vos pairs, mais auprès de tiers qui ignorent totalement les réalités de votre travail ?

Les attentes sont fortes à l'égard de notre corps de métier, j'en suis consciente et c'est normal. Les gens veulent de la sécurité, une police respectueuse de leurs droits, une institution qui explique ses actions. Je les comprends. Nous sommes aussi un service public et nous devons rendre des comptes.

Mais nous exerçons déjà l'un des métiers les plus contrôlés du pays. Au fond, ce que je reproche à ceux qui nous dirigent, c'est de ne pas assez communiquer là-dessus et d'une façon générale de ne pas montrer suffisamment la réalité de notre travail, nos contraintes, comme si nous avions des choses à cacher. Entre articles à charge et reportages à la gloire de notre héroïsme, le public se fait forcément une perception erronée de qui nous sommes et de ce que nous faisons, et de notre fonctionnement quotidien. L'institution n'est pas assez transparente sur ce volet-là. Or, chacune de nos actions doit faire l'objet d'un écrit, que ce soit par le biais de rapports à la hiérarchie, par main courante ou par procès-verbal. Même lorsqu'il ne se passe pour ainsi dire rien, nous devons l'écrire. Nous rendons compte systématiquement à quelqu'un au-dessus de nous, et c'est logique puisque nous faisons partie d'un système pyramidal. Derrière, nos supérieurs doivent eux-mêmes rendre compte à plus gradés qu'eux, et ainsi de suite. Alors pensez-vous vraiment qu'il soit vivable de rendre compte à tout le monde et surtout à n'importe qui ?

Il est primordial, à mes yeux, que les forces de l'ordre puissent exercer leur travail sereinement, sans pollution ni distraction. Leur vigilance doit être constante : il en va de leur sécurité, mais avant tout de celle d'autrui. La détourner en les filmant ne me semble pas approprié. Les provoquer et les insulter encore moins. De même, je vois exploser les accusations de « violences policières » ici et là, notamment sur les réseaux sociaux. S'il y a bien une expression que j'exècre, c'est celle de « violences policières ». Tout simplement parce que d'une part elle est fausse, et d'autre part elle est vectrice d'amalgames. Mon métier n'est pas toujours rose, c'est un fait. Si l'on nous apprend en école de police à nous défendre et à nous servir de notre arme, c'est qu'il y a des raisons à cela. Des individus qui se montrent récalcitrants lors de leur interpellation, il y en a. Des individus qui nous attaquent délibérément, il y en a aussi. Il convient donc de différencier intelligemment les violences légitimes exercées par des policiers, des violences illégitimes. Je ne vais pas m'avancer sur un pourcentage, mais la grande majorité des violences que nous exerçons sont totalement légitimes, c'est-à-dire justifiées par des faits. Je me souviens très bien des premiers mots de mon APP en école : *« Un policier n'attaque jamais, il riposte. »* En d'autres termes, il se défend. En termes légaux, il s'agit de la légitime défense, principe dont dispose l'article 122-5 du code pénal. Nous sommes donc régis par ce texte que je qualifierais d'universel, puisqu'il s'applique à tous les citoyens. Concrètement, face à une attaque certaine, grave, inévitable, injustifiée, envers soi-même ou autrui, la riposte est légitime si elle est concomitante, nécessaire et proportionnée. Le policier peut donc faire preuve de violence, de manière totalement légitime, lorsqu'il se trouve par exemple face à un individu qui lui porte des coups, résiste violemment à son interpellation, ou encore est porteur d'une arme. On a plutôt tendance à dire que l'on « use de la force strictement nécessaire » ou de « la force légitime ». On préfère le terme de « force » à celui de « violence ». Vous en conviendrez, la connotation de « violence » est beaucoup plus péjorative.

La violence est illégitime lorsqu'elle est injustifiée. Cela signifie que l'usage de la force n'était pas nécessaire ou bien que son usage a été disproportionné. Ce serait le cas si un policier frappait quelqu'un sans raison valable ou s'il faisait usage de son arme face un individu qui ne se laisserait pas faire. Autrement dit, ce cas de figure ne se présente que très rarement. Ce serait mentir que de dire que les violences illégitimes n'existent pas. Tout comme ce serait mentir que de dire que les policiers français sont violents. Le souci actuel réside notamment dans le fait que des vidéos tronquées d'interventions de police font rapidement le buzz sur les réseaux sociaux, mettant en scène des policiers en train d'utiliser la force, généralement dans une posture qui, de prime abord, ne semble pas en leur faveur si l'on se fie uniquement aux quelques secondes que l'on peut visionner. Sauf que l'usage de la force, qu'il soit légitime ou non, est bien plus complexe qu'un simple coup porté ou pas. Il y a tout un contexte à prendre en compte, le motif de l'interpellation, une multitude de choses que les profanes ignorent. Parfois les gens s'offusquent de voir plusieurs policiers tenter d'immobiliser un individu. *« Regardez ces lâches, ils sont quatre à s'en prendre à ce gars tout seul ! »* Comme si une interpellation devait s'apparenter à un duel entre shérif et truand dans le Far West... Si nous nous y prenons à plusieurs, c'est pour une bonne raison : notre sécurité et celle de l'interpellé. Plus nous sommes nombreux sur une personne récalcitrante, moins la confrontation durera longtemps et donc moindres seront les possibilités de blessure de part et d'autre.

Souvenez-vous aussi qu'une vidéo ne montre pas tout. Je parle en connaissance de cause, pour avoir été moi-même mise en scène dans une vidéo qui a engendré des millions de vues. Cette dernière ne faisait même pas trente secondes alors que l'intervention avait duré une trentaine de minutes. Sur cette vidéo, on me voit porter un coup à un individu interpellé. Bien évidemment, rien n'est dit, et encore moins montré, sur ce qui a précédé. Et c'est fait pour. Je savais parfaitement que l'intervention était filmée, j'avais repéré un jeune, téléphone portable à la main. Alors pourquoi n'a-t-il diffusé que les trente secondes qui pouvaient me mettre en cause, au mépris de ce droit fondamental, qui vaut aussi pour les policiers, qu'est la présomption d'innocence ? Pour attiser la haine ? Pour faire le buzz ? Un peu des deux, sans doute. En l'espèce, l'individu avait été interpellé pour une dizaine d'infractions, notamment pour conduite sous l'emprise de l'alcool, détention de matières stupéfiantes, fiche de recherche pour mandat d'arrêt, outrages et menaces envers mes collègues et moi-même. Sans oublier les violences que nous avons subies de sa part. Nous avons essuyé une multitude de coups, certains au visage, d'autres nous occasionnant des fractures et blessures qui ont mis du temps à guérir. Et forcément, nous nous sommes défendus, comme la loi nous y autorise et comme tout être humain l'aurait fait en pareil cas. Le moment où je porte ce fameux coup, je le fais parce que cet individu me crache dessus, en plein visage, et qu'il a une plaie saignante au niveau des lèvres.

Si vous connaissez les risques encourus, vous vous doutez de notre hantise de ce genre de situation. Qui dit crachat, sang, au visage et notamment au niveau des muqueuses (yeux, bouche, narines), dit généralement traitement qui va avec : la trithérapie. Surtout, ce qui me perturbait ce jour-là, c'était la détermination qu'il affichait. Il m'a craché au visage à plusieurs reprises, manquant parfois sa cible, pour mieux m'atteindre la fois suivante. Je ne pouvais m'empêcher de me dire que s'il tenait à ce point à me cracher dessus, ce n'était pas pour rien, qu'il voulait me refiler je ne sais quelle saloperie. Je connaissais, pour avoir vu des collègues y être confrontés, la procédure réglementaire que cela impliquait. Je savais que la trithérapie était un traitement lourd, non sans conséquences sur l'organisme. Les effets sont visibles, vous perdez des dizaines de kilos que vous reprenez difficilement voire jamais, vous êtes fatigué, à bout de forces pendant des semaines, vous vomissez vos tripes et avez bien souvent du mal à avaler quoi que ce soit. Après cette interpellation difficile, j'ai subi une trithérapie pendant une semaine, le temps que l'individu accepte de se soumettre aux examens nécessaires, puis que les résultats soient disponibles. Il s'est avéré qu'il n'était porteur d'aucune maladie grave transmissible par un crachat. Je savais que le risque de transmission était quasiment de l'ordre du néant, mais ce fut la semaine la plus longue de ma vie.

Dès le lendemain de l'interpellation, la vidéo avait été mise en ligne. Elle se focalisait sur le coup que je lui portais et occultait bien sûr tout le reste de l'intervention. Elle a suscité une déferlante de haine à mon égard sur les réseaux sociaux. Les commentaires outrageants et dégradants s'accumulaient : *« C'EST QUOI CETTE SALOPE », « SALE PUTE, VA NIQUER TA MÈRE », « MANGE TES MORTS CONNASSE », « ESPÈCE DE MAL BAISÉE, IL EST TEMPS QUE TU TE FASSES DRESSER PAR UN HOMME », « LES FEMMES FLICS, FAUT LES MATER, ELLES SE SENTENT POUSSER DES AILES AVEC L'UNIFORME CES PUTES »*, etc. Les insultes ne m'atteignaient pas, les menaces un peu plus, parce que certains de ceux qui les proféraient me semblait crédibles : *« FAUT LA NIQUER CETTE PUTE », « FAUT L'ATTENDRE DEVANT SON COMMISSARIAT, LA SUIVRE, LA VIOLER DANS UNE CAVE ET LA BUTER », « J'VAIS LA RETROUVER ET BRÛLER SA MAISON », « ELLE MÉRITE LE MÊME SORT QUE SES COLLÈGUES DE MAGNANVILLE », « SI J'LA CROISE, JE LA SALUE À COUP DE KALASH », « EH MAIS ELLE FAUT LA TROUVER ET BUTER TOUTE SA FAMILLE », « UN JOUR ELLE VA RENTRER CHEZ ELLE ET ON AURA SAIGNÉ SON GOSSE. ELLE L'AURA CHERCHÉ CETTE GROSSE CHIENNE »*, et ainsi de suite. Des milliers de commentaires de ce genre ont été publiés pendant plusieurs jours. Mon erreur a été de les lire, mais je ne pouvais pas m'en empêcher. Cette vidéo a été vue par quasiment toute ma famille et tous mes proches ; idem pour les messages qui l'accompagnaient. Je vous laisse imaginer les réactions que cela a engendré. J'ai tout fait pour éviter que mes parents ne soient au courant, ces derniers s'inquiétant déjà beaucoup trop par rapport à mon métier. Heureusement, eux ne l'ont jamais vue, ni appris les menaces et injures dont j'ai fait l'objet.

Mes responsables hiérarchiques directs ont été très présents durant cet épisode. Je les ai moi-même avisés quand on m'a envoyé la vidéo le lendemain matin. Je ne leur ai rien caché et ils m'ont soutenue, de mon chef de brigade à mon commandant, en passant par mon commissaire adjoint. Ils ont été présents le jour même, m'accompagnant à l'hôpital, me téléphonant quelques minutes après l'intervention, m'aidant dans l'ensemble des démarches puis tout au long de la procédure que cette interpellation allait engendrer. Cela prouve que la hiérarchie ne mérite pas toujours les critiques acerbes dont elle fait l'objet de la part de la base, qui l'accuse souvent de systématiquement lâcher les troupes en cas de difficulté. Face aux milliers de commentaires, on m'a conseillé de déposer plainte ; ce que j'ai fait. Plaintes qui ont été systématiquement classées par le Parquet. Je vous laisse imaginer ce que je ressentais quand on m'annonçait que le procureur ne poursuivait pas. J'ai eu la sensation que le fait que je sois flic minimisait les menaces et injures dont je faisais l'objet : *« Oh ça va, elle est flic, elle a l'habitude. De toute façon, elle savait qu'en choisissant ce métier, elle allait être insultée et menacée. Elle va encaisser. »* Alors je sais que la justice est débordée, qu'elle manque de moyens comme nous, qu'elle n'était sans doute pas en mesure de traiter les centaines de messages injurieux et que les prisons sont pleines, mais quand même. Quoi que vous en pensiez, rien ne nous prépare non plus à ce genre de situation. J'ai compris très tôt, en décidant de devenir flic, que je serais la cible d'insultes. Mais jamais je ne me serais imaginée me retrouver dans un tel tourbillon de haine, pendant des semaines, sans être soutenue par la justice de mon pays. Je ne dirais pas que j'ai eu peur, mais j'avais de l'appréhension. Plus qu'à l'accoutumée. J'ai toujours fait attention en rentrant du boulot, regardant de manière récurrente derrière mon épaule, scrutant les vitrines pour vérifier que personne ne me suivait, coupant le son de mes écouteurs au moindre soupçon. En plus d'être une femme, je suis une femme flic qui bosse sur le terrain. Disons que la propension à être importunée est tout de suite démultipliée. Autant vous dire que j'étais dans une forme de paranoïa durant cette période. Fort heureusement, j'ai été vraiment soutenue par mes collègues, qui me laissaient rarement rentrer seule chez moi lorsque mon compagnon ne pouvait m'accompagner.

Pour résumer, j'ai été accusée de violences policières là où il n'y avait aucune violence illégitime. Là où j'ai simplement fait mon travail, tant bien que mal. J'ai été la victime de cette accusation, mais le système judiciaire est tel que rien ne réparera cette injustice. Les auteurs de ces propos immondes qui m'étaient destinés ont agi en toute impunité et ne seront jamais mis face à leurs actes. Et pourtant, si c'était à refaire, je ne m'abstiendrais aucunement de faire tout ce que je peux pour interpeller et mettre hors d'état de nuire un individu de ce type, quitte à y laisser des plumes et à me brûler les ailes. Je garde à l'esprit que les vidéos et les réseaux sociaux n'ont pas que des mauvais côtés : ils nous aident parfois à identifier les auteurs d'infractions, à alimenter des enquêtes. Mais la haine qu'ils permettent de véhiculer à notre égard est usante.

Néanmoins, cette haine-là et cette violence sont restées confinées à l'univers virtuel. Non pas qu'elles ne touchent pas, je l'ai suffisamment souligné, mais elles ne sont rien par rapport à l'hostilité d'une meute qui recherche l'affrontement physique. Lorsque j'ai participé à la manifestation du 1er décembre 2018, j'ai été confrontée à une violence physique et verbale dont je n'avais jamais été témoin jusqu'à présent. Certains voulaient clairement notre mort et tentaient tout pour parvenir à leurs fins, d'autres hurlaient leur souhait de nous voir finir en « *poulet rôti* », tandis que la majorité braillaient des « *ACAB*[11] » et des « *TOUT LE MONDE DÉTESTE LA POLICE* ». Je ne vais pas vous le cacher, moi aussi j'ai eu la haine. Je l'ai sentie monter en moi, intense, presque incontrôlable. J'ai eu la haine des anti-flics primaires, je les ai détestés de nous

11 *All Cops Are Bastards*, tous les flics sont des bâtards.

détester juste parce que nous portions un brassard « Police » et que nous étions le rempart entre le gouvernement et eux. Je les ai haïs de faire des amalgames et de nous mettre dans le même panier que nos dirigeants contre lesquels ils étaient en colère. Je les ai maudits de ne pas comprendre quel était notre rôle lors de soulèvements populaires : celui de défendre coûte que coûte les institutions, quel que soit le pouvoir en place. Gauche ou droite, la police nationale a toujours été là pour protéger la République. Et c'est cette notion qui anime tous les flics de France. Peu importe que nous soyons en accord ou non avec l'idéologie du gouvernement actuel, peu importe que nous partagions ou non les revendications des manifestants, nous avons un devoir de neutralité quoi qu'il arrive. Et nous nous devons d'être là. Un policier n'abandonnera jamais son poste, même si ce n'est pas l'envie qui lui en manque. Il fera honneur à son obligation de loyauté. Il faut distinguer le travail du policier de l'humain qui se cache sous l'uniforme. Il s'agit de deux personnes différentes, qui ne font qu'une mais qui doivent savoir se dissocier face à certaines interventions. La règle numéro un que l'on apprend en école de police, c'est de ne pas prendre parti. Nous ne pouvons pas être juges de ce que nous voyons. En d'autres termes, nos opinions restent au vestiaire.

Alors je le sais, ce que je viens d'écrire peut donner l'impression que tout va mal ou que je suis encore l'une de ces représentantes des forces de l'ordre qui verse dans le misérabilisme. Malgré tout, je sais faire la part des choses. Les sondages, notamment depuis 2015, montrent que la population nous soutient dans sa majorité. Je n'oublie pas les marques d'attention et les cadeaux que nous recevons de la part de citoyens lambda qui nous sont reconnaissants de les protéger ou qui sont sincèrement émus quand notre institution est touchée par un drame. Je n'oublie pas toutes les personnes avec lesquelles, dans le quartier où je travaille, j'ai noué une relation de sympathie et de confiance mutuelle. Je repense à toutes les interventions, les contrôles, même les interpellations qui se passent bien, dans le respect, sans haine, ni insultes, ni menaces, ni intimidations. Mais vous le savez, les événements négatifs marquent plus que les moments banals. D'autant plus que nos conditions de travail n'aident pas à nous remonter le moral.

DÉSILLUSION

Lorsque je suis entrée dans la police, ou plus précisément lorsque j'ai pris mon service après mon année de formation, je n'étais absolument pas préparée à découvrir une institution aussi délaissée. J'avais encore cette image héroïque de la police nationale, que l'on voit dans les fictions, ou bien mise en scène à longueur de reportages qui, au final, s'avèrent bien souvent biaisés. J'étais loin de m'imaginer que notre police souffrait d'un manque cruel de moyens, que ses effectifs faisaient face à une incompréhension quasi systématique de la part de la justice, du moins à travers les décisions rendues par les magistrats, et que les missions quotidiennes auxquelles j'allais parfois être confrontée pouvaient s'avérer totalement absurdes et bien différentes des missions de police. Ce n'est pas faute de l'entrapercevoir durant notre scolarité, où l'on ne nous cache pas que les moyens matériels sont parfois d'un autre siècle et que les budgets sont nettement insuffisants. Mes formateurs me disaient : *« Ça va te faire un choc quand tu seras confrontée à la réalité du terrain. »* Mais à vrai dire, je ne savais pas trop ce que cela signifiait. Et puis j'avais tellement hâte d'y être, de faire le boulot de mes rêves, que peu importe le tableau noir que l'on pouvait parfois m'en dresser, rien ne m'en écarterait ; je n'avais pas choisi ce métier pour cela. J'étais loin de m'imaginer ce que j'allais découvrir.

En août 2017, une association a lancé un concours de photos mettant en scène les conditions de travail de nos policiers nationaux. Cela faisait deux ans environ que j'avais pris mon service à Paris et que j'étais actrice de cette institution. Certains moyens matériels dont nous disposions étaient d'un autre temps. À titre d'exemple, en 2015, nous étions toujours équipés d'un pistolet mitrailleur PM Beretta 9mm datant de plusieurs dizaines d'années, accompagné d'un gilet pare-balles lourd, dit « collectif », qui n'avait pas été changé depuis le siècle dernier. Face à nous, des combattants de Daesh surentraînés, porteurs de Kalashnikov de calibre 7,62mm et d'équipements dernier cri. Il a fallu que *Charlie Hebdo* puis le Bataclan arrivent pour que le matériel d'armement et de protection collectif soit enfin renouvelé dans nos rangs.

À travers ces photos remontant de toute la France, le grand public a pu découvrir nos conditions de travail quotidiennes, mais aussi mieux apprécier le fait que, malgré ces difficultés, nous faisions correctement notre job. Depuis mon arrivée à Paris, j'en ai vu des murs à la peinture écaillée ou défraîchie, des toilettes bouchées et sans papier, des vestiaires inondés, des chaises de bureau cassées ou bancales, des ordinateurs qui rament avec des logiciels complètement obsolètes, des véhicules avec des milliers de kilomètres au compteur et dont le plancher troué laisse parfois apparaître le bitume de la rue, quand ils ne tombent pas en panne tous les quatre matins et mettent des semaines à être réparés, des radios qui s'éteignent en pleine courette ou lorsque tu as désespérément besoin de renfort, des insectes qui se baladent dans la salle de pause, des imprimantes en rade ou tout simplement qui n'ont plus de papier, des plafonds qui s'écroulent à cause d'une fuite d'eau jamais réparée, des odeurs d'égout et de canalisation dans les bureaux des enquêteurs, la bataille entre collègues pour réussir à choper un stylo qui fonctionne, la quête parfois désespérée d'agrafes, de scotch, de trombones, d'une règle...

Il n'y a que chez nous que vous pouvez tomber en panne en plein Paris avec votre Berlingo et que, vu que le dépanneur de la boîte met plus de trois heures à arriver, vous finissez par vous faire remorquer par vos propres collègues. Il n'y a que chez nous que le mobilier présent dans la salle de pause a été récupéré aux encombrants ou généreusement offert par une entreprise du quartier qui changeait sa déco. Il n'y a que chez nous que tu mets un quart d'heure à trouver une batterie et une radio qui fonctionnent, radio qui est censée être ta ligne de vie pendant tes huit heures de vacation. Il n'y a que chez nous que tu mets des mois avant de recevoir un pantalon de service (treillis) que tu as commandé parce que le précédent a été troué ou endommagé sur une intervention. Il n'y a que chez nous que l'on te dit qu'il n'y a plus de gants en latex pour te protéger les mains car le budget du mois a été atteint. Il n'y a que chez nous que tu t'en vas le vendredi soir au Carrefour Market du coin pour acheter un paquet de papier toilette pour les WC du central, l'entreprise qui s'en occupe étant fermée jusqu'au lundi. Il n'y a que chez nous où, à peine sorti d'école, tu mets la moitié de ta paye dans l'achat d'équipements qui ne sont pas fournis par l'administration mais qui s'avèrent indispensables au quotidien. J'ai notamment dû m'acheter avec mes deniers personnels mon porte-menottes ! Il n'y a que chez nous que des murs s'écroulent sur le parking, endommageant les voitures personnelles des effectifs, alors que cela fait des années que l'on alerte qui de droit.

Bref. La liste est longue.

Je ne comprendrai jamais comment on a pu laisser notre police, en particulier notre police du quotidien, celle qui travaille tous les jours au contact de la population, vieillir de la sorte pendant des années, lui allouant le budget strictement nécessaire à sa survie et comptant sur l'engagement et la passion des effectifs qui la composent. Parce que non, malgré tout, les flics ne mettront jamais la clé sous la porte. Vous ne les verrez jamais faire un débrayage sur une journée et laisser tout le pays livré à lui-même ; ce serait contraire à leur conscience professionnelle. Lorsque, un été, 80 % du parc automobile de mon arrondissement se trouvait au garage pour réparation et que dix effectifs de ma brigade, dont moi-même, avons enchaîné plusieurs vacations sans véhicule pour patrouiller et intervenir, nous avons fait notre travail. Nous avons patrouillé à pied. Nous nous sommes déplacés en transport. Nous avons géré. Comme nous le ferons toujours. Alors certes, nous avons râlé, à juste titre. Certes, nous avons menacé de ne pas sortir du commissariat et de passer notre journée au poste. Mais lorsque la radio annonce un départ de feu, un accident grave de la route ou toute autre mission qui fait la fierté de ce métier, l'envie de porter secours, de protéger et de servir est bien plus puissante qu'une bagnole qui roule. Et c'est là que réside notre force. La dévotion à notre métier. Mais jusqu'à quel point ? Alors il serait facile de pointer du doigt notre hiérarchie ou le gouvernement. Mais je ne leur en veux même pas. Ils ont hérité d'une situation de pourrissement accumulée au cours des quatre dernières décennies. Ils font ce qu'ils peuvent avec les moyens qui sont les leurs. Je sais qu'on ne résoudra pas toutes ces difficultés d'un coup de baguette magique. Néanmoins, en attendant, c'est nous qui devons travailler dans ces conditions...

Autre choc particulièrement brutal : la confrontation avec la justice. Je ne m'en rendais pas compte avant d'y être exposée. J'ai pris cette réalité en pleine face le jour où j'ai retrouvé des pickpockets que j'avais interpellés la veille aux prises avec une nouvelle victime dès le lendemain matin. C'était la première fois que cela m'arrivait et je tombais de haut en découvrant à quel point la réponse pénale pouvait être inadaptée ou insuffisante à nos yeux de flics. C'était aussi la première fois que je comprenais que l'ordonnance de 1945 relative à l'enfance délinquante et à sa répression était totalement dépassée et plus du tout en adéquation avec les mineurs du XXIe siècle. Certains professionnels de la justice perçoivent ces mineurs comme des enfants, du fait de leur jeune âge, alors que nous, nous les percevons comme des délinquants multirécidivistes qui ne sont absolument pas intimidés à l'idée d'arracher le sac à main d'une grand-mère, quitte à la violenter ou à la traîner sur plusieurs mètres. Forcément, il nous est difficile de percevoir l'innocence de l'enfance lorsque nous sommes face à cette mamie de 90 ans, le visage ensanglanté parce qu'elle n'a pas voulu lâcher son sac à main. Quand nous les attrapons dans la rue, ce sont des délinquants déterminés, agressifs, méthodiques. Quand ils arrivent dans le bureau du magistrat, ce sont des mineurs, parfois intimidés par ce face-à-face avec un adulte dans le huis clos d'un bureau. Cette distorsion conduit inévitablement à des décisions incompréhensibles pour nous. Rien de plus frustrant, par exemple, que de voir un délinquant avéré toujours dehors, réitérant les mêmes infractions ou pire, enchaînant les délits de plus en plus graves. J'ai la sensation de travailler dans le vide quand cela arrive, comme Sisyphe poussant son rocher. Je suis consternée de voir qu'il faut attendre parfois cinq, dix, quinze, vingt faits avant que ces individus ne soient condamnés à autre chose que des rappels à la loi ou des stages de citoyenneté. Je suis consciente que la réponse pénale est bien plus complexe que cela, mais à mon niveau de flic, c'est malheureusement ce que je retiens et ce que je constate quotidiennement. On revoit trop souvent les mêmes têtes, les mêmes individus, auxquels le fait d'être toujours « dehors » donne un sentiment de toute-puissance : *« T'façon ce soir j'suis dehors, il m'arrivera rien. Je m'en bats les couilles de passer 24 heures en gardav'. Dans tous les cas, demain j'recommencerai. »* Que voulez-vous que l'on réponde ? Mais surtout, on est censés dire quoi aux victimes ? Ou aux habitants qui se plaignent ? *« Je suis désolée, on l'a interpellé, on a fait notre boulot, mais il a été relâché. Pourquoi ? Je ne peux pas vous dire. Je n'en sais rien.* »

Le public a tendance à mettre dans le même sac police et justice, faute de savoir différencier les responsabilités et missions de chacune. Là encore, notre institution manque de pédagogie. Sauf que ceux que vous croisez dans la rue, ce sont les policiers, pas les magistrats. C'est à nous que l'on dit : « *Vous faites pas votre travail, comment ça se fait que le fils Dupont ne soit pas en prison ? Vous l'avez arrêté mais vous l'avez laissé sortir ! C'est inadmissible ! C'est à ça que servent mes impôts ?!* » Ce n'est qu'un exemple parmi tant d'autres. Concrètement, la population a souvent l'impression que nous ne faisons rien et que nous laissons sciemment les délinquants en liberté. Alors que c'est le serpent qui se mord la queue. On les interpelle en flagrant délit ou après de longues enquêtes et d'innombrables heures de travail. Ils sont parfois déferrés et présentés au magistrat, qui décide des poursuites à donner : comparution immédiate, comparution sur reconnaissance préalable de culpabilité, jugement ultérieur ou rien du tout. Il arrive aussi qu'ils soient libérés à l'issue de leur garde à vue sans aucune sanction ni poursuite, ou bien avec un rappel à la loi ou une convocation au tribunal. L'écart entre les peines prononcées et les peines encourues nous paraît souvent... étonnant, et les jugements légers. Conséquence : nous sommes fréquemment frustrés d'avoir fait tout ce boulot pour rien et de devoir recommencer encore et encore pour mettre une personne hors d'état de nuire. L'essence même de notre travail est de faire en sorte que les délinquants et les criminels soient derrière les barreaux. Alors qu'en pratique, il consiste uniquement à les remettre entre les mains de la justice. Je le répète, je suis consciente des obstacles auxquels l'autorité judiciaire est elle aussi confrontée. Dans les grandes villes françaises, elle croule sous les dossiers et on laisse de jeunes magistrats en début de carrière gérer à la chaîne des centaines d'affaires de petite délinquance. Je peux concevoir que leur discernement en soit affecté et surtout que l'on ne puisse donner suite à un certain nombre d'affaires, faute de moyens. Mais là encore, c'est nous qui en subissons les conséquences, en devant gérer ces délinquants quotidiennement dans la rue et en subissant les remontrances du public.

Et puis, il y a la question des tâches indues. Comme la plupart de mes collègues, je suis devenue flic pour « arrêter les méchants et les voleurs » et aider les autres. Quelle n'a pas été ma surprise lorsque, débarquée à Paris peu de temps après les attentats de *Charlie Hebdo*, je me suis retrouvée à bitumer des vacations entières, voire des cycles entiers ! Après l'année d'école, j'étais comme un lion en cage, prête à bondir sur la voie publique et à manger du terrain. J'ai vite été freinée par la réalité du contexte de l'époque : état d'urgence, plan Vigipirate urgence attentat. La grande majorité des effectifs de police de voie publique, habitués à répondre aux appels 17, à lutter contre le flagrant délit, à effectuer des sécurisations dans les quartiers et auprès des commerçants, était dédiée à effectuer des missions dites de « statique ». Vous n'avez pas pu nous rater. Nous étions partout, sur-sollicités. Armés de nos PM Beretta en ferraille et habillés de nos gilets pare-balles pesant environ 15 kilos, nous gardions nos commissariats et nos postes de police. Nous étions devant des portes dont vous ignoriez l'existence auparavant (synagogues, partis politiques, journalistes, maisons d'édition, personnalités diverses, monuments, ambassades, consulats, rédactions de presse écrite, médias télévision et radio, etc.). Parfois, nous gardions les portes d'appartements vides de tout occupant, 24 heures sur 24. Mais vous savez ce qu'on dit ? « *Réfléchir, c'est commencer à désobéir.* » Alors, on râlait entre nous. Mais on le faisait quand même.

Nous patrouillions également, souvent à pied, dans des lieux touristiques (centres commerciaux, tour Eiffel, Trocadéro, Louvre, place Vendôme, Sacré-Cœur, gares parisiennes, etc.). Avec nos

15 kilos sur le dos, pendant parfois huit, dix, douze heures d'affilée pour certains services, sans pause, sans pipi et sans eau. Et c'était comme ça dans toute la France, bien évidemment.

Les semaines passaient et se ressemblaient, même si j'avais l'opportunité de faire une journée en PS de temps en temps. Je m'étais posé pas mal de questions, car la désillusion était grande : « *Est-ce que je reste ? Est-ce que je vais tenir longtemps à faire ça ?* » Ce n'était clairement pas ce pour quoi j'avais signé. J'avais des doutes, je ne savais pas si je voulais continuer ou si j'étais faite pour ça. Mes envies de flic étaient freinées et je me demandais si je ne m'étais pas tout simplement trompée. Mais concrètement, nous n'avions pas le choix. La France et les Français comptaient sur nous. Personne ne le ferait à notre place. Ce n'était pas le moment de faillir ni de faiblir. Comme dirait le RAID dont c'est la devise, il faut « servir sans faillir ».

Les anciens me disaient : « *Tu sais, on a tous mangé notre pain noir en commençant. Mais là, pour vous, c'est particulièrement rude, on le sait. Alors accrochez-vous. De toute façon, ça peut difficilement être pire que ce que vous connaissez déjà ! Bientôt, des nouveaux bitos arriveront, et ça vous soulagera.* » Alors j'ai tenu, on a tous tenu bon. Et des jours meilleurs sont arrivés petit à petit. Cette période a été la pire de ma courte carrière, car la plus difficile physiquement (j'étais chez l'ostéo tous les quatre matins, mon dos souffrant le martyre à cause du poids du gilet lourd) et moralement (ah, cette sensation constante d'être une plante verte…). Mais aussi étonnant que cela puisse paraître, ce fut également la période où ma brigade a été plus soudée que jamais. Plus notre quotidien était ingrat, plus la cohésion et la solidarité étaient fortes. Hors de question de poser un ticket* car le dos tirait trop, au risque de faire rappeler un collègue en vacances. On souffrait tous, autant souffrir ensemble. 2015, mon année de stagiaire, a été une vraie école de la vie pour moi.

Au-delà de cette situation d'urgence qu'entraîna la série d'attentats des années 2015 à 2017, il existe tout un florilège de missions qui, dans un monde idéal, ne devraient pas incomber à des policiers de terrain. On retrouve dans cette catégorie la « garde hosto »*, qui consiste à rester devant la porte de la chambre d'hôpital d'un gardé à vue, admis suite à une blessure ou un souci de santé. Vous passez votre vacation entière à le surveiller, au cas où il tenterait de s'échapper. Qu'il soit surveillé est évidemment nécessaire. Qu'il le soit par des effectifs de Police Secours qui sont censés répondre aux appels d'urgence, c'est une aberration, selon moi. Deux effectifs mobilisés pour garder cet individu, ce sont deux effectifs de moins sur le terrain pour servir et protéger. Cela fait partie de nos nombreuses « tâches indues » dont personne ne veut. Des réflexions sont en cours pour les confier à d'autres (administration pénitentiaire, sécurité privée...), mais là encore, tout prend du temps...

De même, la présence policière est souvent requise lors d'une fuite d'eau à domicile. Personnellement, je n'ai toujours pas mon diplôme d'artisan plombier, et face à ce genre d'incident, je suis aussi désemparée et perdue que vous ! Je peux également citer les interventions sur des accidents matériels de la route où je me déplace avec mes collègues pour aider des conducteurs à remplir leur constat à l'amiable à la place de leur assurance ; les cas où nous sommes requis pour régler un litige commercial où le client refuse de payer un service ; ou encore lorsque le voisin refuse de mettre une étiquette identique à celle des autres boîtes aux lettres comme le dispose le règlement de copropriété ! Ce n'est qu'un échantillon des missions pour lesquelles aucune infraction pénale n'existe et où par conséquent aucune assistance de la police ne devrait être nécessaire. Notre rôle, en l'espèce, est purement et simplement de revêtir une tenue de médiateur et parfois d'assistant social. On est là très très loin de la fibre « police » qui nous anime et nous pousse à passer le concours de gardien de la paix. Je ne crache absolument pas sur ces missions et je conçois pleinement que notre rôle soit aussi parfois d'assister la population. Mais il ne faudrait pas qu'il se transforme en assistanat. Parce que pendant que nous intervenons sur ce genre de missions, nous ne sommes pas disponibles pour d'autres, plus cruciales. À l'heure où nous manquons encore et toujours cruellement d'effectifs pour couvrir l'ensemble du territoire, la tendance devrait être à la raison. J'invite donc tout un chacun à ne faire appel aux services de secours et d'urgence qu'en cas de réel besoin. Nous solliciter pour tout et n'importe quoi, c'est encombrer la ligne d'urgence du 17, mais aussi priver une personne en absolue nécessité de notre intervention, ou du moins rallonger les délais de cette dernière. Quand nous sommes quelque part, nous ne sommes pas ailleurs.

RONDS-DE-CUIR

S'il y a bien une chose que j'ai découverte lors de mes premiers pas dans la police, ce sont les syndicats. La police nationale est l'une des professions comptant le plus d'effectifs syndiqués (de l'ordre de 70 %). Autrement dit, il existe une réelle puissance syndicale dans nos rangs. On dénombre plus d'une dizaine d'organisations au sein du corps d'encadrement et d'application dont je fais partie, mais trois syndicats majoritaires occupent le devant de la scène depuis des années. Le trône change de mains à chaque élection syndicale entre les deux premiers, passant alternativement de l'un à l'autre, presque comme si tout était calculé à l'avance. *« Un coup c'est toi, un coup c'est moi. Pas de jaloux ! »*

Leur existence et leur succès sont notamment justifiés par le fait que nous faisons partie d'une institution pyramidale, hiérarchisée, où la neutralité et la réserve sont des devoirs. Il apparaît donc essentiel que quelqu'un puisse s'exprimer en notre nom et surtout rapporter notre parole. Si l'on s'en tient au devoir de réserve tel que défini il y a près d'un siècle, un policier n'a pas le droit de prendre la parole publiquement et surtout de donner son avis. J'estime que cette obligation de se taire est obsolète et a pour unique conséquence de nous bâillonner. Sauf que le système fonctionne encore ainsi, et je ne peux donc que reconnaître que les syndicats sont une nécessité absolue pour notre profession.

Là où le bât blesse, c'est à propos de leur fonctionnement en interne. Je suis bien trop jeune dans la boîte pour disserter sur leur organisation et leur histoire ; je ne peux donc vous faire part que de ce que j'ai vu de mes propres yeux.

Dès mon arrivée en école, la question syndicale s'est imposée comme un sujet de conversation majeur entre ADS, externes et formateurs. J'avais du mal à percevoir, en tant que civile n'ayant connu que le salariat privé, l'intérêt que pouvait avoir un syndicat. J'estimais que nous étions assez grands pour nous défendre seuls, nous exprimer et échanger avec nos supérieurs. J'ai vite compris qu'il valait mieux que je la ferme. Le système fonctionnait ainsi depuis près de quatre-vingts ans, je ne pouvais que m'y plier. On m'a fait comprendre que « *les gens comme moi avaient des problèmes et qu'il valait mieux que je rentre dans le moule* ». Ce contre quoi je protestai vivement, ne comprenant pas ce que je faisais de mal. On me rétorqua : « *Il y aura toujours des syndicats, c'est comme ça chez nous. Les syndicats décident de tout, donc tu prends ton timbre comme tout le monde, ou t'auras jamais ta mut' ou ton grade. Et le jour où tu seras dans la merde, bah personne ne pourra t'aider. Si t'es pas syndiquée, tu te feras broyer par la boîte.* »

Le problème avec moi, c'est que plus on me dit quelque chose, moins j'ai envie de le faire. Alors le jour où tous nos syndicats sont venus se présenter à l'école, avec inscription à l'issue, j'ai été une des seules à n'avoir signé avec aucun. On me regardait comme une extraterrestre, on me toisait de la tête aux pieds, on se demandait si j'avais bien toute ma tête. En fait, leur discours m'avait écœurée. Pour résumer, c'était à base de : « *On a une liste de logements réservés pour vous aider à vous installer à Paris au début, parce que vous allez galérer tout seul sinon, et sûrement dormir dans vos bagnoles ou dans un foyer police. Bien évidemment, cette liste est réservée à nos adhérents.* » Ou bien : « *Syndiquez-vous dès l'école parce que si vous vous blessez, nous on pourra vous éviter le report de scolarité. Sinon, vous serez obligé de revenir l'année prochaine.* » Ou encore : « *Vous avez tout intérêt à nous rejoindre dès maintenant. Vu que vous êtes en école, on a décidé de vous accorder un tarif privilégié, super intéressant et rien que pour vous, 20 euros au lieu de 80 !* » Autant vous dire que ce démarchage ne m'a pas séduite pour un sou, et qu'il a plutôt eu l'effet inverse.

Et puis, lorsque j'ai pris mon service à Paris, j'ai découvert l'envers du décor syndical. Positif et négatif. Chaque commissariat est doté de représentants syndicaux. Certes, ils ont un faible pouvoir syndical, mais ils ont l'avantage d'être en contact direct avec le reste de la chaîne, ce qui leur permet de jouer un rôle d'intermédiaire entre la hiérarchie et nous lors de réunions diverses. Ils sont proches de nous et le fait d'être des collègues de terrain, d'exercer eux-mêmes en tant que policiers, leur confère à nos yeux une véritable crédibilité : ils vivent exactement ce que nous vivons, à ceci près que leurs responsabilités syndicales s'ajoutent à leurs missions. Ils remontent nos remarques, critiques, demandes, coups de gueule.

À ces représentants syndicaux s'ajoutent un ou plusieurs délégué(s) au niveau de chacun des trois districts parisiens. Eux sont détachés syndicaux, c'est-à-dire qu'ils ne font plus partie des services actifs de la police nationale. Ils sont délégués à temps plein. Leur rôle est de faire le lien avec la hiérarchie en étant la voix de l'ensemble du district. Les représentants locaux leur rapportent les informations diverses qu'ils ont pu récolter et les sollicitent dans un certain nombre de cas (assistance ou défense de collègue, matériel défectueux, dysfonctionnement de service, médiation, conseil…). Ces délégués districts doivent en principe écumer les commissariats de leur secteur de manière régulière, afin que les collègues adhérents se sentent soutenus et représentés. Certains le font mieux que d'autres. En ce qui me concerne, j'ai de la chance. Une des déléguées de mon district est irréprochable : elle aide tout le monde, sans distinction d'affiliation syndicale. Elle fait partie de ces collègues qui nous défendent et essaient tant bien que mal de rendre nos conditions de travail plus acceptables.

En fait, c'est avec le système et avec le sommet de la pyramide que j'ai un souci. Faut-il rappeler la définition d'un syndicat ? Selon le *Larousse*, un syndicat est un groupement constitué pour la défense d'intérêts professionnels ou catégoriels communs. Comme vous avez pu le comprendre, nos syndicats jouent un rôle majeur dans le fonctionnement mais aussi l'organisation de la police. Ils siègent dans les commissions dites paritaires où l'on décide de l'avancement et de la mutation des collègues. La carrière d'un policier dépend donc en grande partie du bon vouloir des syndicats. On a même tendance à dire qu'un policier non syndiqué et un policier syndiqué, à ancienneté et compétence égales, n'auront absolument pas le même déroulé de carrière. Je vous laisse deviner celui qui restera sur le carreau tandis que l'autre gravira les échelons pour avoir payé ses 80 balles par an… Ainsi fonctionne notre système. Là où, en revanche, on déroge totalement à l'essence même du rôle du syndicat, c'est qu'en toute logique, un délégué syndical devrait mettre la même ardeur à défendre un non syndiqué qu'un syndiqué, puisque sa vocation est « la défense d'intérêts professionnels ou catégoriels communs », et non « la défense de celui qui paie et pas de l'autre ».

À mes yeux, il est primordial que nos syndicats se souviennent de la nature même de leur vocation. Or, ces dernières années, je me demande s'ils ne sont pas devenus des négociateurs politiques plutôt que des défenseurs de notre cause, un peu trop empressés de signer avec nos dirigeants des accords emberlificotés qui, souvent, n'avantagent pas vraiment les policiers. Ce n'est pas pour rien que certains collègues parlent de *« mafia syndicale »* et reprochent à nos représentants d'oublier à la fois d'où ils viennent et de défendre leurs collègues. Je n'ai pas la prétention ni le recul nécessaire pour leur donner raison ou pas. Ce que je constate, c'est que j'ai émis la possibilité de changer de service dans un futur proche et que l'on m'a clairement dit que pour y parvenir, il fallait que je me syndique. Sinon, je pourrais attendre quelques années. De même, j'ai vu de jeunes collègues à peine titulaires de leur examen être nommés brigadiers tandis que d'autres attendaient cette nomination depuis huit ans. Les uns sont syndiqués, les autres non. Ainsi se multiplient disparités et injustices, là où un système transparent lié à l'ancienneté et aux situations familiales devrait prévaloir.

Sans doute suis-je utopiste, mais je rêve d'organisations syndicales dont la vocation serait uniquement la défense des collègues, sans condition *sine qua non* d'adhésion. Et lorsque je vois certains délégués régionaux ou secrétaires nationaux de tel ou tel syndicat, qui n'ont pas mis un pied sur le terrain ou ouvert un dossier depuis plus de vingt ans, prendre la parole au nom de tous les flics de France sur des plateaux télé, ça a plutôt tendance à m'écœurer. Certes, ils occupent un vide laissé par l'institution, qui s'exprime trop peu, et portent la voix de notre profession dans le débat public, en particulier quand cette dernière est calomniée. Mais certains n'ont quasiment connu que ça. Ils n'ont jamais été flics, ou très peu. Malheureusement, ce sont souvent les plus haut placés qui connaissent le moins bien notre quotidien. Et cela ne les empêche pas d'être promus bien plus vite et bien plus haut que les vrais flics. Alors comment voulez-vous que l'on se sente compris et dûment représentés par ce genre de personne ? Leur engagement est sans doute louable et sincère, leur rôle plus que nécessaire en soi, mais leur compréhension de nos difficultés quotidiennes est quasi nulle. Je ne parle même pas de ceux qui ont une double casquette et qui sont engagés politiquement dans leur vie personnelle. On nous demande d'être exemplaires, de faire preuve de neutralité et de réserve, et à côté de cela vous avez des délégués syndicaux qui sont élus politiques...

Si vous faites un sondage au sein d'un commissariat, beaucoup de policiers vous diront qu'ils sont syndiqués *« au cas où »*, *« parce que ça fait cinq ans que j'attends de muter pour retrouver ma femme et mes gosses qui sont dans le Sud »*, *« parce que c'est la seule solution pour que je sois nommé dans mon grade dans un délai raisonnable »*... Très peu vous répondront qu'ils le sont car ils adhèrent aux idées dudit syndicat ou parce qu'ils se sentent engagés dans la profession. De même, si on leur demande s'ils continueront à être syndiqués le jour où les syndicats n'auront plus leur mot à dire sur l'avancement et les mutations, beaucoup vous répondront : *« Bah, quel est l'intérêt d'être syndiqué s'ils n'interviennent plus dans l'évolution de notre carrière ? »*

HORS SOL

Malaise policier, pression hiérarchique, politique du chiffre, management inhumain, manque de reconnaissance, fracture police / population, manque de moyens matériels et humains, *burn out*...

Autant d'expressions que l'on entend souvent lorsque l'on parle de la police. Mais quelle est la part de la réalité et celle du fantasme ? La situation est-elle vraiment aussi noire ?

À titre personnel, je suis assez réfractaire à l'idée que « tout va mal », mais je n'en reste pas moins lucide. Je n'oublie pas le choc ressenti lors de mes premiers pas dans la boîte, l'hiatus entre ce qu'est réellement le boulot au quotidien et l'image que je m'en faisais. Travaillant pour l'État, au sein d'une grande institution, je m'attendais à ce que tout soit réglé comme du papier à musique, que rien ne dépasse, que tout coule sans accroc, comme une machine bien huilée, sans grain de sable. Force est de constater que la police est une mer de sable ! C'est une organisation qui repose principalement sur la bonne volonté et l'engagement des hommes et des femmes qui la composent, alors que des dizaines d'années de retard se sont accumulées dans tous les domaines : management, organisation, matériel, technologie, locaux, règlement intérieur, etc. Malheureusement, l'humain ne peut pas pallier éternellement autant de carences. Là où je pense que la police nationale n'a jamais cessé d'exceller, c'est dans le professionnalisme, l'excellence et l'efficacité. Lorsque l'on sait dans quelles conditions ses effectifs évoluent quotidiennement, au regard des résultats qu'ils obtiennent, la stupeur est énorme. Et si j'ai écrit ce livre, c'est aussi pour rendre hommage à tous mes collègues qui, dans ce contexte, font preuve d'un dévouement sans faille.

Vous me direz qu'il est logique que, dans une telle institution, tout ne soit pas parfait. Et je vous répondrai que je suis totalement d'accord. Mais j'ajouterai que lorsque l'on a identifié une défaillance, il est essentiel de la rectifier, *a fortiori* dans une institution comme la police nationale. Sauf que la sensation que j'ai, du haut de mes quelques années d'ancienneté, c'est qu'au lieu de réparer, on camoufle, on colmate, comme un pansement sur une jambe de bois ou une rustine sur un pneu crevé. Tôt ou tard, ça vous explose au visage. Si bien que cette situation – qui est globalement dénoncée par l'ensemble de la profession – pourrit en fait depuis au moins vingt ans, à en écouter les anciens. Alors pourquoi ne pas avoir pris les problèmes à bras-le-corps dès leur apparition ? Je n'en ai aucune idée. J'aimerais bien savoir ce qu'il se tramait dans la tête de nos dirigeants à l'époque. Sans doute n'ont-ils pas pris la situation au sérieux, ou avaient-ils plus grave ou plus important à gérer. Parce qu'au final, un flic, même en colère, fera quand même le job, tout simplement parce que sa conscience professionnelle le rattrapera toujours et que l'on fait ce métier pour les autres, pas pour soi.

Mais comment est-il possible, en 2019, que certains de nos supérieurs soient à ce point déconnectés de la réalité ? Des ordres ridicules, voire absurdes, j'en ai reçu quelques-uns depuis mes débuts. Comme celui de revêtir ma casquette avant une grosse opération dans une cité à la recherche de stupéfiants et d'armes. Ou bien de coucher* trois fois un MeC* dans trois registres différents, pour y dire la même chose. Ou encore de ne pas retrousser les manches de mon polo, alors que la température était très élevée (forcément, entre un bureau climatisé et le goudron qui chauffe, la température ressentie n'est pas la même). Ou enfin de mettre en place un contrôle routier fixe, en pleine heure de pointe, à un carrefour très fréquenté sur les quais de Seine, créant forcément des embouteillages monstres. Il est très difficile de faire comprendre l'illogisme qui peut caractériser certains des ordres que nous recevons de notre hiérarchie. Nombre de nos supérieurs n'ont jamais été gardiens de la paix, n'ont jamais connu la voie publique ou un service local d'enquête. Ils n'ont occupé que des postes de commandement. Bref, ils n'ont jamais mis les mains dans le cambouis. La majorité est raisonnée, attentive, à l'écoute, se rangeant à nos remarques ou nos conseils. Mais comme dans tout système pyramidal, une minorité estime ne pas avoir d'avis à recevoir de nous. C'est doublement dommage, car cela crée une réelle distance entre les corps.

Or, je fais partie de ceux qui voient la police comme un tout. Nous, gardiens de la paix, en sommes les fondations. Les petites mains, celles qui font tourner la machine 24 heures sur 24, 7 jours sur 7. Les seuls que vous trouverez dans un commissariat jour et nuit. Nos officiers en sont les murs et nos patrons la charpente. Et il n'y a qu'ensemble que nous pouvons faire tenir la maison, contre vents et marées. Certes, notre système pyramidal impose un respect de la hiérarchie ainsi que des ordres que nous recevons. Mais rien ne nous oblige à transformer cela en strates immuables, sans qu'aucune ne puisse s'adresser à l'autre en toute liberté et honnêteté. Il n'y a que main dans la main, en écoutant chaque petit policier, quel que soit son grade, que nous avancerons. Je dois reconnaître que les choses sont d'ailleurs en train de changer grâce à la nouvelle génération d'encadrants arrivée ces dernières années, beaucoup plus accessible et à l'écoute de la base, en rupture avec le management distant qui a longtemps été de mise dans la maison.

La question de la mesure de notre activité cristallise bon nombre de ces tensions entre strates hiérarchiques. Lorsque l'on aborde le sujet controversé de la « politique du chiffre », tout le monde se tend, niant avec vigueur qu'elle reste d'actualité. On entend des discours visant, en substance, à justifier son intérêt : *« La politique du chiffre n'existe plus en 2019, mais il faut bien que l'on mesure l'activité des services.* » Ah ! Grande nouvelle ! La police nationale a un bilan annuel à dresser, un chiffre d'affaires à atteindre, des statistiques à afficher. En fait, nous sommes devenus une véritable entreprise. En tout cas, la police a été dirigée comme une multinationale du CAC 40 pendant quelques années. Et au final, c'est sûrement ce qui lui a fait le plus de mal. Alors bien sûr, notre activité impose un bilan quotidien, tout simplement parce que nous exerçons un métier où nous sommes soumis à une obligation de « rendre compte ». Lorsque je passe huit heures dans mon Berlingo, mon major de brigade, mon commandant ou mon patron ne se trouvent pas avec moi, sur la banquette arrière, pour vérifier que je fais correctement mon travail et que je ne suis pas posée dans un parc à me tourner les pouces ! Alors à la fin de la vacation, je transmets un petit papier polycopié, intitulé « compte-rendu d'activité journalier » : je liste les interventions sur lesquelles nous avons été appelés avec mon équipage avec leurs horaires, je précise le nombre de verbalisations qui ont été effectuées avec leur motif, le nombre d'interpellations et leur motif, le nombre de mains courantes (compte-rendu informatisé rédigé après chaque intervention), le nombre de fichiers passés, le nombre de constatations de cambriolages, etc.

Il est normal de transmettre ce compte-rendu. Il est normal de mesurer notre activité. Il est normal de vérifier mensuellement s'il y a une baisse de régime ou pas. Le tout, c'est de se poser les bonnes questions et d'interpréter intelligemment les chiffres. S'il y a un déclin, c'est peut-être qu'il y a un souci quelque part : mauvaise ambiance dans la brigade, mauvaise composition des équipages (certains collègues fonctionnent mieux avec d'autres), taux d'absence plus élevé qu'à l'accoutumée, baisse de fréquentation touristique, départ en vacances des habitants... Les raisons peuvent être diverses et surtout ne pas provenir d'une léthargie soudaine ou d'un manque d'investissement. Et l'existence des statistiques peut ainsi servir à détecter les problèmes réels auxquels toute brigade peut être confrontée un jour ou l'autre.

Là où je suis en désaccord avec ce système, c'est lorsqu'il alimente une comparaison entre les brigades ou entre les groupes, et que la hiérarchie nous demande de nous « aligner ». Par exemple, la J1 est à quarante interpellations sur le mois et la J2 à trente. On demande donc à la J2 de rattraper son retard, et c'est parti pour la course à la MAD*... On privilégie la quantité à la qualité, histoire de ne pas se faire emmerder. Se faire emmerder sur quoi, me direz-vous ? Les notations individuelles, les demandes de stages, les demandes de congés. En somme, mieux vaut faire son chiffre.

Idem lorsque vous êtes à l'appel, à votre prise de service, et que l'on vous dit : « *Aujourd'hui tu dois interpeller un ILE* / une sauvette / faire des feux rouges parce que ce mois-ci on en a fait moins que le mois dernier.* » Pourquoi ? Sur quel fondement ? On en fait quoi, concrètement, de notre discernement ? Depuis quand devons-nous interpeller telle ou telle personne (hors cadre d'enquête évidemment) ou gratter* une infraction en particulier ? Et pourquoi ne recevons-nous pas cet ordre par écrit mais toujours verbalement ? Alors je comprends que, généralement, ces demandes proviennent d'une requête préfectorale ou gouvernementale, pour répondre à une préoccupation de la population. Par exemple, en cas d'augmentation des accidents de la route dus au franchissement des feux rouges, on va nous demander d'accentuer nos contrôles aux carrefours et de le montrer. Comment ? En effectuant des verbalisations. Et pourquoi l'interpellation des ILE ? Pour répondre à l'immigration irrégulière massive. Ok, je comprends. On applique la loi en la matière, aucun souci. Mais, dans ce cas, il faudrait que le système soit efficace. C'est bien beau de nous demander d'accentuer nos contrôles et nos interpellations. Mais quel est l'intérêt si la personne est laissée libre après les quatre heures réglementaires de vérification, alors même qu'elle se trouve en situation irrégulière sur le territoire français ? Idem pour les vendeurs à la sauvette. Ils sont des centaines, implantés à divers points stratégiques et touristiques de la capitale. Une vraie mafia se cache derrière ces petits vendeurs. On nous demande d'en interpeller X par mois. Cela permet-il de remonter jusqu'à la source pour enfin démanteler tout le réseau qui les alimente et ainsi réellement affecter leur activité ? Non, puisque nous ne nous attaquons qu'au petit revendeur de rue, qui fait ça pour nourrir ses gosses. Nous saisissons sa marchandise pour destruction, bien souvent lui-même ressort avant même que nous ayons fini le procès-verbal d'interpellation. En plus de nous donner la sensation de travailler pour rien, cela encombre nos services d'enquête déjà engloutis sous les procédures et peinant à respirer à la surface de ce gigantesque océan qui les submerge. Alors à qui cela profite-t-il ? Pourquoi cette politique du chiffre persiste-t-elle dans certains domaines ? Il n'est plus besoin d'établir qu'elle a fait énormément de mal à la police et qu'elle est responsable de bien des maux chez mes collègues. Elle nous retire l'essence même de notre métier, l'humain. Vous avez probablement déjà entendu parler de la « bâtonite » ? Un bâton, chez nous, c'est une MAD. Quant au suffixe « -ite », il est utilisé en médecine pour désigner des maladies inflammatoires. Le choix n'est donc pas anodin… « Dresser des bâtons », comptabiliser les chiffres, ça robotise. Et ça rend malade tous les flics de France. Alors certes, il paraît que c'était pire avant. Je n'ai pas connu les fameuses années 2000, au cours desquelles la pression statistique irriguait toute l'institution, de haut en bas de la pyramide. Les gouvernements qui se sont succédé depuis ont dit vouloir mettre fin à ces pratiques. Je veux bien les croire. On ne défait pas un système aussi fortement ancré en quelques mois. J'essaie de rester optimiste, en me disant que la prise de conscience de l'inanité de ce système est générale et que nous en viendrons forcément à bout tôt ou tard.

Autre point de mécontentement pour nous autres, les flics de base : le silence. Ce silence qui tue l'institution à petit feu. Je l'ai déjà abordé plus tôt dans cet ouvrage, mais je considère notre devoir de réserve à la fois nécessaire et meurtrier. Selon l'article R. 434-29 du code de déontologie de la police nationale et de la gendarmerie nationale, *« le policier est tenu à l'obligation de neutralité. Il s'abstient, dans l'exercice de ses fonctions, de toute expression ou manifestation de ses convictions religieuses, politiques ou philosophiques.*

Lorsqu'il n'est pas en service, il s'exprime librement dans les limites imposées par le devoir de réserve et par la loyauté à l'égard des institutions de la République. Dans les mêmes limites, les représentants du personnel bénéficient, dans le cadre de leur mandat, d'une plus grande liberté d'expression. » En somme, notre liberté d'expression est restreinte si nous ne jouissons pas d'un mandat syndical, même hors service. Plus concrètement, le devoir de réserve consiste à ne pas s'exprimer, dans la mesure où cette liberté de parole pourrait entacher l'image de l'institution, le secret et la discrétion professionnels. La frontière entre notre liberté d'expression et la violation de ce devoir de réserve est assez ténue et à l'appréciation de notre haute hiérarchie, et de l'IGPN en cas de procédure ouverte.

Il nous appartient de prêter attention à nos paroles, notamment en public ou sur les réseaux sociaux. Il y a de fortes chances pour que l'administration considère que j'ai enfreint mon devoir de réserve en écrivant ce livre alors que, loin de détériorer l'image de la police, j'ai constamment à cœur de redorer notre blason en levant le voile sur certains sujets tabous qui nous desservent. Et que ceux qui parlent le mieux de la police, ce sont les policiers eux-mêmes. Certes, nous avons des délégués et des représentants syndicaux, mais ils ne sont pas toujours les mieux placés. Sur certains sujets, une expertise est requise. Expertise que seul un professionnel détient. Lorsque je regarde des émissions dont le sujet principal est la police et qu'aucun policier n'est en plateau, je maudis le fait que nous restions cantonnés à ce devoir de réserve aussi vieux que l'ordonnance de 1945 ! Évidemment qu'une forme de retenue est nécessaire, notamment en matière de secret et discrétion professionnels. Elle permet de peser nos mots et de préserver notre neutralité. Mais lorsqu'il s'agit de parler de la réalité de notre quotidien, du terrain sur lequel nous évoluons jour après jour, et de lancer un cri d'alarme sur la détérioration globale de nos conditions de travail, j'ai du mal à considérer que je manque de respect envers notre règlement intérieur. J'ai même envie de dire que c'est une nécessité que nous parlions. Personne ne resterait silencieux face aux aberrations que nous vivons.

Et puis, il y a les bobos qui affectent nos têtes et nos corps, et dont on ne parle pas. Il est important que la population et nos hautes instances soient conscientes que, par exemple, lors d'une blessure en service, c'est un véritable parcours du combattant pour être indemnisé, et que les professionnels de la santé refusent catégoriquement de prendre notre triplicata administratif, arguant du fait que le ministère ne les paie jamais. Ils préfèrent prendre notre carte Vitale et notre mutuelle, quitte à ce que nous avancions nous-mêmes les frais. De plus, il est difficile d'avouer que l'on ne va pas bien de peur d'être jugé par ses pairs, d'être fliqué par sa hiérarchie et méprisé par d'autres. Lorsqu'un collègue se met en arrêt maladie car il est au bout du rouleau, au bord du *burn out*, ou bien qu'il y est déjà plongé jusqu'au cou, certains supérieurs peuvent lui pourrir la vie sous prétexte qu'il *« manque un effectif »* et que *« c'est du chiqué juste pour ne pas bosser »*. Il ne faut pas oublier que depuis un an, beaucoup de nos week-ends sont annulés du fait du contexte et des manifestations des gilets jaunes tous les samedis. Rappelons que la majorité des effectifs n'ont déjà qu'un week-end (samedi et dimanche) toutes les six semaines. Il est important de réaliser que ce silence nous bride, nous éloigne, nous rend distants avec la population. La police souffre de ce manque de dialogue, en partie dû à notre système interne, alors qu'elle exprime déjà, tant bien que mal, qu'elle est en perpétuel manque de reconnaissance des citoyens mais aussi de nos gouvernants. Je pense d'ailleurs que si la population ne comprend pas la police, c'est largement dû au fait que ce ne sont pas les policiers que l'on entend s'exprimer. Il faut à tout prix que nous puissions échanger librement avec le public afin de réapprendre à communiquer ensemble. Nous sommes des incompris. Mais comment se comprendre quand on ne se parle pas ?

« UN BON FLIC EST UN FLIC MORT »

Pour toutes ces raisons, lorsque les flics sont descendus dans la rue spontanément en octobre 2016, je les ai suivis. Je venais à peine d'être titularisée, j'avais un peu plus d'un an de boîte (sans compter l'année d'école) mais je me sentais concernée, et je ne pouvais pas rester dans mon coin à râler à la machine à café comme une bonne partie des collègues.

Je doute fortement que vous ayez raté cet épisode. Le 8 octobre 2016, aux abords de la cité de la Grande Borne, située dans l'Essonne, entre les communes de Grigny et de Viry-Châtillon, deux véhicules de police en sécurisation statique en dessous d'un mât supportant une caméra de vidéosurveillance avaient été attaqués au cocktail Molotov par une bande de sauvages. Quatre de mes collègues avaient été blessés, dont deux très grièvement. Une quinzaine d'individus cagoulés avaient brisé les vitres des véhicules avant d'y jeter des cocktails Molotov et de maintenir les portières fermées. On aura beau me dire ce que l'on veut, ils voulaient que mes collègues brûlent et meurent. Le cocktail Molotov est un engin incendiaire classé comme arme de guerre. Il a pour conséquence de transformer n'importe qui en torche humaine instantanément.

Cette lâche tentative de meurtre sur mes collègues a eu pour effet de déclencher un réel émoi et une vive colère dans nos rangs. Pour la première fois, sans aucune bannière ou couleur syndicale, et surtout sans aucun appel de nos représentants, les policiers manifestaient. Certains étaient venus en service, avec les véhicules sérigraphiés. Je me rappelle cette marée bleue qui avait recouvert les Champs-Élysées. Nous n'en revenions pas. C'était tellement beau. Un sursaut après des années de silence. D'abord quelques dizaines, puis des centaines et enfin des milliers. Les « manifs nocturnes » ont duré plusieurs jours, le temps que nos dirigeants comprennent que là, c'était vraiment la goutte d'eau qui avait fait déborder le vase. Ce n'était pas un caprice. Nous ne faisions pas semblant. Il fallait à tout prix qu'ils nous entendent et nous écoutent. Le point de non-retour avait été atteint et nous attendions des actes. Les paroles et les promesses ne suffisaient plus à apaiser notre colère. Nos collègues, nos frères et sœurs d'armes avaient été brûlés vifs. Nous ne pouvions accepter cela sans broncher. Des slogans émergeaient naturellement de la foule : *« Policiers en colère »*, *« Hollande t'es foutu, ta police est dans la rue »*, *« Citoyen soulève-toi, ta police a besoin de toi »*, *« Policiers en colère, citoyens solidaires »*, ponctués par des bruits de sirène et surtout de nombreuses *Marseillaise*. Nous étions tous d'accord sur un point : c'était un mouvement apolitique, totalement détaché des syndicats et sans tête de file. Tout se faisait par bouche-à-oreille via WhatsApp, au jour le jour. Rendez-vous était donné le soir même à tel ou tel endroit et le message tournait entre collègues, comme une chaîne.

Très vite, nous avons été menacés par nos hautes sphères d'être sanctionnés pour manquement à notre code de déontologie. Des figures ont alors pris la parole à visage découvert, puisque l'on nous reprochait d'arpenter les rues de Paris le visage dissimulé (nous ne voulions pas être identifiés par notre hiérarchie afin d'éviter toute sanction disciplinaire). C'est là que j'ai découvert Maggy Biskupski et Guillaume Lebeau. Deux baqueux* au grand cœur et à la grande gueule ! Ils ont eu le courage d'être les premiers à se dévoiler et à prendre des risques. Naturellement, ils sont devenus les figures de proue du mouvement des policiers en colère. Ils prenaient la parole face aux journalistes, face aux collègues, derrière des mégaphones de fortune, debout sur des bancs. Et qu'est-ce qu'ils étaient justes ! Enfin une parole brute, sans filtre, du parler vrai, du parler flic. Bon Dieu, que cela faisait du bien de les entendre. Nous savions que nous étions en train de faire trembler nos dirigeants. Nous savions qu'ils avaient peur et qu'ils se demandaient de quoi nous étions capables. Mais jamais nous n'aurions mis en danger la République et nos institutions, même si nous savions que nous mettions en difficulté un pouvoir en place déjà chancelant. Notre engagement va au-delà de tout. Il n'en reste pas moins que ce mouvement était nécessaire et qu'il a été salutaire pour la police nationale.

Petit à petit, nous nous sommes rendu compte que nous ne pouvions pas continuer ce genre de manifestations. D'une part car elles étaient non déclarées, d'autre part car cela finirait par donner une mauvaise image de la police. Difficile de se qualifier de policier lorsque toi-même tu ne respectes pas la loi ! C'était un peu le comble. Mais je crois qu'après les événements de la Grande Borne, on n'a pas su quoi faire d'autre pour être enfin entendus. Notre parole avait été contenue depuis bien trop longtemps et nos propos bien trop minimisés et édulcorés par nos syndicats. Il fallait désormais déclarer les manifestations. Pour ce faire, il fallait des noms afin de déposer la déclaration en préfecture, tout en sachant que cela mettrait en danger ces collègues face à l'administration. Dans le but de légaliser le mouvement, une association a été créée : la Mobilisation des Policiers en Colère (MPC), dont les statuts ont été rapidement déposés. La grogne avait enfin un nom et un visage : celle de la présidente, élue un peu malgré elle, Maggy Biskupski, secondée par Guillaume Lebeau, son vice-président. Les rassemblements suivants ont été déclarés. Peu à peu, les collègues dévoilaient leurs visages, laissant tomber le foulard, la cagoule ou le cache-cou qui les dissimulaient jusqu'alors. Nous revêtions nos brassards « Police » afin de nous identifier entre nous, la menace terroriste étant toujours très forte à cette époque, quelques mois seulement après l'attentat du 13 juin 2016 à Magnanville. Nous étions encore à fleur de peau et avions très peur d'être infiltrés dans les rangs même de nos manifs. *« C'est le paradis pour un terro ici ! Des centaines de flics au kilomètre carré, il ferait un vrai carnage. Et surtout, il rentrerait dans l'histoire. »* Nous respections le parcours décidé avec la préfecture et nous ne venions que si nous étions hors service. Après ce petit écart hors la loi, nous sommes vite rentrés dans les clous. On n'y peut rien, c'est plus fort que nous ! L'ordre et la rigueur coulent dans nos veines et même si l'engouement des manifs nocturnes n'a jamais été égalé depuis, il était de notre devoir d'y mettre un terme. Ou en tout cas d'y mettre les formes !

Suite à cela, les organisations syndicales ont été reçues, mais pas l'association. Elle n'a d'ailleurs jamais été conviée par le ministère de l'Intérieur. D'un côté, c'est plus ou moins compréhensible : cela désavouerait complètement le lien qui unit la place Beauvau avec nos syndicats et mettrait à mal les relations établies depuis des années. De l'autre, je continue de penser qu'il s'agit d'une absolue nécessité afin de prendre en compte la parole de terrain. Quand je dis terrain, j'englobe bien évidemment mes collègues de VP*, mais aussi mes collègues dans les bureaux. Des négociations ont ensuite abouti à ce que notre ministre de tutelle de l'époque, Bernard Cazeneuve, décide d'un *« effort supplémentaire »* et concède qu'il y avait bel et bien urgence. Un plan de 250 millions d'euros allait être mis en place afin de pallier ce manque de moyens.

Parallèlement, l'association MPC prenait de l'ampleur et c'est tout naturellement que j'ai choisi d'y adhérer afin de témoigner de mon soutien aux collègues qui y œuvraient de manière totalement bénévole, sur leur temps personnel, en plus de leur activité professionnelle. Il s'agissait d'une poignée de collègues, tous issus de services actifs, dont la grande majorité provenait de la VP. Ça se sentait, ils savaient de quoi ils parlaient, ils s'exprimaient avec leurs tripes et, surtout, savaient comment nous parler. Je trouvais leur engagement et leur combat tellement honorables. J'admirais leur dévouement à la profession. Quand je voyais Maggy ou Guillaume prendre la parole dans les médias pour mettre en avant la cause policière, en évoquant le mal-être grandissant dans nos rangs, sans faux-semblants, en n'y allant pas par quatre chemins, je me disais qu'on était à l'aube d'une grande avancée pour notre institution et que les choses allaient enfin changer. Ils prenaient de vrais risques pour porter notre voix, bravant leur devoir de réserve et s'exposant aux enquêtes de l'IGPN. Beaucoup voulaient les faire taire car leurs voix dérangeaient. C'étaient des voix hors cadre, de celles que l'on veut à tout prix cacher. Mais les médias ne s'y trompaient pas et les sollicitaient de plus en plus, souvent au nez et à la barbe de nos représentants du personnel.

Et puis, quelques mois plus tard, en juin 2017, j'ai rencontré Maggy. La vie a fait que nos chemins se sont croisés. Ce jour-là, nous avions rendez-vous pour parler police. C'est Guillaume qui nous avait mises en contact, suite à des échanges que j'avais eus avec lui. Nous nous étions retrouvées à Palais-Royal, dans une petite brasserie. Nous avons tout de suite accroché. Nos caractères de passionnées, bruts de décoffrage, un peu grandes gueules sur les bords et francs du collier, s'accordaient bien. Elle m'avait dit qu'elle avait l'impression de se voir quelques années auparavant, lorsqu'elle avait commencé dans la boîte. Je n'avais pas su accepter ce qui était à mes yeux un vrai compliment. Et encore aujourd'hui, je n'en aurais jamais la prétention. Toujours est-il qu'en ce jour pré-estival de 2017, sur cette terrasse ensoleillée, elle avait réussi à me convaincre de rejoindre la « team MPC ». Sa gouaille avait eu raison de moi et nos discussions à bâtons rompus, sans temps mort, démontraient que le destin avait bien fait les choses en nous réunissant.

La MPC, c'est d'abord une force de proposition. Je ne suis pas en train d'en faire la promotion, mais il est important d'expliquer ce qu'elle a représenté dans ma vie, puisqu'au final, elle m'a amenée jusqu'ici, à écrire ces lignes. Je découvrais donc ce monde en devenant « représentante MPC ». Mon rôle consistait à porter la parole de l'association au sein de mon service, d'être un intermédiaire pour les collègues qui souhaitaient avoir plus d'informations à son sujet ou qui avaient besoin d'être soutenus, défendus, écoutés. Son credo ? « Défendre. Proposer. Agir. » Que ce soit clair, elle n'a aucunement vocation à remplacer un syndicat. Je dirais qu'à l'instar des associations qui ont vu le jour ces dernières années, son but est de combler le vide qui existait en la matière. Elle apporte ce côté humain, tourné vers les collègues et leurs familles, que les syndicats ont perdu au fil du temps, en tout cas en haut de la pyramide. Contrairement aux syndicats qui doivent toujours peser le pour et le contre de peur de perdre le lien privilégié qu'ils entretiennent avec le ministère, les associations ont la liberté de dénoncer, de parler des sujets qui froissent, sans redouter de heurter qui que ce soit. La MPC s'est vite positionnée comme « lanceur d'alerte ». Mettre sur la table ce qui a trop longtemps été passé sous silence, utiliser les réseaux sociaux, intervenir dans les médias afin que la population découvre ce qu'est réellement le quotidien de nos forces de l'ordre et entendent enfin la parole de « vrais flics ». Dans un but simple : réduire la fracture police/population, soulager le mal-être policier et améliorer nos conditions de travail.

Ma propension à l'écriture m'a rapidement fait rejoindre le pôle communication de l'association. J'y ai rencontré des personnes et des collègues en or massif, de celles que l'on a rarement la chance de croiser dans une vie. Des personnes engagées corps et âme, n'hésitant pas à privilégier leur travail pour l'association pendant leurs heures libres, souvent au détriment de leur famille. Nous décidions de la communication de l'association, notamment sur les réseaux sociaux. Nous réalisions les textes, les visuels, les communiqués... Maggy avait la décision finale, ou Guillaume si cette dernière n'était pas disponible. Nous échangions quotidiennement pour alimenter la page Facebook, répondre aux messages et aux mails envoyés par nos collègues, nous faisions le lien entre eux et les représentants locaux qui pouvaient les épauler sur place. Nous discutions des apparitions dans les médias : était-il judicieux de faire tel ou tel plateau, était-ce notre place de répondre sur tel sujet ? Rien n'était décidé de manière arbitraire, chaque parole pesait le même poids. Au fil des années, nous avons mis en place les comptes Instagram et Twitter de l'association, dont il fallait s'occuper quotidiennement. J'avais également eu l'idée de créer « Les Instants Photos de la Police », où les collègues nous envoyaient des photos mettant en scène leur quotidien au boulot, accompagnées de leurs commentaires. Le but était toujours le même : montrer que nous étions comme tout le monde, que nous aimions profondément notre métier et qu'il était important de partager cela avec nos concitoyens.

Après deux ans d'engagement auprès de la MPC, et même si j'étais toujours aussi convaincue de son utilité et de sa nécessité en dépit des désaccords qui, comme dans toute organisation, pouvaient parfois survenir, j'ai levé le pied. Tout simplement parce qu'une telle implication n'est pas de tout repos et empiète énormément sur la vie privée. Notre travail est déjà très prenant. Si l'on y ajoute l'asso, il ne me restait plus beaucoup de temps pour tout le reste : la famille, les amis, les loisirs, la vie de couple. Je suis très fière d'avoir fait partie de cette aventure. Je suis persuadée que la MPC a fait du bien à la police. Elle a réveillé bon nombre de collègues qui, de guerre lasse, avaient baissé les bras et subissaient en silence ce système parfois destructeur. Elle a aussi remué nos syndicats qui se reposaient sur leurs lauriers depuis des lustres. Tout le monde a remarqué que depuis octobre 2016, leur communication est calquée sur celle des associations, utilisant beaucoup plus les réseaux sociaux, s'inspirant des supports et des différentes publications de la MPC. Comme disait Maggy : *« Tant mieux ! Qu'ils nous copient ! Ça veut dire qu'on est dans le vrai et que ce que l'on fait est de qualité. Et surtout, le principal, c'est qu'ils se bougent, parce que l'objectif unique, ce sont les collègues ! »*

La MPC est née de la mobilisation des collègues et sa survie dépend uniquement des demandes et des besoins qu'ils expriment. Lorsque l'on constate que le 2 octobre 2019, trois ans après le mouvement spontané des policiers en colère, la « Marche de la Colère » organisée par nos syndicats a réuni près de 27 000 participants (alors que la police compte environ 150 000 effectifs), il est évident qu'au fond, rien n'a vraiment changé. Ce serait néanmoins mentir que de dire que rien n'a été fait depuis. Du budget a été incontestablement injecté dans les locaux, les véhicules et le matériel. Je prends pour exemple l'équipement dit « lourd » qui nous a été livré courant 2016 et 2017, matériel destiné notamment à la protection en matière d'attaques terroristes (casques et boucliers balistiques, gilets pare-balles lourds « porte-plaques », kits de secours, couvertures de survie...). Un bémol quand même : certes, on nous a équipés, mais nous ne sommes pas forcément toutes et tous formés face à ce genre d'attaques. Comme toujours, le problème de notre police, c'est que l'on est dans la réaction. L'institution a une fâcheuse tendance à répondre, à apprendre, à former, à équiper... une fois qu'un drame s'est produit. Il faut au contraire prévoir l'imprévisible, être prêts à affronter et à répondre à l'impensable.

On en revient encore et toujours aux années de retard et de manque d'investissement dans notre sécurité intérieure. Et au final, depuis la Grande Borne, nous avons l'impression que la violence envers les forces de l'ordre augmente de façon exponentielle. Comme si ce 8 octobre 2016 avait libéré tous les épisodes qui ont suivi. On ne compte plus les agressions de policiers ou gendarmes qui se font lyncher en ou hors service, seuls ou devant leur famille. Le cocktail Molotov est devenu une arme presque banale, au point que le commun des mortels en oublie sa dangerosité, que les médias finissent par banaliser ces attaques, trop fréquentes, habituelles, et que nos dirigeants *« condamnent fermement »* en agissant toujours aussi peu.

Ce qu'il faut à cette police, ce sont des actes. Des vrais. Quelque chose qui fasse enfin de la personne dépositaire de l'autorité publique quelqu'un que l'on ne doit pas toucher, sous peine d'une sanction très forte. Pourquoi ne pas instaurer une peine plancher, non négociable ? Parce que non, il n'existe pas d'excuses ni de circonstances atténuantes. Rien ne justifie d'attaquer, de blesser, de violenter ou de vouloir tuer un uniforme. Et il est temps de les protéger autant qu'ils nous protègent. Alors bien évidemment, tout n'est pas encore parfait, mais il y a définitivement du mieux : une prise de conscience politique et populaire s'est produite.

9MM

« *Vous êtes trente dans cette pièce. Au moins cinq d'entre vous vont commettre l'impensable : se mettre une balle dans le caisson. Ce n'est pas moi qui le dis, mais les statistiques. Durant votre carrière, si vous êtes chanceux, vous verrez cinq de vos collègues proches se suicider. Si vous êtes moins chanceux, vous assisterez plus souvent à des obsèques qu'à des mariages.* »

Tel est le discours que nos formateurs nous avaient tenu durant notre année de scolarité. Honnêtement, j'avais énormément de mal à m'imaginer qu'ils disaient vrai, étant à l'époque peu au fait de la question du suicide policier. Indubitablement, ils avaient vu juste, même s'ils ont volontairement forcé le trait, la proportion n'étant évidemment pas aussi importante.

À l'heure où j'écris ces lignes, il y a déjà eu 56 suicides en 2019 dans la police nationale. Et l'année n'est pas terminée. Ce fléau ravageur qui nous décime depuis des années ne semble pas prêt de cesser. Souvent, le policier se voit comme le dernier rempart, celui qui doit tenir pour éviter que tout s'effondre. Nous exerçons une profession où il faut être fort, inébranlable même. À travers ce livre, j'ai tenté de vous montrer à quel point notre quotidien consiste à être une éponge qui absorbe le pire de l'humanité. Parfois, logiquement, cette éponge déborde. Or notre institution n'a jamais été préparée à prendre en charge ces collègues qui « débordent ». Et surtout, les premiers passages à l'acte n'ont pas été pris au sérieux et le problème de fond n'a pas été traité à bras-le-corps. Encore une fois, on se retrouve à rattraper aujourd'hui des années d'indifférence de nos dirigeants. Je ne comprendrai jamais comment on a pu laisser autant de policiers se tuer sans réagir, sans broncher, sans se remettre en question.

Je couche ce chapitre sur papier le 12 novembre 2019. Et comme si le destin en avait décidé ainsi, cela fait un an jour pour jour que Maggy Biskupski a décidé de nous quitter. Dans quelques heures, cela fera douze mois que j'ai reçu ce coup de fil m'annonçant son acte tragique. C'est Guillaume qui m'a appelée aux alentours de 21h30. Il était en voiture, je me souviens du bruit de fond. Il m'a dit : *« Putain Juliette ! Maggy elle s'est mis une balle ! »* Ce furent ses premiers mots. J'étais dans ma chambre, je m'étais assise sur le bord du lit. *« Hein ? Mais qu'est-ce que tu dis ? »* Je ne pouvais pas y croire. Pas Maggy. Impossible. Guillaume a répété : *« Elle s'est mis une balle je te dis ! Je vais chez elle là, y a les collègues du secteur qui sont chez elle ! »* Nous avons raccroché. Et je suis restée assise, ahurie, en état de choc. Je ne pouvais y croire. Encore aujourd'hui, je ne l'accepte pas. Je continue d'entendre sa voix, son rire, de voir son sourire et son regard franc.

Son suicide m'a scié les jambes. Pas elle. Maggy avait fait de la lutte contre le suicide policier son combat. Elle ne pouvait y avoir succombé. Elle était si forte, cette Madame Courage. Elle aurait déplacé des montagnes pour les collègues. Son départ avait été si soudain, sans signes avant-coureurs. Lorsqu'on demande comment il est possible de ne pas voir qu'un collègue pense au suicide, va mal, a des idées noires, je pense à Maggy. Rien ne laissait présager qu'elle était dans une telle détresse et qu'elle n'avait plus goût à la vie. C'était une femme qui avait une telle joie de vivre justement, une vraie boule d'énergie et d'attitude positive.

Je sais qu'elle veille sur moi et sur nous tous de là-haut. Je sais qu'elle serait fière de ce que j'ai accompli cette année, je sais qu'elle m'aurait encouragée à faire les choix que j'ai faits depuis son départ. Mais jamais je ne m'y résoudrai. Le plus étrange, c'est que parfois je me prends à vouloir l'appeler. Quelques secondes. Je me dis : *« Tiens, il faut que je le raconte à Maggy. »* Et puis, je me souviens. Elle est partie. Mon Dieu, qu'elle serait énervée en voyant ce qu'il s'est passé depuis un an ! Je l'entends pester, tellement ça doit la prendre aux tripes. Elle était comme ça, entière. Elle ne pouvait se taire et accepter en silence. Elle l'aimait tellement, cette boîte.

Je me demande comment elle faisait pour tenir debout. Elle enchaînait son travail de nuit et les interviews le matin à la radio ou sur un plateau, le midi elle essayait toujours de s'arrêter pour déjeuner avec des potes, elle rentrait chez elle pour faire une sieste et rebelote, elle partait au boulot. Elle a laissé un tel vide... Malgré elle, elle est devenue une icône et l'image du mal-être policier. Cette nana, elle nous manque tous. Qu'on la connaisse de près ou de loin, qu'on l'aime un peu, beaucoup, passionnément, à la folie ou pas du tout. Elle avait cette capacité à vous toucher en plein cœur dès qu'elle ouvrait la bouche. Mais ce trop-plein d'émotions et ce dévouement sans faille ont finalement eu raison d'elle.

Elle m'avait dit : *« Juliette, faut que tu écrives. Faut que tu parles, toi et moi on est pareilles. Le silence nous ronge. »* Je l'ai écoutée. Je l'aime, cette police qu'elle voyait à travers ses yeux.

Cette année, Christophe Castaner, notre ministre, ainsi qu'Éric Morvan, notre directeur général, ont reconnu publiquement que ces suicides n'étaient évidemment pas sans lien avec notre travail. Croyez-le ou non, c'est la première fois qu'un ministre de l'Intérieur tient ces propos. Je dois reconnaître là encore qu'ils ont pris des initiatives que nous attendions depuis longtemps, comme la plateforme téléphonique d'écoute. Jusqu'à présent, le ministère ne communiquait pas sur les suicides, ou très peu. C'était un sujet tabou, que l'on laissait sous le tapis pour qu'il n'attire pas trop la lumière, alors que dans d'autres organisations, comme Orange, le phénomène a conduit à un procès retentissant. Chaque fois que la presse s'interrogeait à ce sujet, la même réponse, mécanique, tombait comme un couperet : *« Il semblerait qu'il/elle avait des problèmes personnels. »* Et chaque fois, cela me révoltait. Il y a bel et bien des facteurs spécifiques à la police : nous portons une arme à feu, ce qui facilite le passage à l'acte ; autre facteur aggravant, une proportion importante de nos effectifs est composée de déracinés, de jeunes collègues qui se retrouvent affectés loin de chez eux et vivent dans une forme d'isolement familial et social.

Quel que soit le métier, il est de toute façon impossible de séparer les aspects personnels et professionnels, mais c'est encore plus vrai dans notre cas, que l'on vive seul ou en famille ; ne serait-ce que parce que nous exerçons une activité qui empiète forcément sur notre vie privée. Et encore, le terme « empiéter » est un euphémisme. On a beau essayer de mettre des sas entre le travail et la maison, lorsque l'on a assisté à un suicide, annoncé la mort d'un proche à sa famille, été sur les lieux d'un accident grave, découvert un corps sans vie, parfois celui d'un enfant, bref passé la journée en immersion au cœur de la misère humaine, on ne peut pas rentrer le soir sans traîner ce fardeau avec soi. Il ne suffit pas de franchir une porte pour tout oublier. Ce poids, nous le portons constamment avec nous, il finit par faire partie de nous et influe forcément sur notre moral et notre existence.

Nous ne réagissons pas tous de la même façon face à l'horreur. Et chacun de nous ne réagit pas non plus tout le temps de façon uniforme. Parfois, une intervention particulièrement pénible ne me touche absolument pas, parce que l'horreur est telle que mon cerveau s'est déconnecté et mis en mode « off ». Je fais mon job et je laisse machinalement mes émotions dehors. À l'inverse, une mission qui peut sembler banale à première vue va beaucoup plus m'impacter psychologiquement, parce que ce jour-là je suis moins solide mentalement, je me suis disputée avec mon conjoint ou bien je suis tout simplement fatiguée. Mais dans ces cas-là, nous sommes tous pareils : nous nous efforçons de ne rien montrer, parce que c'est un métier où l'on doit être blindé. Si on laisse transparaître la moindre faiblesse, on se fait manger tout cru. Et puis, on ne va pas se mentir, s'épancher en public ne fait pas partie de nos us et coutumes. On serre les dents, on garde tout pour nous, on encaisse, et demain sera un autre jour. Vous voyez bien le cercle vicieux que cela peut entraîner : on subit au travail, on rapporte nos problèmes à la maison sans pouvoir forcément les partager avec nos proches, ce qui a des effets néfastes sur nos vies personnelles, et en retour, comme nous n'arrivons pas à évacuer nos difficultés lors de nos temps de repos, notre qualité de travail et notre capacité à absorber s'effilochent. Et ainsi de suite.

C'est encore plus vrai pour des collègues dont le conjoint ou la conjointe ne sont pas de la maison. Je vais vous paraître sectaire, mais il n'y a que les flics qui comprennent les flics. Même avec la meilleure volonté du monde, vous n'y arriverez pas si vous n'êtes pas l'un des nôtres. Dans ce livre, j'essaie de vous faire entrevoir ce que nous sommes. Mais il faut le vivre pour le comprendre. J'ai la chance de partager ma vie avec un homme merveilleux. Il a été mon collègue avant d'être l'homme de ma vie. Et d'ailleurs, il est toujours mon collègue ! J'ai rencontré Nicolas lorsque j'ai pris mon poste à Paris. C'est totalement cliché dans notre milieu mais il travaille dans le même commissariat que moi, en BAC. Moi, jeune bitos sortie d'école en brigade de Police Secours, je voyais les baqueux comme des mecs bourrins, taciturnes, avec des gros bras, le crâne rasé, un bombers Schott et des lunettes de soleil, à la Vic Mackey ! Sans doute comme vous, d'ailleurs. Si vous saviez !

La première fois que j'ai parlé à Nicolas, c'était pour lui dire, à lui et à son groupe, qu'ils étaient *« mal élevés à la BAC »* : ils passaient sans dire bonjour alors que j'étais au planton à l'entrée du commissariat avec un collègue de ma brigade. Je venais d'arriver, et comme je vous l'ai dit, la BAC a une image assez spéciale quand on débarque dans la police. Pour tout jeune flic, c'est LE service de voie publique, on a beaucoup d'admiration pour eux. Et ce jour-là, j'étais exaspérée qu'ils nous snobent de la sorte. Je m'étais sentie pousser des ailes et ça avait été plus fort que moi ! Ils m'avaient tous les quatre regardée de la tête aux pieds et devaient probablement se demander pour qui je me prenais, mais je ne m'étais pas démontée. Le lendemain, j'ai eu droit à des *« Bonjour »* surjoués avec de grands sourires exagérés. Ça m'a fait rire.

Quelques semaines plus tard, je fumais une cigarette devant le commissariat, et Nicolas également. J'étais dans mon coin et il s'est approché. Il m'a demandé comment se passaient mes premiers mois en brigade. Je lui ai répondu que ce n'était pas facile, que je bitumais beaucoup et que du coup, je ne sortais pas souvent en véhicule. Mais cela me plaisait, il fallait juste s'accrocher et attendre des jours meilleurs. Je lui ai expliqué aussi qu'à la base, je voulais faire du judiciaire à la sortie de l'école. Je pense que ce qu'il m'a dit alors me suivra toute ma vie : *« Tu sais, t'as pas choisi le terrain, c'est le terrain qui t'a choisie. T'es faite pour ça. »* Il me jure encore aujourd'hui que ce n'était pas une technique de drague et qu'il le pensait vraiment ; et d'ailleurs il le pense toujours ! Et il avait raison, finalement.

J'ai su après qu'il a tenté de m'approcher pendant plusieurs mois, mais moi, je ne voyais rien. Il vous dira que je m'en *« foutais de lui »* et que je *« l'ignorais »*. C'est juste que je n'avais pas la tête à ça. Et puis un jour, je lui ai envoyé un message pour le boulot. Depuis, nous ne nous sommes plus quittés. Finalement, c'était une évidence. Nicolas a la capacité de me faire me sentir en sécurité dès qu'il est dans les parages. Il a un pouvoir d'apaisement sur moi qui, vu mon quotidien, est véritablement salvateur. C'est un mec serein, qui relativise toujours tout, alors que moi je suis plutôt « tout pétrole » et passionnée. Il ne parle pas beaucoup, mais il parle juste. Nicolas, c'est le mec qui reste silencieux à table lors d'un dîner entre potes, mais qui analyse tout. Il est capable de me dire en rentrant qui portait un pull gris, à quoi ressemblaient les tatouages du pote assis à ma gauche, ce qu'a mangé ma meilleure amie, mais aussi qu'une Zoé blanche immatriculée dans le 92 est passée trois fois devant le restaurant entre le début et la fin du repas. Il voit tout, il enregistre tout.

Il minimisera toujours l'influence qu'il a sur moi, mais il m'a presque tout appris dans le boulot. Sans forcément s'en rendre compte. Il m'a appris à voir ce qu'il se passe, à sentir les choses, j'ai été et je suis toujours une véritable éponge à son contact. Il a cette facilité à détecter les comportements anormaux en un claquement de doigts. On aime débriefer tous les deux sur le boulot, échanger des infos, faire des recoupements ensemble : on voit des choses que l'autre ne voit pas. L'avoir dans ma vie si tôt dans ma carrière m'a permis de développer très vite des réflexes de flic et d'apprendre à vitesse grand V à ses côtés. C'est un baqueux hors pair, même s'il n'est pas conscient de ses qualités et se sous-estime.

Ce livre ne serait pas né s'il ne m'avait pas dit que j'en étais capable et s'il ne m'avait pas rassurée sur les risques que j'allais prendre en le publiant. Je ne serais pas la femme que je suis aujourd'hui sans lui, ni la flic que je m'efforce d'être. Lui vit *« pour le flag »*, de mon côté je rêve de PJ et de *profiling* : nous sommes complémentaires, il est mon équilibre, mon balancier, il est les épaules sur lesquelles je peux me reposer en rentrant du boulot même après une journée noire.

Et des journées noires, vous le savez maintenant, nous en traversons, plus souvent qu'à notre tour. Mais même les plus sombres d'entre elles ne sauraient affaiblir notre engagement ni notre détermination, pas plus qu'elles ne nous détourneront de cette « vie de flic » à laquelle nous sommes passionnément, éperdument attachés.

POST-SCRIPTUM

Par Mathieu Zagrodzki

Au fur et à mesure de ma lecture du texte de Juliette, je me suis dit que j'avais devant les yeux le livre que j'aurais toujours voulu écrire, ou au moins lire, sur la police, plus spécifiquement la police de sécurité publique, celle que l'on rencontre au quotidien mais qu'au final on connaît trop peu. Même s'il existe de notables exceptions, les médias et l'industrie du divertissement se sont toujours plus intéressés aux grandes affaires criminelles, au renseignement ou aux groupes d'intervention. Les diverses émissions qui pullulent sur la TNT, montrant parfois des reportages « en immersion » au sein des unités de voie publique, n'en donnent quant à elles qu'une vision déformée : le flagrant délit, l'intervention, la conduite à vive allure gyrophare hurlant, les interpellations musclées seraient le pain quotidien de nos policiers de voie publique. Bien entendu, cette dimension existe, mais elle ne constitue qu'une petite partie du travail des fonctionnaires de police qui, à l'instar de Juliette, patrouillent dans les rues de nos grandes villes. En plus de quinze ans de recherches sur les forces de l'ordre, qui m'ont également mené aux États-Unis et au Royaume-Uni pour ne citer que ces deux pays, j'ai pu constater que l'essence du métier résidait ailleurs. C'est cette histoire qui est racontée ici par le biais du témoignage de Juliette, qui a pour avantage, un parmi d'autres, d'inscrire ce récit policier dans un parcours de vie qui nous permet de comprendre les ressorts de l'engagement de milliers de femmes et d'hommes au sein de cette institution d'ordre qu'est la police nationale, représentante de l'État dans sa dimension contraignante.

Oui, j'ai utilisé le terme « comprendre » volontairement, car c'est de cela qu'il s'agit. Au milieu des controverses, des clivages sociaux et idéologiques, des tensions qui traversent notre pays, la police s'étant souvent trouvée au cœur de la mêlée (la crise des gilets jaunes avec son cortège de débats autour du maintien de l'ordre et des blessés du côté des manifestants comme des policiers en aura été un exemple particulièrement parlant), notre pays a besoin d'une réflexion apaisée sur le fonctionnement de nos forces de l'ordre. Et pour ce faire, il faut connaître la profession dont il est question, sans glorification, sans pathos, sans jugement. Je pense que cet ouvrage y aura modestement contribué, en plongeant le lecteur dans ce que j'ai eu la chance d'observer au cours de mes travaux, qui m'ont conduit à passer d'innombrables heures avec les policiers de voie publique en patrouille : l'ennui, la routine, les heures passées dans le véhicule ou en planton sans qu'il ne se passe rien, le côté répétitif de certaines missions – loin des stéréotypes sur l'adrénaline omniprésente au cours d'une vacation –, mais aussi l'inattendu, le banal qui se transforme en exceptionnel au cours d'une simple intervention sur un différend de voisinage, la nécessité de rester sur le qui-vive même quand il ne se passe rien, la prise de décisions parfois très graves en une fraction de seconde, l'exposition à la misère humaine, les tensions lors de contrôles routiers ou d'identité, la galerie de personnages hauts en couleurs que l'on rencontre au quotidien, l'incompréhension d'une partie de la population face aux règles et aux décisions de la police. J'espère que le lecteur qui sera arrivé jusqu'à ces lignes aura été éclairé sur une profession sur laquelle circulent beaucoup d'avis tranchés, dans un sens comme dans l'autre.

Juliette l'a dit dans son introduction, j'essaie autant que faire se peut d'être juste et mesuré dans mes analyses sur le sujet. Je la remercie du compliment car c'est une ligne de conduite à laquelle je m'astreins, tentant de toujours voir la police comme un sujet de réflexion et non d'émotion, encore moins de militantisme. L'exercice n'est pas facile tant certains sujets sont passionnels. Des événements comme ceux de la Grande Borne, l'affaire Théo ou encore le mouvement des gilets jaunes ont généré, pour des raisons différentes voire opposées, un émoi collectif, tout en soulignant les lignes de fracture au sein de la société française sur le rôle des forces de l'ordre. J'ai pu moi-même être sujet à des réactions tranchées à tel ou tel événement. Mais il est hors de question de les mettre en avant quand il s'agit d'analyser publiquement des situations complexes dont on ne maîtrise pas tous les tenants et les aboutissants. Cela vous vaut parfois de vous faire traiter de *« bobo anti-flic »* quand vous ne dites pas que la police a toujours raison ou de *« chien de garde du pouvoir »* quand vous expliquez qu'elle fait aussi face à des situations difficiles avec beaucoup de courage et de dévouement. Parmi les dizaines de patrouilles auxquelles j'ai participé, j'ai pu rencontrer des collègues de Juliette dont le comportement vis-à-vis de la population m'a heurté, d'autres que j'ai trouvés admirables de professionnalisme et de courtoisie en toute circonstance. Il y a de fortes disparités entre individus, entre équipages, entre brigades, entre unités, entre services, entre métiers, même si les policiers ont forcément une culture professionnelle commune. C'est cette complexité que Juliette nous aide à saisir quand elle nous explique comment la BAC est perçue au sein même d'un commissariat ou nous raconte ce qu'elle ressent quand elle est au contact de manifestants qu'elle n'a absolument pas l'habitude de côtoyer dans son travail en Police Secours.

Le « matricule 123456 » l'a également indiqué au début de son texte, elle n'est pas toujours d'accord avec moi (et c'est tant mieux !). C'est aussi la raison pour laquelle j'ai accepté de participer à ce projet, en plus de son évident intérêt documentaire : nous avons assumé d'être en désaccord sur certains points, ce qui ne nous empêche pas d'en débattre. Les ponts entre la police et la société civile, en particulier la recherche universitaire, sont encore trop rares pour ne pas saisir l'occasion d'un dialogue constructif susceptible d'être lu par un nombre important de personnes. Je vais donc revenir sur quelques points qui me semblent essentiels dans son propos, quitte à parfois la contredire, tout en soulignant en quoi ce dernier s'inscrit à la fois dans une culture professionnelle policière qui traverse les frontières et un contexte plus spécifiquement français.

Cela n'aura échappé à aucun des lecteurs de cet ouvrage, Juliette est attachée à l'ordre, à la justice, à la République, à la discipline, trait déjà décelable dans son parcours d'étudiante en droit, au cours duquel elle n'hésite pas à clamer son envie de rejoindre la police face à des enseignants parfois interloqués (voire pire). Ce sentiment d'appartenir à une institution où certains principes (la solidarité, l'entraide, le courage, le respect des institutions républicaines) ont encore une signification au milieu d'une société où tout se délite crée une perception de la vie en collectivité comme étant une sorte de « nous contre eux ». Le policier est incompris par un corps social qui ne partage pas ses valeurs et n'est pas exposé aux mêmes risques. Juliette ne dit pas autre chose quand elle parle de la propension des policiers (dont elle-même) à se mettre en couple entre eux. Ce trait-là peut être rencontré dans nombre de contextes nationaux. Il est renforcé dans le cas français par un certain nombre de caractéristiques tenant à son histoire politique. La police a souvent été (et est toujours) un instrument d'un pouvoir centralisé, sa raison d'être étant la protection des institutions et le contrôle des populations. S'ensuit une approche verticale du rapport police-population (par opposition aux contextes anglo-saxons, certes pas toujours idylliques pour d'autres raisons, où les polices sont historiquement l'émanation de communautés locales et largement décentralisées), dans laquelle devoir se justifier de son action est perçu comme illégitime et où l'on met fin à toute discussion sur la justification de telle ou telle intervention par un *« je le fais parce que je suis policier et que j'ai le droit »*. C'est vrai Juliette, on ne dit pas à un cuisinier ou à un plombier comment il doit travailler. C'est vrai aussi qu'il est pénible de recevoir des conseils ou des remontrances de profanes, alors que tu es une professionnelle qui a bénéficié d'une formation rigoureuse. Mais un cuisinier ou un plombier ne peut pas m'arrêter, me verbaliser, me placer en garde à vue ni contrôler mon identité. La police est une institution républicaine, exerçant des pouvoirs importants. Il est donc normal qu'on lui en demande plus, en termes de transparence notamment. On a là l'illustration d'un point de tension et aussi d'une incompréhension : en schématisant peut-être à l'excès, les policiers se perçoivent comme des professionnels, la population les voit comme les dépositaires d'un service public. Alors Juliette, je te le concède, car encore une fois j'ai pu l'observer de mes propres yeux : vous avez souvent affaire à des contestations ou des remontrances qui s'expriment en dépit de l'évidence, vous êtes une profession à laquelle on ment quotidiennement dans des proportions industrielles. D'un autre côté, l'incapacité de certains de tes collègues à dialoguer, à expliquer leurs décisions, à désamorcer un conflit n'est pas de nature à enrayer le cercle vicieux que je suis en train de décrire.

Un autre point intéressant, sur lequel j'exprimerai de nouveau un désaccord, est la vision de sa mission que porte Juliette. Avant toute chose, je tiens à préciser que sa fibre humaniste saute aux yeux quand on la lit, encore plus quand on la rencontre. Le récit de certaines de ses interventions est souvent poignant, l'écouter en parler l'est encore plus. Néanmoins, son propos reflète largement une tendance propre à la police française qui tend à centrer le métier sur l'intervention et l'activité répressive. Si je le résume en trois points, la police effectue beaucoup trop d'interventions relevant plus de la médiation que de la répression, les équipages de Police Secours sont les mieux à même de mener une activité de police de proximité et le contrôle d'identité est l'une des dimensions centrales du métier. Sur le premier, si l'attirance pour des missions d'intervention et d'interpellation peut se comprendre, le rôle de la police est aussi de servir de médiateur dans des conflits interpersonnels, aussi bénins soient-ils, afin d'éviter justement qu'ils ne dégénèrent. Il est vrai que certaines activités ou servitudes que doivent prendre en charge les policiers (les fuites d'eau en étant un exemple) sont parfaitement absurdes, mais il me semble souhaitable (et c'est la conception dominante dans d'autres pays comme le Royaume-Uni) que notre police joue aussi un rôle de régulation sociale dans une optique de prévention. Ce qui me mène au second point, sur lequel j'ai un désaccord significatif avec Juliette : je peux comprendre sa frustration par rapport à ces activités, car justement je ne pense pas que les équipages de Police Secours soient les mieux à même de faire de la police de proximité, encore moins que le contact avec les usagers lors d'une intervention suite à un appel au 17 soit de la police de proximité. Le souci est que notre pays a largement délaissé une approche fondée sur le contact et la résolution de petits conflits, qui passe forcément par des agents dédiés, ayant une appétence pour une activité qui est distincte de l'intervention sur demande d'un requérant. En cela, je ne pense pas qu'une police de sécurité du quotidien soit une mauvaise chose, à la condition, et c'est là que je rejoins Juliette, que les moyens humains soient au rendez-vous. Enfin, le troisième point est l'une des principales incompréhensions que j'ai avec la plupart des policiers que je connais. J'ai eu l'occasion de constater dans mon travail de chercheur le fossé qui nous séparait en la matière de nos voisins allemands ou britanniques, qui n'utilisent pas ou peu le contrôle d'identité, là où en France il est un mode dominant d'entrée en contact avec le public. Ses effets pervers sont largement documentés, tout comme son inefficacité (leur réduction drastique à New York n'a pas conduit à l'explosion redoutée de la criminalité), mais mes contacts policiers sont toujours interloqués (pour ne pas dire autre chose) quand je les interroge sur la pertinence d'un outil qui tend la relation avec une partie de la population, sans produire le moindre effet démontrable en termes de réduction de l'insécurité. Ce point mériterait des développements nettement plus longs, mais il est en tout cas symptomatique d'une crispation de la profession, qui se sent par ailleurs impuissante face à un certain nombre de problématiques à laquelle elle est confrontée.

Maintenant que j'ai donné certains gages à celles et ceux qui me soupçonnaient d'être un apôtre de l'État policier et sécuritaire, il est désormais temps de démontrer que je ne suis pas non plus un anti-flic primaire. Je ne m'étendrai pas sur les questions de moyens matériels et de conditions de travail, largement commentées dans le débat public. Certaines situations décrites par Juliette sont indignes d'un État moderne, le fait qu'elle et ses collègues continuent de faire face avec motivation et dévouement, en particulier dans des moments comme celui décrit en préambule, mérite notre respect. Si le débat autour des manifestants blessés au cours des contestations sociales de ces dernières années, de l'usage illégitime de la force et des méthodes de maintien de l'ordre est absolument nécessaire, il ne doit pas faire oublier que des policiers surmenés, surutilisés, sous-équipés se sont retrouvés semaine après semaine à gérer des manifestations au cours desquelles des éléments très violents s'en sont directement pris à eux. J'insisterai toutefois sur deux points que l'ouvrage de Juliette soulève, qui relèvent moins de l'actualité « chaude », mais nous disent quelque chose sur notre police. La rupture hiérarchique est un problème qui apparaît très clairement, même si Juliette fait la part des choses et ne considère pas ses supérieurs comme étant uniformément des incompétents. Un parallèle avec les États-Unis s'impose ici, d'autant plus que j'ai pu constater par moi-même le contraste que je m'apprête à décrire. Dans notre pays, un jeune diplômé sorti de la fac peut en réussissant un concours accéder directement au rang de commissaire, sans jamais avoir eu d'expérience préalable dans la police, ni même dans le monde professionnel. Une telle situation est impensable aux États-Unis, où tout le monde, quel que soit son niveau de diplôme, entre dans la police par le bas, les chefs ayant d'abord fait leurs classes sur le terrain dans une voiture de patrouille. Cela renforce leur légitimité auprès des troupes, qui considèrent leurs supérieurs, y compris ceux situés au sommet de la pyramide, comme faisant partie des leurs. Cela favorise une meilleure compréhension mutuelle et sans doute une plus grande harmonie entre les strates hiérarchiques, avec tout ce que cela implique en termes d'ambiance de travail. L'autre est à mon sens l'un des aspects les plus saillants de ce que Juliette nous dit : la jeunesse des effectifs parisiens, où des policiers avec à peine un ou deux ans dans la profession se retrouvent propulsés chefs d'équipage. Quand on sait que des milliers de jeunes policiers sont des déracinés, projetés dans une réalité francilienne qu'ils ne connaissent pas, avec l'isolement familial et social que cela implique, comme cela a été souligné par Juliette, cela incite à la mansuétude. Ces jeunes hommes et jeunes femmes sont exposés à des situations dramatiques au cours desquelles ils doivent parfois prendre des décisions dans l'urgence la plus absolue alors qu'ils sont novices dans le métier. Ferions-nous mieux qu'eux si nous devions choisir en une fraction de seconde de dégainer notre arme ou non ? Si nous étions face à des manifestants qui nous aspergent de projectiles ? Si nous nous trouvions face à un mari qui vient de brutaliser sa femme ? Arriverions-nous à garder notre sang-froid, à avoir le geste adéquat ? Certes, notre police est perfectible et je suis le premier à pointer ses failles. Mais les exemples que je viens de donner m'incitent également à la plus grande modestie car je n'aurai jamais à les vivre, contrairement à eux. Réflexion critique et compréhension ne sont pas incompatibles, elles sont même inséparables. C'est dans cet esprit que ce livre a été écrit et j'espère que c'est ce qu'il aura suscité chez vous.

LES MOTS DE LA POLICE

*(Les termes qui apparaissent dans le livre sont signalés par un * à leur première utilisation.)*

Acropol : système de transmission radio de la police.

APP : activités physiques et professionnelles.

AVP : accident de voie publique.

BAC : Brigade Anti-Criminalité, unités de voie publique fonctionnant essentiellement en civil, et dont l'activité est avant tout la recherche du flagrant délit.

Baqueux : policier exerçant en BAC.

BDEP : Brigade des Délégations et des Enquêtes de Proximité, plus communément appelée service des Plaintes.

Bécaner : rédiger un procès-verbal ou une procédure.

BEI : Brigade des Enquêtes d'Initiative.

Bitos : gardien de la paix stagiaire ou ayant peu d'ancienneté.

Bitumer : être en statique, en sécurisation d'un lieu spécifique. Également appelé « point fixe ».

Blaze : identité.

BLPF : Brigade Locale de Protection de la Famille.

Boîte : désigne l'administration, l'institution, la police nationale.

BRI : Brigade de Recherche et d'Intervention, aussi connue sous l'appellation « anti-gang ». Celle de Paris comporte également en son sein une brigade dite « anti-commando », chargée des situations de prise d'otage ou des interpellations d'individus dangereux. Elle est notamment intervenue au Bataclan.

Bricard : brigadier de police.

BST : Brigade Spécialisée de Terrain, unités évoluant en tenue et souvent en pédestre sur des quartiers jugés prioritaires.

BTJTR : Brigade de Traitement Judiciaire en Temps Réel.

Les Bureaux : l'ensemble des services d'enquête d'un commissariat.

C.A : congés annuels.

Calepin : carnet utilisé par le policier pour prendre des notes, accessoire indispensable avec le stylo !

Cambu : cambriolage.

Carte de pêche : carte professionnelle de police.

La chaise : dénomination donnée à l'OPJ de permanence de la circonscription.

Chasser : poursuivre un véhicule refusant d'obtempérer.

CIAT : abréviation pour « commissariat ».

Comico : commissariat.

Coucher quelqu'un : noter, sur le registre de conduite au poste, l'identité d'un individu que l'on y amène. S'emploie également dès que l'on note l'identité d'un individu dans n'importe quel registre.

Courette : poursuivre un individu qui a pris la fuite en courant.

CRS : Compagnies Républicaines de Sécurité, unités de police chargées du maintien de l'ordre.

CSI : Compagnie de Sécurisation et d'Intervention, unités de voie publique évoluant en tenue, chargées de patrouiller et, le cas échéant, d'intervenir sur des violences urbaines.

DCSP : Direction Centrale de la Sécurité Publique, service à la tête de tous les commissariats de France, sauf Paris et petite couronne.

DDSP : Direction Départementale de Sécurité Publique.

Déferrer : présenter une personne devant l'autorité judiciaire.

Défourailler : ouvrir le feu.

Dégainer : sortir son arme.

Dégrailler / grailler : vider un chargeur de ses cartouches / remplir un chargeur avec des cartouches.

Delta Charlie Delta ou Delta : personne décédée (DCD).

Dépôt : lieu où sont détenues les personnes en attente de jugement ou présentation au magistrat.

Détroncher : reconnaître une personne.

Deux-tons : sirène, gyrophare, aussi appelé « le bleu ».

DGPN : Direction Générale de la Police Nationale.

DOPC : Direction de l'Ordre Public et de la Circulation, service de la préfecture de police de Paris chargé notamment de la gestion des manifestations de voie publique.

DSPAP : Direction de la Sécurité de Proximité de l'Agglomération Parisienne, service de la préfecture de police à la tête de tous les commissariats de Paris et de la petite couronne.

Être au contact : être en présence de.

Faire diligence : exécuter un ordre donné avec rapidité et soin.

Faire une physionomie : s'utilise lorsqu'un véhicule de patrouille se rend à un lieu précis afin de rapporter ce qu'il s'y passe.

Faire un signalement : donner la description physique d'un individu.

Filocher : prendre quelqu'un en filature.

Flag' : flagrant délit, prendre quelqu'un sur le fait accompli.

Fraquer : fracturer un lieu ou un objet (voiture, coffre-fort).

Gamelle : repas préparé et apporté par le policier lui-même pour sa pause du midi ou du soir.

Garde hosto : garde hospitalière, mission consistant à garder une personne mise en cause hospitalisée.

GAV : garde à vue.

Gomme : bâton de défense souple et long.

GPB : gilet pare-balles.

GPX : abréviation de gardien de la paix.

Gratter : dresser un procès-verbal de contravention.

Grenader : lancer des grenades.

Grenouiller : patrouiller assidûment sur un secteur délimité, souvent à la recherche d'un ou plusieurs individus ou en attente de flagrant délit.

GSQ : Groupe de Soutien de Quartier, équipages de patrouille de voie publique en tenue chargés notamment d'intervenir dans les zones difficiles et d'appuyer des collègues en difficulté.

IGPN : Inspection Générale de la Police Nationale.

ILE : Infraction sur la Législation des Étrangers.

IML : Institut médico-légal.

Inter' : intervention, mission de police.

IPPP : Infirmerie Psychiatrique de la Préfecture de Police. S'utilise également pour désigner un individu qui ne semble pas jouir de toutes ses facultés mentales.

Jonction : document administratif à compléter et transmettre par voie hiérarchique lorsqu'un policier pose un jour de congé.

Julot : proxénète.

JV : acronyme utilisé sur les ondes radio pour désigner un groupe de « jeunes voyous ».

Lever une affaire : effectuer un flagrant délit.

Loger : localiser un individu recherché.

MAD : mise à disposition, interpellation.

MCI : abréviation désignant notre logiciel de main courante informatisée, ou tout simplement une main courante.

MeC : mis en cause.

Mettre le bleu : mettre le gyrophare.

Mettre une bûche : actionner le chauffage dans un véhicule de patrouille.

Nuiteux : policier travaillant en service de nuit.

OPJ : officier de police judiciaire, personnel de police ayant notamment le pouvoir de placer une personne en garde à vue.

Paluches : empreintes digitales.

Panier à salade : terme désignant autrefois le véhicule de Police Secours, le Citroën type H Police.

PAP : port d'arme prohibé.

Patrouille portée : patrouille en véhicule.

Pétard : arme à feu.

Péter à dom' : procéder à une interpellation (souvent matinale) à domicile.

Pinces : menottes.

Plaintier : policier affecté au service des Plaintes.

Planquer : établir une surveillance discrète.

PM : pistolet-mitrailleur. Désigne dans cet ouvrage le PM Beretta 12 SD.

Poser un ticket : ne pas venir travailler pour cause de maladie.

PP : Préfecture de Police de Paris.

PROCEA : logiciel servant à la rédaction des procédures accidents.

PS : Police Secours.

PSQ : Police de Sécurité du Quotidien.

PVI : procès-verbal d'interpellation.

Quis' : perquisition.

Rabiot : heures supplémentaires.

RAID : Recherche, Assistance, Intervention, Dissuasion, service d'élite de la police nationale chargé de la libération d'otages et de l'antiterrorisme.

Ramier : qualificatif employé à l'égard d'un policier fainéant.

Refus d'ob' : refus d'obtempérer.

Repos de chaud : fait de prendre une pause « à la fraîche » en période de forte chaleur.

Requérant : qualificatif utilisé par les policiers pour désigner la personne qui a fait appel à leurs services.

Robocop : CRS arborant tous ses équipements de protection.

Sac de sable : passager arrière d'un véhicule de patrouille.

SAIP : Service de l'Accueil et de l'Investigation de Proximité.

Serrer : interpeller.

Sous-baloche : sous-brigadier de police.

Sous-marin : véhicule de surveillance.

Station directrice : désigne la « SIC », salle d'information et de commandement, ou le « CIC », centre d'information et de commandement. Autrement dit, la salle radio.

STJA : Service du Traitement Judiciaire des Accidents, chargé d'enquêter en cas d'accidents mortels et corporels très graves survenus dans Paris intra-muros.

TA : timbre-amende.

TAJ : Traitement des Antécédents Judiciaires. Fichier de police listant les antécédents judiciaires d'un individu.

Tango : indicatif radio désignant la brigade des VTT.

Taper : interpeller.

Taulier : patron / commissaire de police.

Tenue bourgeoise : terme procédural désignant notamment la tenue civile des policiers de BAC.

TI : indicatif radio désignant un commissaire de police.

TN : indicatif désignant l'opérateur radio avec qui on communique sur les ondes.

Toc-toc : surnom donné au bélier.

Trafiquer : fait de converser sur les ondes radio.

Triquer : fait d'utiliser un bâton de défense long.

Truchement : terme procédural désignant le fait, pour l'interprète, de faire l'intermédiaire entre le policier et le mis en cause qui s'exprime dans une langue étrangère.

TS : tentative de suicide.

TSI : techniques de sécurité en intervention.

USI : Unité de Sécurité Intérieure. Policiers actifs qui s'occupent de sécuriser les locaux des écoles de police, mais aussi de veiller au respect du règlement intérieur par les élèves.

Vacation : journée de travail.

VL : véhicule léger.

VMA : vol à main armée.

VP : voie publique.

VPE : vol par effraction.

REMERCIEMENTS

Mes parents, sans qui je ne serais jamais devenue la femme que je suis et qui ont toujours cru en moi.

L'amour de ma vie, Nicolas, sans qui je ne serais pas la flic que je suis aujourd'hui et qui me pousse toujours à viser plus haut. « Ensemble, nous déplacerions des montagnes. »

Océane, ma cousine et première fan, qui me rend un peu plus fière chaque jour depuis son incorporation en école de police.

Ma seconde famille : Carla, Alexis, Léa, William, et quelques autres qui se reconnaîtront. Vous avez rendu la vie parisienne bien plus douce et m'avez fait vivre mes meilleurs moments « police ».

Ma brigade, au sein de laquelle j'ai fait mes premiers pas, appris le métier et évolué depuis maintenant presque cinq ans. Irremplaçable et à jamais dans mon cœur.

Ma « chef », ma formatrice, sans qui je n'aurais jamais eu de bases aussi solides. Tu m'as appris et montré ce qu'était la « famille police ».

Mes deux patrons, pour leur humanité, leur écoute, leur passion du métier et leur intelligence.

La team des « trappeurs », cette bande de potes improbables sur le papier et pourtant si efficace.

La « team 22 » qui me suit sur Twitter, dont une grande partie sont devenus de vrais amis, au-delà du virtuel.

La team « pole com » de la MPC, sans qui je n'aurais jamais autant appris sur le métier et qui m'a encouragée dans ce projet.

Maggy, qui m'a toujours poussée à écrire, m'exprimer et faire entendre ma voix. Puisses-tu lire mes lignes de là-haut.

Olivia & Bertrand, sans qui cet ouvrage n'aurait jamais vu le jour. Merci de m'avoir fait confiance et d'être venus me chercher !

Mathieu, mon co-auteur, qui a su m'aider, m'aiguiller, me rassurer tout au long de l'écriture.

Les « twittos », tous ces « followers » qui me témoignent leur soutien et leurs encouragements depuis un peu plus d'un an sur l'oiseau bleu. Vous m'avez prouvé que le dialogue police/population est loin d'être rompu.

Et vous, chers lecteurs, de tout horizon, pour avoir pris la peine de me lire. J'espère que mes mots vous auront éclairés, surpris, interrogés, et qu'après votre lecture votre vision et votre connaissance de la police se seront trouvées enrichies.